믿음으로 세상을 도전하라

최 현 범 목 사 설 교 집 3 권

HOSαNNA

1판 1쇄 발행 2019년 12월 21일

지은이 최현범 목사
발행인 장진우
펴낸곳 (주)호산나 미디어
주소 경기도 안양시 벌말로 123 905호
전화 1644-9154
홈페이지 www.hosanna.net
인쇄 창영프로세스
가격 13,000원

ISBN 979-11-89851-05-7

믿음으로 세상을 도전하라

최현범목사설교집3권

견고한 믿음으로
세상을 도전하는 교회

1년 전인 2018년 말에 첫 설교집 "교회 울타리를 벗어나라"가 출간되었습니다. 독일유학을 마치고 부산중앙교회로 부임한 이후 지금까지 한 설교 중에 신앙의 통전성 내지는 공공성과 관련된 설교들만을 모아서 엮은 것입니다. 우리의 신앙이 교회 안에 또는 개인윤리에 갇혀있는 것이 아니라, 모든 삶의 영역, 특별히 공적인 영역에서 실천되고 실현되어야 한다는 간절한 염원에서 이 책을 내었습니다. 이런 저런 호응이 있었고 e-Book으로도 출간되어서 한국교회의 변화를 바라는 나에게는 의미 있게 느껴졌습니다.

이처럼 특별한 목적을 갖고 출간한 첫 설교집과 달리, 이번에는 믿음의 기초부터 시작해서 세상을 도전하는 믿음까지 신앙의 전반적인 주제를 돌아보고 싶었습니다. 그래서 그동안의 설교들을 주제별로 분류하여 1권은 "믿음의 터를 견고히 하라", 2권은 "믿음으로 세상을 도전하라"라는 제목으로 출간하게 되었습니다.

1권은 그야말로 신앙의 기초를 다지기 위한 것입니다. 기초가 부실한 집은 쉽게 무너지듯이, 신앙에서도 기초가 부실하면 그 위에 쌓은 모든 것이 부실하고 약해지기 마련입니다.

그런데 오늘날 의외로 믿음의 기초가 부실한 교인들이 많습니다. 매주일 설교를 듣지만, 그 속에 하나님과 예수 그리스도, 성령이 누구인지, 삼위일체가 무엇인지에 대한 지식과 아울러 구원과 종말 등에 관한 교리적인 기초가 체계적으로 세워지지 못합니다. 심지어 교회 안에는 아직 거듭나지 못한 사람들도 있고, 거듭남에 대한 확신이 없다보니 생명력 있는 영적생활을 하지 못하는 사람들도 많이 있습니다.

여러 가지 이유가 있겠지만, 다른 무엇보다도 강단에서 교리적인 설교와 복음의 핵심에 관한 설교가 약하기 때문이라고 봅니다. 교리적인 뼈대와 올바른 복음지식이 결여된 신앙은 잔바람에도 흔들리고 큰 시험에는 뿌리째 뽑힐 수 있으며 불건전한 사이비 신앙에 기웃거리고 이단에 대해 몹시 취약하기 마련입니다.

또한 거듭난 이후, 성도로서 살아가는 신앙 여정은 평탄하고 단순하지 않습니다. 우리의 믿음을 흔들고 넘어뜨리게 하는 많은 시험과 장애물들을 뛰어넘기 위해서는 우리 안의 내적인 힘, 영적인 내성이 필요합니다. 이것은 무엇보다도 좋은 신앙습관에 의해서 만들어집니다. 올바른 경건훈련과 교회공동체 생활은 우리를 그리스도의 강한 군사로 세워갈 것입니다.

더 나아가 이 광야의 여정에서 반드시 필요한 것은, 그림자 같이 따라다니는 수많은 시험과 고난들을 믿음의 눈으로 보고 해석할 수 있는 힘입니다. 고난 속에 감추어진 하나님의 축복을 발견하고 그 깊고 선하신 뜻을 이해하는 것이야 말로 승리하는 신앙의 비결입니다. 1권에서는 이러한 내용들을 다루고 있습니다.

2권에서는 단순히 세상을 살아가는 믿음이 아니라, 세상을 도전하는 믿음을 다루고 있습니다. 오늘날 우리가 처한 영적 환경은 박해를 받던 시대와는 다릅니다. 물론 아직도 가정이나 사회 구석구석에 기독교신앙으로 인하여 어려움을 겪는 일도 많이 있지만, 대체로 우리나라의 그리스도인들은 박해 상황과는 다른 유의 도전에 직면해 있습니다.

우리가 받고 있는 도전은 다름 아닌 기복신앙과 세속화입니다. 마치 이스라엘이 가나안에 정착하고 안정되었을 때에 그 땅의 바알종교의 영향을 받으면서 하나님을 섬기는 신앙이 흐려진 것처럼, 지금 교회는 경쟁과 성공, 재물과 권력, 안락함과 쾌락이라는 바알종교 즉 현대주의의 거대한 물결에 심히 흔들리고 있습니다. 특별히 맘모니즘은 가히 상상력을 초월할 만큼 이 사회를 지배하고 교회 안에까지 영향을 미치고 있습니다.

그러다보니 믿음을 가진 자들 속에서조차 하늘의 영광은 세상영광으로 대치되고, 영원한 것은 일시적인 것으로 덮여지며, 하늘의 시민권은 땅의 시민권에 묻혀버리고 말았습니다. 우리 시대의 교회는 500년 전 종교개혁자 마틴 루터가 당시 가톨릭교회를 비판한 그대로 '십자가 신학'이 아닌 '영광의 신학'을 좇아가고 있습니다. 그러한 신앙은 세상을 도전하거나 세상을 변화시키기는커녕, 도리어 세상의 비웃음과 조롱거리가 되며 하나님의 영광을 가리게 될 것입니다.

그러므로 지금은 결단의 신앙, 양자택일의 신앙, 십자가 신앙이 선포되어야 할 때입니다. 우리 안에서 순결한 믿음의 양심이 회복되고 그것이 우직하게 지켜져야 할 때입니다. 영적인 자존감을 갖고 세속적인 가치에 초연해야 할 때입니다. 하늘의 영광을 소망하며 그리스도의 고난에 동참하여야 할 때입니다.

그러한 신앙이야말로 세상을 도전하는 신앙입니다. 그런 신앙은 우리의 가정, 직장과 국가사회에서 복음의 영향력을 비추고, 그러면서 세상을 하나님의 뜻에 합당한 모습으로 변화시켜갈 것입니다. 2권은 이러한 내용을 다루었습니다.

이번 책에서는 지난 첫 번째 설교집과 달리 유명한 분들의 추천보다는 나를 잘 아는 분들의 추천을 받고 싶었습니다. 오랫동안 나의 설교를 들어 충분히 이해하고, 또 이 책의 내용을 찬찬히 읽고 글을 써줄 분들에게 부탁하고 싶었습니다.

먼저 우리 교회에서 함께 사역한 동역자로서 하나님나라의 가치를 공유하고 또 그 길을 따라 목회하면서 살아가고 있는 두 분께 부탁했습니다. 귀한 추천의 글을 써준 김유현목사와 윤형순목사께 감사드립니다.

아울러 우리교회 안수집사로 늘 참된 기독교신앙을 갈망하고 오랫동안 캠퍼스의 지성사회와 부산 문화계에서 많은 활약을 하시면서 추천의 글을 써준 남송우교수께도 감사드립니다.

마지막으로 편집을 도와준 곽규종목사와 교정을 맡아준 서정희집사, 그리고 나의 설교를 위해 누구보다도 기도하며 내조해준 아내에게 감사를 드리며, 모쪼록 이 책이 그리스도인들을 강한 그리스도의 군사로 세우는 데 일조할 수 있기를 간절히 바랍니다.

〈출간을 함께 기뻐합니다〉

인간의 총체적 인격을 변화시키는 설교

강단에서 선포되는 설교는 음성언어의 전형적인 유형입니다. 그런데 음성언어는 생동감과 역동성을 지니지만, 일회성이라는 약점을 지닙니다. 이런 약점을 보완하기 위해 문자언어로의 기록이 필요합니다. 그러나 한국교회 목회자들의 설교집이 음성언어 차원의 설교를 문자언어로 온전히 전환하는 데에까지는 이르지 못하고 있습니다. 귀로 설교를 들을 때와 눈으로 설교집을 읽을 때는 인식하는 감각체계가 다르다는 것을 제대로 이해하지 못한 결과입니다.

그런데 최현범 목사의 설교집은 이를 지혜롭게 잘 극복한 모습을 보입니다. 이는 인간이 지닌 감성적 공감력을 최대한 활용하면서도, 이성적 논리를 배제하지 않는 토대 위에서 설교원고가 준비되고 있기 때문입니다. 이는 달리 말하면, 성경해석의 객관성과 온당성을 위해 다양하고 균형 잡힌 자료들을 활용할 뿐만 아니라, 성경 본문이 지닌 과거의 의미(meaning)를 지금 이곳의 의의(significance)로 펼쳐내는 데 남다른 은사를 지녔기 때문입니다.

또 다른 하나의 이유는 설교를 통해 한 인간의 총체적 인격을 변화시키려는 복음주의자의 열망과 전략이 개재되어 있기 때문입니다. 신자로서의 새 삶의 출발에서부터 이 땅에 하나님의 나라가 도래하는 종말에 이르기까지 어떻게 현실과 대응하며 살아야 할지에 대한 개혁신앙의 실천적 논리 전개는 독자의 눈을 번뜩이게 합니다. 무엇보다 이 설교집

8

이 지닌 강점은 어렵고도 딱딱한 신학적 주제들을 편편이 완성도 높은 한 편의 이야기로 구성해 신자들의 마음을 뒤흔드는 은혜로운 말씀의 역동성에 있습니다. 이것이 다른 설교집에서 만날 수 없는 특장(特長)이며, 귀중한 한국 문서선교의 대열에 당당하게 자리할 수 있는 힘입니다.

(남송우/ 부경대 국어국문학과 명예교수, 전 동북아시아문화학회 회장)

이성과 감성과 영성을 움직이는 설교

누군가 제게 '당신의 설교에 가장 큰 영향을 끼친 분이 누구냐?'고 묻는다면 조금의 고민도 없이 '최현범 목사님이요'라고 대답할 것입니다. 제가 부산중앙교회의 부교역자로 9년을 섬기며 최목사님의 설교를 들을 수 있었던 것은 설교의 정석과 모범을 배울 수 있었던 하나님의 특별한 선물이었습니다.

후배 설교자로서 최목사님의 설교를 들으면, '저 한 편의 설교를 준비하면서 본문을 해석하는 과정부터 얼마나 많은 공부와 연구가 선행되었을까?'하는 감탄을 하게 됩니다. 그래서 단어 하나, 표현 하나에도 신학적 오류나 실수를 전혀 찾아볼 수 없고, 삼위일체 같은 어려운 신학주제가 등장해도 결코 피해가는 법 없이 정면으로 돌파하여 풀어갑니다. 그럼에도 설교는 누가 들어도 이해할 수 있을 만큼 쉽고 핵심을 간파합니다.

그렇다고 설교가 결코 이성의 영역에 머물지만 않습니다. 최 목사님의 설교는 이성에서 시작해서 어느새 감성을 움직이고, 마침내 우리의 영성을 압도합니다. 냉철한 논리로 말씀을 풀어가다가 어느 순간 놀라운 직관으로 정곡을 찌를 땐 내 심장과 폐부가 드러난 것 같은 충격을 경험합니다. 그리고 결론에서 사자의 포효처럼 회개와 순종할 것을 도전할 땐 하나님의 불타는 심장을 온 몸으로 느끼게 됩니다.

최목사님 설교의 큰 매력 중 하나는 결코 과하거나 과장되지 않은 절제된 언어, 정확하고 적절한 단어 선택입니다. 문장 하나, 단어 하나도 더 나은 표현이 없을 만큼 주옥같은 설교문에 빠져 들다보면 어느새 하나님의 보좌 앞에 서 있는 자신을 자각하게 될 것입니다.

(김유현목사, 다일교회 담임)

오직 복음과 성경과 삶을 말하는 설교

처음에는 거목이라고 생각했습니다. 그러나 부목사로 오랜 시간 지켜볼수록 최목사님은 산처럼 느껴졌습니다. 산과도 같은 그분의 영성과 지성의 깊이에서 배어 나온 설교를, 감히 짧은 글로 무어라 표현하기 송구스럽습니다. 그분의 메시지는 오직 복음과 성경을 말하고 삶을 말합니다. 그리고 무엇보다도 그분의 삶 자체가 곧 설교입니다. 주님의 눈을 가지신 분이고, 그것을 실천하시려고 무던히도 애쓰시는 분이라는 것을 설교를 보면 알 수 있습니다. 최목사님의 설교에는 주님의 마음으로 점철된 그분의 영성이 곳곳에서 묻어납니다.

추천사만 해도 그렇습니다. 필자의 명성과 인맥으로 얼마든지 교계의 유명인들에게 추천을 받을 수 있음에도 불구하고 너무나도 무명한 후배요, 사역을 가르쳐주신 부목사였던 나에게 추천을 받으십니다. 이것이 그분의 인품을 대변하고, 그분이 하신 설교가 그저 말이 아니라 삶임을 알게 해줍니다.

참으로 닮고 싶은 분이나 너무 크신 분입니다. 두 번째의 설교집 출간을 축하드리고, 나와 같은 감동을, 이 책을 읽는 모든 분들이 함께 누리게 되길 바랍니다.

(윤형순목사, 부산시민교회담임)

목차

결단의 신앙

예수를 바르게 만난 사람

예수께서 여리고로 들어가 지나가시더라 삭개오라 이름하는 자가 있으니 세리장이요 또한 부자라 그가 예수께서 어떠한 사람인가 하여 보고자 하되 키가 작고 사람이 많아 할 수 없어 앞으로 달려가서 보기 위하여 돌무화과나무에 올라가니 이는 예수께서 그리로 지나가시게 됨이러라 예수께서 그 곳에 이르사 쳐다 보시고 이르시되 삭개오야 속히 내려오라 내가 오늘 네 집에 유하여야 하겠다 하시니 급히 내려와 즐거워하며 영접하거늘 뭇 사람이 보고 수군거려 이르되 저가 죄인의 집에 유하러 들어갔도다 하더라 삭개오가 서서 주께 여짜오되 주여 보시옵소서 내 소유의 절반을 가난한 자들에게 주겠사오며 만일 누구의 것을 속여 빼앗은 일이 있으면 네 갑절이나 갚겠나이다 예수께서 이르시되 오늘 구원이 이 집에 이르렀으니 이 사람도 아브라함의 자손임이로다 인자가 온 것은 잃어버린 자를 찾아 구원하려 함이니라(눅19:1~10)

오늘날 교회가 당면한 가장 어려운 문제들 중 하나는 소위 "변화를 경험하지 못한 교인"들이 교회 안에 너무 많다는 사실입니다. 교회가 이런 교인들을 양산해 내고 있습니다. 변화 받지 못한 교인들은 결코 세상을 변화시킬 수 없습니다. 변화시킬 힘이 없습니다. 변화를 경험하지 못한 교인들이 많은 교회에서는 변화된 사람의 모범을 찾아보기가 어렵습니다. 더 심각한 것은, 신앙인은 으레 저런 것이라고 생각할 뿐 문제의식조차 가지지 못하고 있습니다.

그러나 우리가 조금만 정직하게 우리 자신과 교회들을 향해서 눈을 돌려보면, 마음 깊은 곳에 이러한 의구심을 갖게 됩니다. "도대체 달라진 게 뭐냐? 내가 교회를 나간다고 해서 내 생각에 달라진 게 뭐냐? 내 삶의 방식에 달라진 게 뭐냐? 내가 안 믿는 사람과 다른 것이 뭐냐?"

이런 질문을 한다는 것은 쉬운 것 같으면서도 참 어렵습니다. 왜냐하면 우리는 나름대로 변화되었다고 하는 많은 것들을 갖고 있기 때문입니다. 오랫동안 교회의 울타리 안에 있으면서 소위 교회 생활이라고 하는 것에 익숙해져 있습니다. 그래서 이것이 세상 사람들과 구별되는 중요한 표징이 되기도 합니다. 내세에 대한 확신도 있고, 소위 영적인 세계에 대한 열린 마음도 갖고 있습니다.

그러나 현실로 돌아와 봅시다. 변화의 결과가 나의 구체적인 삶의 현장에서 어떠한 모습으로 나타나고 있습니까? 가정에서 직장에서 사회 속에서 말입니다. 나의 가치관은 세상 사람과 어떻게 구별되고 있습니까? 나의 인간관계에 신앙은 구체적으로 어떤 영향을 미치고 있습니까?

만일 이 질문에 대해서 자신있게 대답할 수 없다고 한다면 우리는 보다 근본적인 질문을 자신에게 던질 필요가 있습니다. "나는 과연 예수를 바르게 만났는가?" 만나면 만난 것이지 "바르게"는 무엇입니까?

우리가 이것을 생각해봅시다. 예수님은 3년의 공생애 기간 동안 세상에 자신을 드러내셨습니다. 동굴에 은둔하고 자연과 벗하며 사신 것이 아니라, 온 유대 땅을 돌아다니시면서 사람들에게 전도하시고 병을 고치셨습니다. 얼마나 많은 사람이 그를 만났겠습니까? 수천 명의 사람이 그에게 몰려와서 말씀을 듣기도 하고 심지어는 병고침을 받기도 하였습니다. 그러나 예수를 진정으로 만난 사람은 많지 않았습니다. 지금도 그러합니다.

오늘 우리는 예수님을 바르게 만난 한 사람 삭개오를 통해서 무엇이 바른 만남인지를 생각해봅시다.

삭개오는 여리고의 세리장입니다. 그리고 부자입니다. 외모는 볼품 없고 키도 작은 사람입니다. 여리고는 지형적으로 교통의 중요한 거점이 었기에 수많은 상인들이 이곳을 거쳐 가야 했습니다. 그래서 이들을 노리는 강도들도 들끓었습니다. 사마리아인의 비유에 나오는 강도 만난 사람 역시 여리고를 지나던 사람이었습니다.

이런 곳의 세리장이라면 어느 정도의 위치인지 대충 짐작할 수 있을 것입니다. 아마도 그 자리는 돈을 갈퀴로 긁어모으는 곳이었을 것입니다. 당연히 그는 부자였습니다.

그러나 다른 한편으로 사람들은 그를 죄인으로 취급하고 있었습니다.(7) 당시 죄인이란 호칭은 주로 세리, 창녀 등 직업적으로 율법과 대치되는 부류의 사람들을 가리켰습니다. 특히 세리들은 이방민족인 로마의 앞잡이로서 하나님의 선민인 유다민족을 괴롭히는 사람들로 취급 되었습니다. 그래서 부자이긴 하나 구원의 반열에서 벗어난 소외된 사람들이었습니다.

그런데 그가 사는 여리고로 주님이 지나가시게 되었습니다. 이 말을 들은 삭개오는 그가 어떤 분인가를 알고 싶었습니다.(3) "도대체 예수가 누구냐? 그가 누구이기에 사람들이 이렇게 그의 이름을 부르고, 그를 만나고 싶어 하고 그를 따르는 것일까?" 그가 이렇게 궁금해 하는 것도 당연합니다. 당시 유대에서 가장 유행하던 화두는 단연 "예수"였기 때문입니다.

예수를 보기 위해서 나갔지만, 수많은 인파들로 인해서 그를 만나는 것이 쉬운 일이 아니었습니다. 삭개오는 게다가 키가 작았습니다. 그러나 그는 돌아서지 않고 사람들을 헤집고 앞으로 나아갔습니다. 그리고 마침 거기 서있는 뽕나무 위로 올라갔습니다. 세리장이면 나이도 꽤 되었을 텐데, 나무 위에 올라선 그의 모양이 어떠했겠습니까? 그러나 오늘 꼭 예수가 도대체 누구인지 알고 싶다는 욕망이 그로 하여금 체면이고 뭐고 불사하게 만든 것입니다.

그런데 예수께서 그곳에 이르렀을 때, 그를 보셨습니다. 나무 위에서 자신을 바라다보는 이 나이 많은 사람 – 예수님은 그 마음을 읽으셨습니다. 그 열정을 보셨습니다. 예수님이 그를 올려다보시며 말씀하셨습니다. "삭개오야 속히 내려오라 내가 오늘 네 집에 유하여야 하겠다."(5)

이 말을 듣고 그는 급히 내려와서 예수님을 즐거이 영접했습니다. 이 말은 그가 마음을 열고 주님을 자기 집으로 영접하였다는 것입니다.

우리는 여기서 마음을 열고 사모한다는 것이 얼마나 중요한가를 새삼 느끼게 됩니다. 우리는 때로 매너리즘에 빠지게 됩니다. "이제는 나도 예수를 알 만큼 알고, 믿을 만큼 믿었다. 새로운 것이 뭐가 있겠는가?" 이 영적 매너리즘만큼 무서운 것이 또 있을까요?

도리어 우리는 "도대체 당신이 누구란 말입니까?" 이 초보적인 질문으로 다시금 돌아가야 합니다. "이렇게 오래 교회를 다녔지만, 나는 집사고 장로지만, 당신을 아직 잘 모릅니다. 내가 정말 당신을 안다면 나의 모습은 이렇지 않을 것입니다." 이렇게 자신을 낮추어서 마음을 열고 그 분께 나아가야 합니다.

삭개오는 주빈으로서 주님 곁에서 함께 먹고 마시는 특권을 누렸을 것입니다. 그는 예수님의 말씀을 듣고 자기 얘기도 했을 것입니다. 궁금해 했던 그 분을 가까이서 볼 수 있었습니다. 주님이 얼마나 그곳에 머무르셨는지는 알 수 없지만, 아마도 그와의 만남의 시간은 길지는 않았을 것입니다. 그러나 그 만남은 범상한 만남이 아니었습니다.

이 예수님을 만나고 있는 그 몇 시간 사이에 그에게 큰 변화가 일어났습니다. 그는 벌떡 일어났습니다. 여기 "서서"(8)라는 말은, 당시 다 앉아서 먹고 마시면서 쉬고 있을 때에 그가 일어선 것을 가리킵니다. 사람들은 집 주인인 그에게 주목했을 것입니다. 그는 예수님을 향해서 이렇게 말했습니다. "주여 보시옵소서 내 소유의 절반을 가난한 자들에게 주겠사오며 만일 뉘 것을 토색한 일이 있으면 사배나 갚겠나이다"(8)

그가 이 얘기를 했을 때에 사람들의 반응이 어떠했겠는가 상상해보십시오. 아마 사람들은 다 깜짝 놀랐을 것입니다. 이것은 가히 혁명적인 말이었습니다. 어떤 이는 미쳤다고 생각했을지 모릅니다. 삭개오가 어떤 사람인데, 그가 여기에 오기까지 어떤 노정을 걸어왔는데, 민족을 팔아먹는 죄인이라는 모욕과 소외를 감수하면서까지 오직 돈돈 하면서 달려온 사람인데, 등쳐먹고 토색하면서 부자가 되었는데, 미치지 않고는 이렇게 할 수 있겠습니까?

그러나 그는 미친것도 아니고 허풍을 떠는 것도 아니었습니다. 그는 진실하게 고백했습니다. 그리고 그의 고백은 180도로 돌아선 그의 삶을 보여주었습니다. "내가 만일 누구에겐가 속여서 빼앗은 것이 있다면 4배로 되갚겠습니다." 말로만의 회개가 아닙니다. 정말 돈으로 되갚겠다는 것입니다. 그것도 빼앗은 것만큼이 아니라 4배로 말입니다. 참으로 돌이키기 위해 커다란 경제적인 손실을 하겠다는 것입니다. 오늘날 이런 식의 회개를 할 수 있는 사람이 얼마나 될까요? 자신이 과거에 저지른 잘못에 대해, 이웃에게 끼친 손실에 대해서 이런 처절한 돌이킴을 하려고 하는 사람이 몇이나 될까요? 무수한 립 서비스나 돌이킴의 흉내는 우리의 삶을 제대로 돌이키게 하지 못합니다.

그리고 자신이 갖고 있는 재산의 절반을 뚝 떼어서 가난한 자들에게 나누어주겠다는 것입니다. 지금까지 긁어모으기만 했던 삶에서 나누는 삶으로, 나를 위한 삶에서 가난한 자들을 위한 삶으로 돌아서는 것입니다.

어떻게 갑자기 그에게 이런 엄청난 변화가 일어났단 말입니까? 답은 간단합니다. 그가 참 진리이신 예수를 만났기 때문입니다. 비록 짧은 만남이었지만, 그는 바르게 예수를 만났습니다. 예수를 만나자 생각이 달라지고, 가치관이 달라지고, 결국 행위가 달라진 것입니다.

삭개오 만이 아닙니다. 초대교회 성도들 역시 동일한 변화의 특징을 보여주고 있습니다. "믿는 무리가 한 마음과 한 뜻이 되어 모든 물건을 서로 통용하고 제 재물을 조금이라도 제 것이라 하는 이가 하나도 없더라 사도들이 큰 권능으로 주 예수의 부활을 증거하니 무리가 큰 은혜를 얻어 그 중에 핍절한 사람이 없으니 이는 밭과 집 있는 자는 팔아 그 판 것의 값을 가져다가 사도들의 발 앞에 두매 저희가 각 사람의 필요를 따라 나눠 줌이러라"(행 4:32-행 4:35)

바울의 고백은 바로 이들의 변화의 비밀이 무엇인지를 설명해 줍니다. "그러나 무엇이든지 내게 유익하던 것을 내가 그리스도를 위하여 다 해로 여길뿐더러 또한 모든 것을 해로 여김은 내 주 그리스도 예수를 아는 지식이 가장 고상함을 인함이라 내가 그를 위하여 모든 것을 잃어버리고 배설물로 여김은 그리스도를 얻고 그 안에서 발견되려 함이니" (빌 3:7-9a)

그렇습니다. 바로 그들 속에 일어난 가치관의 변화였습니다. 더 이상 과거의 기쁨이 기쁨이 되지 못했습니다. 더 이상 모으는 즐거움이 즐거움이 되지 못했습니다. 더 이상 자랑해온 그것이 자랑이 되지 못했습니다. 이들의 이런 변화가 바로 참으로 예수를 만났음을 입증하는 것입니다.

왜 그럴까요? 예수님은 너무도 크신 분이기 때문입니다. 너무 존귀하신 분입니다. 십자가의 사랑으로 우리를 품어주시고 새로운 삶을 살게 하신 분, 그 무엇으로도 바꿀 수 없는 보화가 되시는 분입니다. 모든 것의 모든 것 되신 분, 너무 아름답고 귀하기에 그를 참으로 만난 모든 사람들은 그 분 앞에 무릎을 꿇었습니다. 그 영광이 너무 찬란해서 세상의 영화가 무가치한 것이 되고 말았습니다. 지금까지 자신이 추구해온 모든 것이 빛을 잃고 말았습니다. 이것이 바로 삭개오의 체험이고 초대교회성도들의 체험이었습니다.

이 삭개오에 대한 예수님의 반응은 어떠했습니까? "예수께서 이르시되 오늘 구원이 이 집에 이르렀으니 이 사람도 아브라함의 자손임이로다" (9)

오늘 구원이 삭개오의 집에 이르렀습니다. 예수님이 이 가정에 손님으로 초대되어 식사를 대접 받으셨을 때 구원이 이른 것이 아닙니다. 삭개오의 이 회개와 결단과 변화를 보시면서 주님은 비로소 구원이 이 가정에 이르렀음을 선언하셨습니다. 주님은 바로 이렇게 잃어버린 자를 찾아서 구원하시기 위해 오셨다고 말씀하셨습니다.

오늘 잃어버린 자는 누구입니까? 꼭 불신자들만은 아닐 것입니다. 몸은 교회당 안에 와있으나, 삶의 가치관은 여전히 변화되지 않는 내가 바로 잃어버린 자가 아닙니까! 겉만 예수쟁이고 나머지는 불신자와 하나도 다를 바가 없다면, 내가 잃어버린 상태의 삭개오가 아닙니까?

아직도 과거의 기쁨이 기쁨으로 남아있고, 과거의 욕망이 그대로 우리의 욕망이 되고 누리고 싶은 그 마음이 여전하다면, 과연 우리에게서 일어난 변화는 무엇입니까? 이것을 위해서 예수의 이름을 사용하고 싶고, 그 이름을 힘입어 세상적인 욕구를 채우려고 한다면, 그 기복신앙의 원인은 무엇입니까? 예수를 바르게 만나지 못했기 때문입니다.

사랑하는 성도 여러분, 당신은 예수를 진정으로 만난 사람입니까? 당신의 삶은 그것을 증거하고 있습니까? 당신 속에 예수는 너무 작은 분은 아닙니까? 당신의 삶에 아무런 감동을 주지 못하는 분, 그저 액세서리에 불과한 분, 의미 없는 분은 아닙니까?

만일 그러하다면 여러분, 과감히 안다고 하는, 배웠다고 하는, 만났다고 하는 확신을 내려놓으십시오. 그분께, 성령께 다시 시작하고 싶다고 말하십시오. 다시 배우고 싶다고 고백하십시오. 다시 바르게 만나고 싶다고 간청하십시오.

만일 우리가 삭개오에게 일어난 그런 변화를 가지고 있다면, 우리는 분명 세상을 변혁시킬 수 있는 사람들입니다. 세상은 썩어가는 자들을 변혁시킬 사람들을 기다리고 있습니다. 우리가 바로 그런 자들이 되어야 합니다. 세상은 당신을 기다리고 있습니다. 다시 예수를 만나기를 바랍니다.

(2004년 11월 28일)

결단 앞에 서는 신앙

그 때에 어떤 갈대아 사람들이 나아와 유다 사람들을 참소하니라 그들이 느부갓네살 왕에게 이르되 왕이여 만수무강 하옵소서 왕이여 왕이 명령을 내리사 모든 사람이 나팔과 피리와 수금과 삼현금과 양금과 생황과 및 모든 악기 소리를 듣거든 엎드려 금 신상에게 절할 것이라 누구든지 엎드려 절하지 아니하는 자는 맹렬히 타는 풀무불 가운데에 던져 넣음을 당하리라 하지 아니하셨나이까 이제 몇 유다 사람 사드락과 메삭과 아벳느고는 왕이 세워 바벨론 지방을 다스리게 하신 자이거늘 왕이여 이 사람들이 왕을 높이지 아니하며 왕의 신들을 섬기지 아니하며 왕이 세우신 금 신상에게 절하지 아니하나이다 느부갓네살 왕이 노하고 분하여 사드락과 메삭과 아벳느고를 끌어오라 말하매 드디어 그 사람들을 왕의 앞으로 끌어온지라 느부갓네살이 그들에게 물어 이르되 사드락, 메삭, 아벳느고야 너희가 내 신을 섬기지 아니하며 내가 세운 금 신상에게 절하지 아니한다 하니 사실이냐 이제라도 너희가 준비하였다가 나팔과 피리와 수금과 삼현금과 양금과 생황과 및 모든 악기 소리를 들을 때 내가 만든 신상 앞에 엎드려 절하면 좋거니와 너희가 만일 절하지 아니하면 즉시 너희를 맹렬히 타는 풀무불 가운데에 던져 넣을 것이니 능히 너희를 내 손에서 건져낼 신이 누구이겠느냐 하니 사드락과 메삭과 아벳느고가 왕에게 대답하여 이르되 느부갓네살이여 우리가 이 일에 대하여 왕에게 대답할 필요가 없나이다 왕이여 우리가 섬기는 하나님이 계시다면 우리를 맹렬히 타는 풀무불 가운데에서 능히 건져내시겠고 왕의 손에서도 건져내시리이다 그렇게 하지 아니하실지라도 왕이여 우리가 왕의 신들을 섬기지도 아니하고 왕이 세우

신 금 신상에게 절하지도 아니할 줄을 아옵소서"(단 3:8-18)

바벨론의 포로로 끌려간 유다인들은 거기서 서서히 정착해갔습니다. 바벨론의 최전성기를 이룬 느부갓네살왕은 각 민족에서 인재를 등용하는 정책을 썼습니다. 이 때 다니엘과 세 친구가 발탁이 되었고, 세 친구들은 지방을 다스리는 관리로 세워졌습니다.

그런데 이 기고만장한 느부갓네살은 '두라'라는 평지에 커다란 금 신상을 세웠습니다. 그리고 총독과 귀족들, 중앙과 지방의 관리들을 불러 성대한 낙성식을 가졌습니다. 이 낙성식의 하이라이트는 나팔과 피리 등 악기가 울려 퍼질 때에 모두가 신상 앞에 엎드려 절하는 것이었습니다. 만일 누구든 이 신상에 절하지 않으면 풀무불에 던져 넣겠다고 느부갓네살은 단호히 공포하였습니다.

드디어 나팔이 울려 퍼지자 모두가 엎드려 신상에게 절하였습니다. 그러나 이때에 저 구석에 뻣뻣이 서서 절하지 않은 세 사람이 있었습니다. 곧 다니엘의 세 친구인 사드락과 메삭과 아벳느고였습니다. 쉽지 않았을 것입니다. 한마디로 죽음을 각오한 행위였습니다.

이 소식을 들은 느부갓네살은 분노하여 이 셋을 불러 사실 여부를 물었습니다. 그리고 "지난 과오는 묻지 않을 테니 지금이라도 나팔 소리가 울릴 때에 신상 앞에 엎드려 절해라. 그러면 살겠지만, 그렇지 않으면 즉시 맹렬히 타는 풀무불에 던져넣을 것이다. 어느 신이라고 너희를 거기서 건져줄 수 있겠느냐?" 이렇게 엄포를 놓았습니다.

그랬을 때에 이 셋은 조금도 흐트러짐 없이 말했습니다. "느부갓네살이여 우리가 이 일에 대하여 왕에게 대답할 필요가 없나이다 왕이여 우리가 섬기는 하나님이 계시다면 우리를 맹렬히 타는 풀무불 가운데에서 능히 건져내시겠고 왕의 손에서도 건져내시리이다"(16-17) 하나님이 우리를 구원하실 것이라는 확고한 믿음을 보여주었습니다.

그리고 그 다음 말이 더 기가 막힙니다. "그렇게 하지 아니하실지라도 왕이여 우리가 왕의 신들을 섬기지도 아니하고 왕이 세우신 금 신상에게 절하지도 아니할 줄을 아옵소서"(18) 혹시 그 하나님이 자신들을 구원하지 않고 불에 타 죽게 내버려두신 다해도, 그들은 다른 신을 섬기거나 다른 신상에 절 할 수 없다는 것이었습니다. 이보다 더 확고한 의지는 없을 것입니다.

이 말에 왕은 얼마나 화가 났는지, 풀무를 평소의 일곱 배 더 뜨겁게 하라 명하였습니다. 얼마나 뜨겁던지 이들을 던지려고 했던 사람이 그만 타 죽고 말았습니다. 그리고 이들은 그 뜨거운 불에 내던져졌습니다. 그러나 어떻게 되었습니까? 하나님이 그의 사자를 보내어 이들을 그 뜨거운 풀무에서 머리터럭 하나 상하지 않게 하셨고, 그것을 본 왕은 도리어 하나님께 영광을 돌리고 말았습니다. 그리고 이 세 사람을 더욱 높은 자리에 앉혔습니다. 이들의 믿음의 결단은 이렇게 해피엔딩으로 끝났습니다.

이들 뒤로도 신앙을 지키기 위해 결단한 사람들이 수없이 일어났습니다. 그들 중에는 하나님이 기적으로 역사하셔서 해피엔딩이 되게 한 사람들도 있었습니다. 그러나 그가 "그리 아니하심"으로 인해 순교의 제물이 되기도 했습니다. "여자들은 자기의 죽은 자들을 부활로 받아들이기도 하며 또 어떤 이들은 더 좋은 부활을 얻고자 하여 심한 고문을 받되 구차히 풀려나기를 원하지 아니하였으며"(히 11:35) 이 말씀대로 그들은 결국 믿음의 승리자가 된 것입니다.

우리 교역자들은 지난 주 일본의 기독교유적지를 돌아보았습니다.

한마디로 순교의 현장이었습니다. 일본에는 아주 일찍이 16세기 중반부터 포르투갈과 교역하면서 기독교가 전파되었습니다. 특별히 1549년 예수회의 프란시스 자비에르라는 탁월한 선교사가 규슈 남단의 가고시마에 도착하면서 기독교는 빠른 속도로 퍼져나가 한 때 일본 전역에 기독교인이 약 70만 명까지 늘어났다고 합니다. 임진왜란 시 일본 장수 중 하나인 고니시 유키나가가 독실한 가톨릭신자였고 그의 부하들 대부분도 가톨릭교도였다는 것은 잘 알려진 사실입니다. 특별히 규슈에 기독교가 왕성했는데, 오무라의 영주 수미타다가 세례를 받으면서 이 지역 9만 명 중 약 6만 명이 그리스도인이 되었다고 합니다.

그러는 가운데 서서히 박해가 시작되더니, 임진왜란 후 시작된 에도 막부시대 1612년 기독교금지령이 내려지면서 전국적인 박해가 일어났습니다.

박해 가운데 배교한 이도 많았지만, 끝까지 신앙을 지킨 이도 많았습니다. 이들의 고난의 흔적들, 순교의 유적들이 나가사키와 시마바라, 오무라 등에 많이 있었습니다.

도요토미 히데요시의 명으로 26명의 그리스도인이 한쪽 귀가 잘린 채 교토에서 나가사키까지 끌려와서 기둥에 결박된 채 창에 찔려 죽임을 당했습니다. 감옥터도 방문했습니다. 35명이 8평정도 되는 좁은 공간에 수감되어 살았습니다. 이들은 참수형장으로 가서 목이 잘렸고, 잘린 목은 일정기간 전시되었습니다. 박해하던 당국은 기독교인들이 부활을 믿고 있다면서 목과 몸을 분리해서 매장했습니다.

운젠이라는 온천지대에도 순교지가 있었습니다. 이곳에는 사방에 매우 뜨거운 물이 솟아나는 지옥온천이 있는데, 예수를 부인하면 사는 것이고 끝까지 믿는다하면 뜨거운 물에 던져지는 것이었습니다. 이곳에서도 많은 성도들이 순교당했습니다.

일본의 기독교 박해는 오랜 세월 집요하게 계속되었습니다. 일본은 5인조제도 같은 상호감시체제를 두었습니다. 5명이 한 조가 되어 서로 밀고하게 하는 제도였습니다. 북한의 5호감시제가 여기서 나온 것이 아닌지 모르겠습니다.

이것도 부족하여 기리스단 친족 개종령을 반포하였습니다. 이것은 한 가족 안에 그리스도인 발견되면 모든 가족에게 기리스단이란 표시를 붙여 낙인찍는 것입니다. 이런 식으로 하여 남자쪽으로는 7대에 이르기까지, 여자쪽으로는 4대에 이르기까지 감시하게 하였습니다. 아울러 모든 국민을 의무적으로 절에 등록하여 다니게 함으로써 기독교신앙을 유지하지 못하게 하였습니다.

그래서 지레 겁을 먹고 "나는 기리스단이 아닙니다"라고 현관에 붙인 사람들도 있었습니다. 그리고 지금도 그 현판을 걸고 있는 사람들이 있습니다. 얼마나 핍박이 집요하고 처절했으면 그랬겠습니까? 이렇게 해서 순교한 자들이 20만명을 넘었다고 합니다.

이러한 박해의 역사는 모두 기독교의 역사입니다. 저 멀리 유럽이나 아프리카, 아시아와 아메리카에서도 기독교는 늘 박해를 받아왔습니다. 지금도 박해받는 지역이 있습니다.

성경 자체가 박해의 시대에 쓰여진 것입니다. 마지막 성경인 요한 계시록도 요한이 트라얀황제 핍박 시 붙잡혀 밧모섬에 유형을 가서 기록한 것입니다.

그리고 그 모든 박해의 중심에는 십자가가 있습니다. 십자가에서 의로우신 우리 주님도 못 박혀 죽으셨습니다. 그 십자가는 나를 위한 구원의 표인 동시에, 내가 함께 지고 가야 할 고난의 표이기도 합니다. 그 고난 중 순교야말로 주님이 가신 길을 꼭 같이 따라가는 거룩한 행위입니다.

초대교회와 핍박의 시대를 상상해보십시오. 십자가는 추상적인 것이 아니었습니다. 신앙은 매순간 결단을 요구했습니다. 예수를 믿고 따르는 것이 출세나 성공이나 부귀영화와는 아무 상관이 없었습니다. 오히려 그 모든 것을 잃어버릴 수 있는 위험한 선택이었습니다. 그러나 그럼에도 불구하고 그들은 예수를 믿었습니다. 그리고 그 믿음을 지키기 위해서 어떤 값도 지불했습니다. 뜨거운 풀무불에, 지옥불에 내 던져질 각오도 했습니다.

후미에라는 것이 있습니다. 일본에서 기독교금지령이 내려진 후, 1629년 기독교인을 색출하고자 이 금속판을 만들어 곳곳에 설치했습니다. 여기에는 십자가에 못 박힌 예수상이 그려져 있습니다. 신자로 의심되는 사람에게 이 그림을 밟고 지나가게 했습니다. 여기에서 동요하는 기색을 보이거나 밟지 않으면 신자로 간주하여 체포하였습니다. 많은 신자들이 그것을 밟기를 거절하고 죽음을 택했습니다. 이것이 신앙입니다.

박해의 시대가 지나고 평화와 자유의 시대가 오면서 교회는 오히려 이런 결단을 잃어버렸습니다. "예수 믿어 잘살아보세"라는 생각을 가진 사람들이 많아졌습니다. 그러면서 신앙 때문에 당면하게 되는 작은 어려움도 참지 못하는 유약한 사람들이 교회를 가득 메우게 되었습니다. 내가 가진 신앙 때문에 가족이나 친족들에게 비난받고, 직장에서 핀잔과 따돌림 받는 것을 참지 못합니다. 교회 안에는 한편으로는 예수 믿어 영생 얻고, 다른 한편으로는 물질적 이익도 명예도 잃지 않으려고 하는 사람들이 우글거리고 있습니다.

오늘날 일본이 그러합니다. 2009년 일본개신교 150주년 기념행사가 있었습니다. 개신교가 우리보다 일찍 들어왔습니다. 그러나 개신교는 지금 0.4%에 불과합니다. 가톨릭도 이와 비슷합니다.

우리가 만난 일본교회 목사님 말에 의하면, 일본인들은 집집마다 불상이 있어 매일 거기에 절을 한다는 것입니다. 그런데 부인이 혼자 교회를 나올 경우, 남편 앞에서 불상에 절하는 것을 거절하지 못합니다. 그럴 용기가 없다는 것입니다. 그러다보니 집에서는 불상에 절하고 주일에는 교회에 나와 예배를 드립니다. 교회에서 이것이 잘못이라고 강하게 이야기하면 교회를 떠나가게 된다는 것입니다. 초신자들이야 어쩔 수 없다지만, 교회를 오래 다닌 사람들도 불교와 신사의 그늘에서 벗어나기가 어려운 것입니다.

오늘 우리는 어떠합니까? 교회를 그렇게 오래 다니면서도 여전히 제사상 앞에 절을 하는 집사들도 있습니다. 이런 제사는 귀신에게 하는 것이요 하나님을 믿는 우리가 드릴 수 있는 것이 아닙니다. 가족들로부터 욕먹기 싫고 불편한 관계가 싫은 것입니다. 사람을 두려워하면 올무에 걸리게 됩니다. 돌아보면 너무 인간적인 지혜를 앞세워 좋은 게 좋은 거라면서 매사에 결단이 없는 신앙에 머무르고 있습니다.

신앙인은 직장에서 NO라고 말할 용기가 필요합니다. 사장이 고사를 지낸다고 직원들을 모아 돼지머리 앞에 절을 시킬 때, 고개를 숙일 수 있습니까? 금 신상에 절하지 않은 세 친구의 결단이 필요합니다.

종교적인 것뿐만이 아닐 것입니다. 우리의 양심을 거스르는 세상 풍습과 관행들 앞에서 우리는 NO라고 말할 수 있어야 합니다. 모두가 야근하지 않고도 야근수당을 받아가고, 받아서는 안 되는 뒷돈 챙기고, 복지제도의 빈틈을 이용해서 혈세를 축내고, 이런 모양 저런 모양으로 거짓과 부정의 길을 당연한 듯이 간다고 해도, 나는 안 된다고 해야 합니다. 이런 정직하지 못한 돈으로 자식들 유학도 보내고 잘 사는 것을 부러워하기 보다는, 차라리 양심적인 신앙을 자녀에게 보여주고 물려주려고 해야 할 것입니다.

우리는 마음으로 옳다고 여기고 그렇게 배우고 확신한 것을 좇아 살아야 합니다. 덴마크의 신학자 키에르케고르는 기독교박해시대가 아닌 기독교국가의 시대에 교회가 얼마나 타락할 수 있는가를 보았다고 했습니다. 교회가 세상과 뒤섞이면서 하나님과 세상 두 개를 다 끌어안으려고 한다는 것입니다. 이것은 양립하는 신앙(both and)입니다. 하나님도 믿고 세상에서도 잘 사는 것입니다. 그 길을 좇아갑니다. 이를 위해 절충하고 타협합니다. 그러나 양립할 수 없는 것을 끌어안으려고 하면서 우리의 신앙은 힘을 잃어갑니다. 표류하고 맙니다.

이런 교회의 타락을 바라보면서 키에르케고르는 결단의 신앙을 외쳤습니다. 그것이 바로 양자택일의 신앙(either or)입니다. 엔트베더 오더(entweder oder)라는 독일어로 잘 알려져 있습니다. 진정 그리스도를 좇는다면 십자가를 지고 가라는 것입니다. 우리가 이 세상에서 하나님의 말씀을 좇아 살려고 한다면 고난을 두려워해서는 안 됩니다. 때로 그리스도를 위해 사람과 부딪히고, 물질에 손해를 보고, 명예를 잃어버리는 위기를 감수하려고 하지 않는 사람은 진정한 신앙의 길을 갈 수 없습니다.

우리가 그런 결단을 갖고 살 때에 하나님이 피할 길을 열어주실 것입니다. 오히려 더 좋은 결과가 찾아올 것입니다. 그러나 그리 아니 하실지라도 우리는 옳다하는 것을 좇아가야 합니다. 우리의 선배들은 신앙을 위해서 물질이 아니라, 명예가 아니라, 목숨을 잃었습니다. 더 나은 부활을 바라보았던 것입니다.

이 시대에 매 순간 결단 앞에 서는 신앙인들이 되기를 바랍니다.

(2013년 9월 22일)

산당을 훼파하라

"이방 모든 나라가 여호와께서 이스라엘의 적군을 치셨다 함을 듣고 하나님을 두려워하므로 여호사밧의 나라가 태평하였으니 이는 그의 하나님이 사방에서 그들에게 평강을 주셨음이더라 여호사밧이 유다의 왕이 되어 왕위에 오를 때에 나이가 삼십오 세라 예루살렘에서 이십오 년 동안 다스리니라 그의 어머니의 이름은 아수바라 실히의 딸이더라 여호사밧이 그의 아버지 아사의 길로 행하여 돌이켜 떠나지 아니하고 여호와 보시기에 정직하게 행하였으나 산당만은 철거하지 아니하였으므로 백성이 여전히 마음을 정하여 그들의 조상들의 하나님께로 돌아오지 아니하였더라"(대하 20:29-33)

아버지에게 아들이 하나 있습니다. 그리고 아버지는 이 아들을 정말 사랑합니다. 재주가 많고 똑똑한 이 아들에게 문제가 하나 있는데, 자기도 모르게 거짓말하는 습관이 있는 것입니다. 아버지는 이것이 앞으로 아들의 앞길을 망칠지 모른다고 걱정하고 이 잘못된 습관을 고쳐주려 합니다. 그러나 습관이라는 것은 쉽게 제거되지 않습니다. 어찌해야 될까요? 거짓말하는 순간마다 아들을 야단 칠 수 있습니다. 회초리를 들 수도 있고 밥을 굶기거나 용돈을 줄일 수 도 있습니다. 이런 모든 것이 아들에게는 불쾌하거나 고통으로 느껴지고, 아버지로부터 도망하려는 마음을 줄 수 있습니다. 그럼에도 불구하고 그 아들을 위해서 아버지는 해야 합니다.

우리 하나님 아버지도 마찬가지입니다. 그의 자녀들 속에 영적성장을 가로막는 장애물을 보십니다. 이것을 제거해야 우리는 하나님으로부터 오는 평안과 축복을 마음껏 누릴 수 있습니다. 하나님과의 보다 깊은 교제 가운데로 나아갈 수 있습니다. 그러므로 성령은 이것을 치유하기를 원하십니다. 오늘 말씀을 통해서 그가 우리를 치유해주시기를 바랍니다.

이 말씀은 남유다의 왕 여호사밧에 대한 총평입니다. 그는 평생 하나님 보시기에 정직하게 행한 좋은 왕이었습니다. 우상을 제거했고, 많은 전쟁에서 승리하면서 백성들에게 태평성대를 안겨주었습니다. 그러나 이런 많은 업적에도 불구하고 부족했던 점이 한 가지 지적됩니다. "산당만은 철거하지 아니하였으므로 백성이 여전히 마음을 정하여 그들의 조상들의 하나님께로 돌아오지 아니하였더라"(33)

그는 산당을 철거하지 못했고, 그로 인해 백성들의 신앙을 바로잡지 못했습니다. 그런데 이런 평가는 앞의 말씀과는 좀 상반됩니다. "그가 전심으로 여호와의 길을 걸어 산당들과 아세라 목상들도 유다에서 제거하였더라"(대하 17:6) 여기서는 산당을 제거했다고 말합니다. 그런데 마지막 총평에서는 산당을 제거하지 않았다고 합니다. 이 모순되어 보이는 것을 어떻게 설명할까요?

이스라엘에 산당이라는 것이 있었는데, 그 이름이 바마였습니다. "이에 내가 그들에게 이르기를 너희가 다니는 산당이 무엇이냐 하였노라 (그것을 오늘날까지 바마라 일컫느니라)"(겔 20:29) 바마는 여성형이고, 바못은 중성형 명사입니다.

이 바못을 라틴역 성경인 불가타에서는 높은 곳(high place)이라고 번역했고, 현대역본들은 산당으로 번역했습니다. 성경에는 이 단어가 무려 100번 이상 언급되고 있는데, 도대체 산당이 어떻게 생겼고, 성격이 무엇이냐에 대해서는 학자들마다 의견이 분분합니다.

그럼에도 불구하고 한 가지 분명한 것은 이 산당이 이스라엘과 굉장히 밀착되어 있었다는 사실입니다. 무어(G. F. Moore)는 "산당의 역사는 이스라엘의 고대 종교사이다"라고 했습니다.

이 산당은 본래 가나안족들이 가지고 있던 종교처소였습니다. 그들은 중앙의 왕도에 성전을 가진 것이 아니라, 자기가 사는 곳 가까이에 산당을 세웠는데 주로 산 위에나 푸른 나무 아래였습니다. "이는 그들도 산 위에와 모든 푸른 나무 아래에 산당과 우상과 아세라 상을 세웠음이라"(왕상 14:23) 이 산당에 바알과 아세라 등 우상이 세워졌습니다.

정착 초기, 아직 성전을 짓지 못한 상황에서 이스라엘은 가나안 토착민들로부터 산당을 물려받았습니다. 물론 거기서 하나님께 제사를 드렸습니다. 사무엘도 산당에서 제사를 드렸습니다. "사무엘이 사울에게 대답하여 이르되 내가 선견자이니라 너는 내 앞서 산당으로 올라가라 너희가 오늘 나와 함께 먹을 것이요 아침에는 내가 너를 보내되 네 마음에 있는 것을 다 네게 말하리라"(삼상 9:19)

솔로몬도 마찬가지였습니다. "그 때까지 여호와의 이름을 위하여 성전을 아직 건축하지 아니하였으므로 백성들이 산당에서 제사하며 솔로몬이 여호와를 사랑하고 그의 아버지 다윗의 법도를 행하였으나 산당에서 제사하며 분향하더라"(왕상 3:2-3)

비록 솔로몬에 의해서 성전이 세워졌으나, 이 산당의 습관은 고쳐지질 않았습니다. 왜 그랬을까요? 유추컨대 예루살렘은 멀었고, 산당은 가까웠습니다. 예루살렘성전은 일 년에 세 차례 가지만, 산당은 언제고 갈 수 있었습니다. 그리고 그때까지는 산당에서의 제사가 합법적이었습니다. 그러다보니 일반인에게 산당은 여전히 친숙한 종교적인 처소였습니다.

그런데 문제는 이 산당이 이방풍습에서 유래되었다는 점입니다. 그러다보니 겉모양뿐 아니라 그 내용까지도 영향을 받지 않을 수 없었습니다. 그래서 그 산당에서 처음에는 여호와를 섬겼지만, 시간이 가면서 그들의 토속종교의 영향을 받게 되었습니다. 이로 인해 순수한 하나님 신앙이 지켜지지 못하고 혼합종교가 되고 말았습니다.

가나안의 토속종교는 바알을 섬기는 바알교였습니다. 이 종교는 풍년과 다산을 기원하는 전형적인 기복 종교인 동시에 음란한 종교였습니다. 신전을 섬기는 여인들은 창기들이었고, 제전 가운데 생산을 상징하는 성행위가 벌어지기도 했습니다. 그러므로 바알교는 신앙뿐 아니라 윤리를 오염시키는 무서운 우상이었습니다.

이스라엘은 끊임없이 이 우상에 오염되었습니다. 그러다가 하나님을 경외하는 왕이 집권하면, 먼저 바알과 아세라 우상을 제거하고 신앙을 회복시키는 일을 했습니다.

그런데 그런 정직한 왕들조차 산당을 제거하지는 못했습니다. "요아스는 제사장 여호야다가 그를 교훈하는 모든 날 동안에는 여호와 보시기에 정직히 행하였으되 다만 산당들을 제거하지 아니하였으므로 백성이 여전히 산당에서 제사하며 분향하였더라"(왕하 12:2-3) 이와 같은 표현이 아사, 아마샤, 아사랴, 요담 그리고 여호사밧까지 6명의 왕에게서 반복되어 나타납니다.

그렇다면 17장에서 여호사밧이 산당을 제거했다는 것은 무슨 말입니까? 그가 제거한 산당은 철저히 바알과 아세라만 섬기던 산당이었습니다. 그러나 20장에서 제거하지 못했다는 산당은 소위 여호와를 섬기는 산당이었습니다. 그는 이것을 없애지 않고, 백성들이 여기서 여호와를 섬기도록 한 것입니다.

그런데 문제는 산당에 배어있는 이방적인 요소를 완전히 제거할 수 없었다는 것입니다. 그 뿌리가 그만큼 깊었기 때문이었습니다. 그러다보니 이 산당에는 뭔가 여호와 신앙과 이방신앙이 공존했습니다. 그러자 어떤 결과가 왔습니까? "백성이 여전히 마음을 정하여 그들의 조상들의 하나님께로 돌아오지 아니하였더라"(33) 하나님을 믿기는 믿었지만, 100% 순전한 신앙이 되지 못했습니다. 그들의 마음 한쪽 공간은 항상 다른 것 즉 세상신이나 세상풍습, 세상가치관이 차지하고 있었습니다.

이런 혼합주의는 이스라엘의 힘과 신앙을 약화시켰고, 바알우상에 쉽게 넘어가게 만들었습니다. "에브라임이 여러 민족 가운데에 혼합되니 그는 곧 뒤집지 않은 전병이로다 이방인들이 그의 힘을 삼켰으나 알지 못하고 백발이 무성할지라도 알지 못하는도다"(호 7:9)

여호사밧의 경우도 마찬가지입니다. 그가 죽은 후 그의 아들 여호람이 즉위하면서 모든 것이 달라졌습니다. "여호람이 또 유다 여러 산에 산당을 세워 예루살렘 주민으로 음행하게 하고 또 유다를 미혹하게 하였으므로"(대하 21:11)

결국 이런 일을 반복하다가 히스기야와 요시아왕에 이르러 이 산당은 완전히 제거되었습니다. "이 히스기야가 여호와의 산당들과 제단들을 제거하여 버리고 유다와 예루살렘에 명령하여 이르기를 너희는 다만 한 제단 앞에서 예배하고 그 위에 분향하라 하지 아니하였느냐"(대하 32:12) 요시야왕은 한걸음 더 나아갔습니다. "전에 이스라엘 여러 왕이 사마리아 각 성읍에 지어서 여호와를 격노하게 한 산당을 요시야가 다 제거하되 벧엘에서 행한 모든 일대로 행하고 또 거기 있는 산당의 제사장들을 다 제단 위에서 죽이고 사람의 해골을 제단 위에서 불사르고 예루살렘으로 돌아왔더라"(왕하 23:19-

20) 그는 더욱 철저히 산당을 훼파하고 산당제사장까지 제거했습니다. 이 두 왕 시대에 비로소 이스라엘은 순전한 신앙을 회복할 수 있었습니다.

이스라엘의 산당 – 이 절묘한 혼합신앙은 우리와 무관한 이야기가 아닙니다. 우리 속에도 산당이 자라잡고 있습니다. 교회를 다니면서 절이나 점집에도 다닌다는 말이 아닙니다. 이런 소위 종교적 혼합주의가 우리의 경우는 많지 않습니다.

일본은 다릅니다. 많은 일본교인들의 밑바닥에는 민족종교인 신도이즘이 깔려있습니다. 신사참배를 종교적으로 문제시하지 않습니다. 이런 종교적 혼합주의가 일본의 기독교를 약하게 하는 요인이 되고 있습니다. 다행히도 한국교회는 이런 영향이 별로 없습니다.

그러나 세상의 모든 그리스도인들에게는 절묘한 혼합신앙의 유혹이 있습니다. 뭔가 하나님만을 섬기기가 어렵습니다. 하나님께 마음을 전적으로 드릴 수 없게 만드는 많은 것들을 꿰차고 신앙생활을 합니다. 신앙에 올인하지 못한 채 여러 곳에 마음이 분산됩니다. 그래서 우리가 믿음의 깊은 도에 이르기가 어렵습니다.

이 혼합신앙의 핵심은 놀랍게도 수천 년 전 이스라엘을 끊임없이 유혹했던 바로 그 바알입니다. 현대판 바알은 이스라엘을 흔들 때 못지않게 강력한 힘으로 우리를 사로잡습니다.

그 실체를 생각해봅시다. 별명이 김잡사인 김집사가 어느 날 화장실에서 볼일을 보는데, 아들 영구가 소리칩니다. "아빠, 밖에 누가 왔어요" "네가 나가봐, 외판원이면 아무도 없다고 하고, 야쿠르트 아줌마면 내일 오시라 해" 잠시 후 아들 목소리가 들립니다. "아빠, 목사님 같은데 어떡하죠?" 김 집사는 허둥대면서 말했습니다. "빨리 재떨이하고 담배

치우고, 식탁 위에 소주병 좀 숨겨라" "아빠, 그럼 안방에 화투도 치울까요?" "그럼 그럼"하는데 목사님이 화장실 문을 두드리면서 김집사에게 묻습니다. "응접실에 있는 '젖소부인' 테이프도 치울까요?"

자, 이 유머에는 나올게 다 나옵니다. 술, 담배, 화투, 음란물 …. 그 옆에 또 있는 것이 있습니다. 성경책! 이 못된 잡기들이 교회생활과 함께 가고 있습니다. 처음에는 갈등도 갖고 죄의식도 갖다가, 시간이 지나면서는 체념하고 점점 그런 것에 익숙해집니다. 온갖 미련을 떨쳐버리지 못하는 이 김집사에게 신앙은 무엇일까요?

매주일 예배에 참석해서 설교도 들을 때는 교인 같지만, 집에 와서 이런 것들을 붙잡고 살아가는 모습은 영락없는 불신자입니다. 그는 예수교 신자이면서 아울러 세상쾌락교 신자입니다. 아니 하나님을 섬기면서 동시에 말초적인 쾌락을 자극하는 음란한 바알을 섬기는 전형적인 산당신앙인입니다.

우리 자신을 한번 돌아봅시다. 우리에게 이런 것은 없습니까? 술이나 담배, 먹고 마시는 것에 심취하고, 음란한 것과 성적 방종에 빠져있거나, 게임이나 오락에 매달려 있지 않습니까? 한두 번 상황에 의해 저지른 실수가 아니라, 지속적이고 습관적으로 반복하고 있는 것은 없습니까? 이 중독의 시대에 알게 모르게 악한 관습, 경건치 못한 습관이 우리 안에 견고한 진을 형성하고 있습니다. 그래서 쉽게 벗어나지 못한 채 그 안에서 계속 맴돌게 됩니다.

여러분, 이런 것을 부서뜨려야 살 수 있습니다. 이 막힌 진지를 뚫어야 합니다. 이것에는 총 한두 방이 아니라 대포로 집중포격 해야 합니다. 한두 번 눈물 흘리는 기도가 아니라, 좀 더 지속적이고 집중적으로 매달리는 기도가 필요합니다.

이런 것만이 아닙니다. 바알교는 기복신앙이자 현실종교입니다. 거기서는 보이지 않는 것이나 내세에 대한 소망, 이런 것이 의미가 없습니다. 보이는 현실이 중요합니다. 당장 이 땅에서의 성공과 부귀영화가 가장 중요합니다. 왕이 준비한 잔치에 가는 것보다 밭이 중요하고, 소가 중요하고 결혼이 훨씬 더 중요합니다.

성경은 이들을 이렇게 표현합니다. "그들의 마침은 멸망이요 그들의 신은 배요 그 영광은 그들의 부끄러움에 있고 땅의 일을 생각하는 자라"(빌 3:19)

오늘날 교회들은 이런 교인들로 차고 넘칩니다. 은혜의 의미를 예수 그리스도로 말미암은 죄 사함이 아니라, 세상성공과 부귀영화의 축복으로 뒤바꾸고 있습니다. 예수의 십자가를 믿는다고 하면서도 여전히 무엇인가를 더 받으려고만 하지, 그 분께 자신의 시간과 재물과 인생을 기꺼이 드리지 않습니다. 이것이 기복적인 바알신앙입니다.

하나님과 바알을 같이 섬기려고 하는 사람은 영적으로 막힐 수밖에 없습니다. 그 마음을 진정으로 그분께만 드릴 수가 없습니다. 그러므로 전심으로 그를 찾는 자를 위하여 베푸시는 능력을 받을 수가 없습니다.

성도 여러분, 우리 자신을 돌아봅시다. 내 속의 산당은 무엇입니까? 지금 내 신앙의 발목을 잡는 그 것, 나로 하여금 끊임없이 세상 사람으로 머물게 하는 그 것은 무엇입니까? 히스기야와 요시야가 한 것처럼, 이 숨겨진 산당을 남겨두지 말고 철저히 훼파합시다.

그리고 전심으로 주께만 마음을 고착시키는 우리 모두가 되기를 바랍니다.

(2013년 7월 21일)

양자택일의 신앙

"사람들이 예수께서 만져 주심을 바라고 어린 아이들을 데리고 오매 제자들이 꾸짖거늘 예수께서 보시고 노하시어 이르시되 어린 아이들이 내게 오는 것을 용납하고 금하지 말라 하나님의 나라가 이런 자의 것이니라 내가 진실로 너희에게 이르노니 누구든지 하나님의 나라를 어린 아이와 같이 받들지 않는 자는 결단코 그 곳에 들어가지 못하리라 하시고 그 어린 아이들을 안고 그들 위에 안수하시고 축복하시니라 예수께서 길에 나가실새 한 사람이 달려와서 꿇어 앉아 묻자오되 선한 선생님이여 내가 무엇을 하여야 영생을 얻으리이까 예수께서 이르시되 네가 어찌하여 나를 선하다 일컫느냐 하나님 한 분 외에는 선한 이가 없느니라 네가 계명을 아나니 살인하지 말라, 간음하지 말라, 도둑질하지 말라, 거짓 증언 하지 말라, 속여 빼앗지 말라, 네 부모를 공경하라 하였느니라 그가 여짜오되 선생님이여 이것은 내가 어려서부터 다 지켰나이다 예수께서 그를 보시고 사랑하사 이르시되 네게 아직도 한 가지 부족한 것이 있으니 가서 네게 있는 것을 다 팔아 가난한 자들에게 주라 그리하면 하늘에서 보화가 네게 있으리라 그리고 와서 나를 따르라 하시니 그 사람은 재물이 많은 고로 이 말씀으로 인하여 슬픈 기색을 띠고 근심하며 가니라 예수께서 둘러 보시고 제자들에게 이르시되 재물이 있는 자는 하나님의 나라에 들어가기가 심히 어렵도다 하시니 제자들이 그 말씀에 놀라는지라 예수께서 다시 대답하여 이르시되 얘들아 하나님의 나라에 들어가기가 얼마나 어려운지 낙타가 바늘귀로 나가는 것이 부자가 하나님의 나라에 들어가는 것보다 쉬우니라 하시니 제자들이 매우 놀라 서로 말하되 그런즉 누가 구원을 얻을 수 있는가

하니 예수께서 그들을 보시며 이르시되 사람으로는 할 수 없으되 하나님으로는 그렇지 아니하니 하나님으로서는 다 하실 수 있느니라 베드로가 여짜와 이르되 보소서 우리가 모든 것을 버리고 주를 따랐나이다 예수께서 이르시되 내가 진실로 너희에게 이르노니 나와 복음을 위하여 집이나 형제나 자매나 어머니나 아버지나 자식이나 전토를 버린 자는 현세에 있어 집과 형제와 자매와 어머니와 자식과 전토를 백 배나 받되 박해를 겸하여 받고 내세에 영생을 받지 못할 자가 없느니라 그러나 먼저 된 자로서 나중 되고 나중 된 자로서 먼저 될 자가 많으니라" (막 10:13~31)

"보약도 20대에 먹어두자"라는 말이 있습니다. 남인숙의 〈여자의 모든 인생은 20대에 결정 된다〉에 이런 글이 있습니다. "20대가 보약을 먹으면 은근히 극성 보신론자 취급을 합니다. 그러나 경험자들의 의견을 종합해 보면, 젊어서 몸을 만들어 놓는 것은 저축입니다. 그것도 아주 이율이 높은" 20대에 잘 가꾼 건강이 평생 건강의 중요한 밑거름이 된다는 것입니다. 몸뿐이겠습니까? 습관이나 인격, 삶의 기본기도 20대에 만들어 놓아야 합니다.

이 젊은 시기는 영적인 기본기와 틀이 만들어지는 시기입니다. 이 시기를 놓치면 나중에 아무리 많은 투자를 한다 해도 그 효과는 크지 않습니다. 40-50대에 신앙의 체험을 하고 불같은 열정으로 하나님께 귀하게 쓰임을 받는 사람들이 있습니다. 그러나 주일학교, 청년의 시기에 뜨거운 열정과 확신 속에서 헌신했던 사람들이 보편적으로 주님의 교회에서 중요한 역할을 하게 됩니다.

왜 그럴까요? 여러 가지 이유 중 하나는 "20대는 이상주의자요 40대는 현실주의자"라는 말속에 담겨있습니다. 40대에는 이상주의자처럼 행동하기 어렵습니다. 그런데 20대의 이상주의자를 거치지 않은 사람들은 40대에 가서 균형 잡힌 현실주의자가 될 수 없습니다. 20대에 현실주의자였던 사람은 흔히 40대에서는 속물로 전락하고 맙니다.

신앙에서도 20대의 청년은 열병을 앓는 것처럼 날 뛰는 시기입니다. 어느 하나에 감동을 받고는 앞 뒤보지 않고 불나방과 같이 오직 거기에만 뛰어들 수 있는 시절입니다. 지극히 현실적인 눈을 가진 어른들에게는 이 젊은이들의 감정적이고 극단적인 사고가 위험하게 느껴지고, 계산도 없이 뛰어드는 모습이 비현실적으로 느껴집니다. 그러나 이렇게 균형 감각이 없는 열병과 같은 시간 속에서 청년들은 영적인 보약을 먹게 됩니다. 그것은 나중에 늙어서 영양제를 먹는 것과는 비교할 수 없는 탄탄한 영적인 기초를 만드는 것입니다.

돌아보면 제 개인에게서도 이러한 열병과 같은 시간들이 있었습니다. 성경공부, 금식, 철야를 비롯해서 유명한 기도원을 찾아다니고, 지하철이나 버스나 공원에서 전도하고, 의대생들과 함께 진료 가서 전도하기도 했습니다. 공부는 뒷전이고, 미래에 어떻게 살 것인가에 대한 청사진도 무시한 채, 앞 뒤 없이 뛰어다닌 시간들이 있었습니다.

나이가 들어가면서 저는 그 시간에 대한 반성도 많이 했습니다. "내가 왜 그 때 그렇게 철이 없었을까? 왜 그렇게 치우쳤을까?"하면서 부끄러워한 적도 있습니다. 그러나 그러한 열병의 과정 속에서 저도 모르는 가운데 평생을 가는 영적 자산을 얻었던 것입니다.

지금은 그렇게 하기 어렵습니다. 재는 것이 많고, 균형을 많이 생각합니다. 균형은 필요합니다. 그러나 좌와 우로 치우쳐본 사람만이 참된 균형을 찾을 수 있습니다. 영감처럼 어려서부터 균형을 말하는 사람은 진정한 균형점을 찾을 수 없습니다.

저는 오늘날 청년들이 어른들처럼 행세하고, 40대의 현실주의적인 신앙의 모습을 갖는 것을 성숙이라고 말하고 싶지 않습니다. 그것은 성숙이 아니라 조로입니다. 마치 6년 된 어미 양에게서 복제된 돌리와 비슷합니다. 3살의 청년 나이에 그에게는 이미 9살의 조로현상이 나타났습니다. 염색체 말단 세포노화의 지표로 알려진 텔로미어가 이미 9세를 가리켰고, 결국 돌리는 6살에 죽었습니다. 이처럼 청년의 나이에 벌써부터 그런 조로를 갖는 사람은 하나님의 손에 귀하게 쓰임 받을 수 없습니다.

오늘의 본문에서 주님이 가르치시는 한가지만을 살펴봅시다. 어떤 사람이 주님을 찾아와서 무릎을 꿇었습니다. 그가 어떤 사람인지 성경은 3가지로 말해줍니다.

첫째, 그는 현실적인 사람입니다.

이 사람을 찬찬히 들여다보십시오. 마태복음에서는 "그 청년이 재물이 많으므로 이 말씀을 듣고 근심하며 가니라"(마 19:22)라고 말합니다. 여기 청년을 가리키는 '네아니스코스'는 주로 40세 이하의 젊은이를 가리키는 말입니다.

아울러 그는 관원이었습니다. 당시 관원은 가장 확실하고 안정된 직업이었습니다. 또한 그는 큰 부자로 재물이 많은 사람이었습니다. 율법 교육을 어려서부터 철저히 받은 것을 보면 가문도 보통은 아니었을 것입니다. 좋은 부모를 만난 행운아일수도 있지만, 젊은 나이에 이 정도 지위와 재물을 가지려면 그 스스로가 뭔가 특별한 능력을 갖춘 사람이었습니다. 자기관리와 절제가 잘 된 사람일 것이고, 현실감각이 뛰어나고, 사회생활의 능력이 있는 사람이었습니다.

둘째, 그는 도덕적인 사람입니다.

그는 십계명을 이미 어려서부터 다 지켰다고 했습니다. 대단한 사람입니다. "도적질 하지 않고, 살인하지 않고, 성적인 죄를 범하지 않고, 거짓말하지 않고, 부모를 공경하는 데 부족함이 없는 사람" – 여러분은 지금까지 살아오면서 주변에서 이런 사람을 본적이 있습니까? 이 사람에 비하면 우리 자신은 한 없이 부족한 사람입니다.

무엇보다도 그는 선한 것을 추구하는 사람이었습니다. "예수께서 길에 나가실새 한 사람이 달려와서 꿇어 앉아 묻자오되 선한 선생님이여 내가 무엇을 하여야 영생을 얻으리이까"(17) 그가 예수님을 찾아온 것은 예수님이 선한 선생으로 여겨졌기 때문입니다. 마태는 이렇게 기술합니다. "어떤 사람이 주께 와서 가로되 선생님이여 내가 무슨 선한 일을 하여야 영생을 얻으리이까"(마 19:16) 어떤 선한 일을 해야 합니까? 그는 선한 일을 중시하고 선을 추구하는 착한 사람이었습니다. 그러나 그에 대한 소개는 여기서 그치지 않았습니다.

셋째, 그는 영적인 사람입니다.

그가 예수를 찾아와서 그 아래 무릎을 꿇은 이유는 영생을 얻기 위해서였습니다. 이것이 우리를 흥미롭게 만듭니다. 이 젊은 나이에 벌써 영생을 갈구하고 있었던 것입니다. 이처럼 재물과 지위를 누리는 사람이 내세에 대한 흥미를 갖는 것은 쉬운 일이 아닙니다. 대개 영생은 사람들이 늙어 인생의 낙이 없고 죽음이 가까울 때 생각하게 되는데 그는 성공과 부를 거머쥔 가운데 영생을 사모하고 있었던 것입니다. 그는 영적인 사람이었습니다.

이정도면 일등 신랑감 아닙니까? 딸 가진 부모는 이런 사위를 얻고 싶지 않겠습니까? 재산도 많고, 직업도 확실하고, 착하면서 또한 영적인데 관심을 갖고 있는 사람입니다. 정말 과년한 딸을 둔 사람은 침을 흘릴 만합니다.

그런데 그에게 주님이 말씀하셨습니다. "네게 오히려 한 가지 부족한 것이 있으니 가서 네 있는 것을 다 팔아 가난한 자들을 주라 그리하면 하늘에서 보화가 네게 있으리라 그리고 와서 나를 좇으라"(21)

주께서 이렇게 말씀하신 것은 그가 싫거나, 마음에 안 들어서 쫓아내기 위한 것이 아닙니다. 예수님은 이러한 그의 모습을 보시면서 도리어 사랑스럽게 여기셨습니다. "그를 사랑하사"(21) 그는 사랑스러운 사람입니다. 그에게는 순박함이 있었고 법과 계명을 철저히 지키려는 단호함과 노력도 있었습니다. 그러면서도 바리새인처럼 예수님을 대적하지도 않았고 오히려 그 앞에 무릎을 꿇고 영생의 길을 가르쳐달라고 하고 있습니다. 이 모습이 참 사랑스러웠을 것입니다. 사랑하셨기에 주님은 이 길을 가르쳐 주셨습니다. "재물을 버리고, 또 그 직업을 버리고 나를 좇으라."

그러나 다른 한편으로 생각해보면 참 아찔한 명령입니다. 많은 사람들은 이 성경을 읽으면서 속으로 이렇게 외치고 싶을 것입니다. "오 주님, 저에게는 이런 명령을 주지 마십시오."

이 부담스런 명령 앞에서 결국 부자청년은 근심하며 돌아섰습니다. 성경의 저자는 그가 돌아선 이유가 재물이 많았기 때문이라고 설명합니다. 그래서 이 청년은 예수의 13번째 제자가 되는 특권을 아깝게 놓친 사람으로 평가됩니다.

처음에 영생에 대한 진지한 질문으로 그럴듯하게 시작했지만, 결국은 신앙에서 실패한 사람 그리고 인생에서 실패한 사람이 되고 말았습니다. 이 청년의 문제는 무엇이었습니까? 왜 예수님은 이 청년에게 이런 극단적인 요구를 하셨을까요?

주님은 그 청년 속에서 두 가지 서로 병행되어서는 안 되는 것이 공존하고 있는 왜곡된 신앙을 보신 것입니다. 이 청년은 한 손에는 세상의 지위와 재물을 쥐고 있습니다. 그리고 다른 한 손에 영생을 얻고 싶었습니다. 대단한 사람입니다. 이 세상에서 부와 영화를 누리고 죽어서도 천국에서 영화를 누리겠다는 것입니다.

오늘날 교회를 가장 무력하게 만드는 것이 있는데, 신앙의 세속화요 기복신앙입니다. 이것은 동전의 앞뒷면과 같은 현상입니다. 기복신앙을 추구하다보면 자연히 신앙의 세속화가 따라오기 마련입니다.

그 내면의 동기는 이것입니다. "영적인 축복"과 "현세적인 축복" 이 두 가지를 동시에 누리고 싶어 한다는 것입니다. 신앙 안에서 깊은 은혜도 체험하고 다양한 은사도 경험하고 궁극적으로 영생도 얻으면서, 동시에 세상의 지위와 재물도 함께 누리고 싶은 것입니다. 그야말로 A도 좋고 B도 좋은(both□and) 신앙입니다.

오늘 예수님이 청년에게 주신 이 명령은 이 두 가지를 동시에 누릴 수 없다는 것을 보여주신 것입니다. 왜 그렇습니까? 어느 것도, 어느 누구도 예수님과 동등한 자리에 설 수 없기 때문입니다. 그것은 다 우상입니다. 그러므로 예수님은 두 가지의 길을 제시합니다. 네가 원하는 그 세상 지위와 재물을 좇아가든지 아니면, 그 모든 것을 버리고 나를 따르든지, 둘 중의 하나를 택하라 이것입니다. 그야말로 '양자택일의 신앙'(either□or)"입니다. 우리말로는 "양자택일의 신앙"입니다.

양자택일의 신앙은 단호한 결단을 요구합니다. 비현실적이고 이상주의처럼 보이기도 합니다. 급진적이고 위험하다는 생각을 들게 하기도 합니다. 그러나 놀라운 것은 2천년의 기독교 역사는 언제나 이 양자택일의 신앙을 통해서 개혁되고 정화되고 새로워졌다는 것입니다.

아시시의 성 프란시스가 그러했습니다. 그는 물에 물탄 듯 술에 술탄 듯 깊은 세속화로 생명력을 잃어버린 교회들을 향하여 산상수훈의 삶으로 돌아가야 한다는 폭탄선언을 하였습니다. 그리고 부자 부모를 떠나서 거지수도승으로 살았습니다. 산상수훈은 재미있고 감미로운 말씀이 아닙니다. 그것은 오직 주의 제자가 되려고 하는 사람들만이 실천할 수 있는 철저한 양자택일의 신앙입니다.

예수님은 제자들에게 다른 것을 요구하시지 않았습니다. 학식, 배경, 경험 - 이런 기준으로 보면 다 불합격입니다. 그러나 그가 요구한 것은 하나입니다. "모든 것을 버리고 나를 좇으라." 이 말씀에 부응하지 못하고 돌아선 사람을 주님은 다시 부르시지 않았습니다. 베드로, 요한, 야고보, 안드레 등은 그들의 배와 그물 심지어는 가족을 버렸고, 마태는 세관이라는 직업을 내려놓고 주를 따랐습니다. 이 모든 것이 베드로의 말 속에 담겨있습니다. "우리가 모든 것을 버리고 주를 좇았나이다." (28)

이에 대해 주님은 이렇게 화답하셨습니다. "내가 진실로 너희에게 이르노니 나와 및 복음을 위하여 집이나 형제나 자매나 어미나 아비나 자식이나 전토를 버린 자는 금세에 있어 집과 형제와 자매와 모친과 자식과 전토를 백배나 받되 핍박을 겸하여 받고 내세에 영생을 받지 못할 자가 없느니라"(29-30) 잃는 것이 아니라는 말씀입니다. 결국은 더 풍성히 더 많이 얻게 될 것입니다. 내세뿐 아니라 이 세상에서도 말입니다. 그러나 그러기 위해서는 먼저 잃어야 합니다.

저는 오늘날 젊은 그리스도인들에게 이 열정을 주문하고 싶습니다.

여러분은 예수 때문에 죽고 예수 때문에 살 수 있어야 합니다. 예수 때문에 모든 것을 버릴 수 있는 열정이 필요합니다. 예수에 미치는 사람이 되어야 합니다. 때로 주변의 선데이 신자들, 형식적인 그리스도인들로부터 광신자라는 혹평을 들을 수도 있어야 합니다. 너무 열정적이어서 교회의 어른들이 염려할 정도가 되어야 합니다. "저러다가 무슨 일 저지르지 않을까" 그래서 뭔가 좀 자제시키려고 할 정도가 되어야 합니다.

하나님의 거룩한 일을 위해서 평생을 헌신하는 자들도 나와야 합니다. 먹고 사는 모든 문제, 미래의 문제를 하나님의 손에 맡기고, 전적으로 하나님만을 의지하는 믿음의 사람들이 청년공동체를 흔들어야 합니다.

청년들이여, 여기 어리석은 부자 같이 되지 맙시다. 영적인 것과 세속적인 것을 한꺼번에 붙잡으면서 당신의 젊음의 시간을 허송하지 마십시오. 이 청년의 시기에 그런 미적지근한 신앙에 빠지면, 당신은 후에 나이 들어도 교회의 쓸모 있는 일군이 될 수 없습니다. 건강한 지도자가 될 수 없습니다.

이 예수 그리스도의 약속을 신뢰합시다. 우리가 그 분을 선택하고 그를 위해서 모든 것을 잃어버릴 때, 도리어 그 분은 모든 것을 채워주시는 분이심을 믿고 오직 예수 그 분만을 위해서 헌신할 수 있기를 바랍니다.

(2005년 9월 25일)

공허한 십자가

마침 알렉산더와 루포의 아버지인 구레네 사람 시몬이 시골로부터 와서 지나가는데 그들이 그를 억지로 같이 가게 하여 예수의 십자가를 지우고 예수를 끌고 골고다라 하는 곳(번역하면 해골의 곳)에 이르러 몰약을 탄 포도주를 주었으나 예수께서 받지 아니하시니라 십자가에 못 박고 그 옷을 나눌새 누가 어느 것을 가질까 하여 제비를 뽑더라 때가 제삼시가 되어 십자가에 못 박으니라 그 위에 있는 죄패에 유대인의 왕이라 썼고 강도 둘을 예수와 함께 십자가에 못 박으니 하나는 그의 우편에, 하나는 좌편에 있더라 (없음) 지나가는 자들은 자기 머리를 흔들며 예수를 모욕하여 이르되 아하 성전을 헐고 사흘에 짓는다는 자여 네가 너를 구원하여 십자가에서 내려오라 하고 그와 같이 대제사장들도 서기관들과 함께 희롱하며 서로 말하되 그가 남은 구원하였으되 자기는 구원할 수 없도다 이스라엘의 왕 그리스도가 지금 십자가에서 내려와 우리가 보고 믿게 할지어다 하며 함께 십자가에 못 박힌 자들도 예수를 욕하더라 제육시가 되매 온 땅에 어둠이 임하여 제구시까지 계속하더니 제구시에 예수께서 크게 소리 지르시되 엘리 엘리 라마 사박다니 하시니 이를 번역하면 나의 하나님, 나의 하나님 어찌하여 나를 버리셨나이까 하는 뜻이라 곁에 섰던 자 중 어떤 이들이 듣고 이르되 보라 엘리야를 부른다 하고 한 사람이 달려가서 해면에 신 포도주를 적시어 갈대에 꿰어 마시게 하고 이르되 가만 두라 엘리야가 와서 그를 내려 주나 보자 하더라 예수께서 큰 소리를 지르시고 숨지시니라 이에 성소 휘장이 위로부터 아래까지 찢어져 둘이 되니라(막 15:21~38)

중국 여류 극작가 랴오이메이의 대표작으로 10년간 중국에서 절찬리에 상연된 〈코뿔소의 사랑〉이라는 연극이 우리나라에서도 상연되었습니다. 코뿔소 조련사인 마루와 그가 사랑하는 밍밍이라는 여자의 이야기입니다. 마루는 밍밍을 너무도 사랑해 그녀를 위해 모든 것을 포기하려 하지만, 지극히 현실적인 밍밍은 냉냉한 반응만을 보일 뿐입니다. 이에 절망한 마루는 마지막에 자신의 분신과도 같은 코뿔소를 죽인 뒤 그 심장을 꺼내 밍밍에게 선물합니다. 이렇게 밍밍만을 향해 달려가는 마루의 열정적인 사랑과 늘 주변을 두리번거리는 밍밍의 공허한 사랑이 우화 같은 이야기로 펼쳐집니다. 여기서 작가가 의도하는 것은 너무도 영악하고 계산적인 나머지 사랑다운 사랑을 하지 못하는 현대인들을 꼬집으려고 하는 것입니다.

자기의 모든 것을 다 바치면서 사랑하고픈 남자와, 늘 다른 곳을 바라보는 여자의 이야기는 소설에만 나오는 이야기는 아닙니다. 십자가를 사이에 두고, 오로지 인간만을 사랑하시는 하나님과 그 사랑을 받고도 늘 다른 곳을 두리번거리는 인간의 이야기입니다. 십자가에 달리신 예수 그리스도와 그를 따른다 하면서도 한눈을 파는 그리스도인들의 이야기입니다.

우리의 이야기는 십자가에서 시작됩니다. 주님은 이제 골고다에 도착했습니다. 이미 끝에 뼈가 달린 채찍에 맞아 온 몸이 만신창이가 되신 주님은, 구레네 시몬이 대신 십자가를 지는 바람에 겨우 여기까지 오셨습니다.

십자가에 못 박기 전, 군인들은 죄수들에게 몰약을 탄 포도주를 줍니다. 이것은 일종의 진통제로써 로마가 죄수들에게 베푸는 마지막 자비였습니다. 아마도 다른 두 죄수들은 고통을 덜기 위해 허겁지겁 이 포도주를 마셨을 것입니다.

그러나 예수님은 그것을 받지 않으셨습니다. 왜 그러셨을까요? 그가 하나님이시기에 고통을 느끼지 못해서 그런 것이 아닙니다. 오히려 예수님은 인류를 위한 모든 고통을 남김없이 받으시기 위해 그렇게 하신 것입니다. 그 포도주가 정말 약효가 있었다면, 다른 두 죄수들에 비해 주님의 고통은 훨씬 더 컸을 것입니다.

제 삼시 즉 오전 9시경 군인들은 드디어 예수님을 십자가에 눕혔습니다. 그리고 두 팔을 벌리고 약 15센티미터의 못을 양쪽 손목 바로 위인 전박에 박았습니다. 그러고 나서 무릎을 옆으로 비틀고 아킬레스건과 경골 사이 발목에 못을 박았습니다. 예수님이 달리신 채로 십자가는 세워졌고 땅에 있는 구덩이에 박혔습니다.

그 형벌의 잔인함을 오늘날 우리 세대에 어찌 감히 상상이나 할 수 있겠습니까? 호흡곤란, 피 순환곤란, 혈압강하, 심부전증발생 – 이것이 십자가에 매달린 사람들의 일반적인 현상입니다.

숨 쉬는 것 자체가 고통을 수반하는 그 십자가 위에서도 예수님은 자신을 둘러선 사람들 하나하나를 섬기셨습니다. 제자 요한과 함께 온 마리아를 향해 "여자여 보소서 아들이니이다"(요 19:26) 하시고는, 요한에게 "보라 네 어머니라"(요 19:27) 말씀하셨습니다. 고통 받는 어머니를 제자가 모시도록 부탁한 것입니다.

예수님은 자신을 찌른 로마병정들, 자신을 향해 조롱하고 비웃는 사람들, 심지어 대제사장과 장로들과 서기관들을 위해 기도를 올리셨습니다. "아버지 저들을 사하여 주옵소서 자기들이 하는 것을 알지 못함이니이다"(눅 23:34)

그리고 자기와 함께 매달려 고통하면서 마지막 은혜를 구하는 강도에게 위로와 소망의 말씀을 선포하셨습니다. "오늘 네가 나와 함께 낙원에 있으리라"(눅 23:43) 주님은 극한 고통 속에서도 사람 하나 하나를 사랑하시고 그들을 위해 할 수 있는 것을 다 하신 것입니다.

십자가에 달리신 지 3시간이 지난 낮 12시경 갑자기 온 땅에 어두움이 임했습니다. 오후 3시경 주님께서 이렇게 절규하셨습니다. "엘리 엘리 라마 사박다니 하시니 이를 번역하면 나의 하나님, 나의 하나님 어찌하여 나를 버리셨나이까 하는 뜻이라"(34) 그리고 곧 큰소리로 "아버지 내 영혼을 아버지 손에 부탁하나이다"(눅 23:46) 하시고 숨졌습니다.

그러자 바로 그 순간 어떤 일이 일어났습니까? "이에 성소 휘장이 위로부터 아래까지 찢어져 둘이 되니라"(38) 성소와 지성소 사이에는 휘장이 있었습니다. 그것을 지나야만 지성소에 임재하신 하나님을 만날 수 있었습니다. 그러나 죄인은 결코 그 휘장을 통과하여 거룩한 하나님께 나아갈 수 없었습니다.

그 휘장이 주님이 죽으시는 순간 위로부터 아래까지 찢어졌습니다. 이것은 무엇을 의미합니까? 예수 그리스도는 그의 죽음을 통해서, 죄로 인해 가로막힌 하나님과 우리 사이의 견고한 벽을 무너뜨리셨습니다. 그리고 우리가 하나님의 은혜의 보좌 앞으로 얼마든지 나아갈 수 있게 하셨습니다. 이를 위해 세상 죄를 지고 가는 한 마리 희생양이 되어 자신을 드리신 것입니다.

그러므로 주님의 고난 하나하나 속에는 나를 위한 사랑이 담겨있습니다. 그가 몰약을 탄 포도주를 거절하신 것도 내가 받을 고난을 하나도 남김없이 다 담당하기 위해서였습니다. 그가 채찍에 맞은 것도 나의 병을 낫게 하기 위해서였습니다. 그가 징계를 받음도 나에게 평안을 주기 위해서였습니다. 그가 가시면류관을 쓰고 두 손과 발이 못 박힌 채 십자가에 여섯 시간 매달리신 것도, 온 몸을 찢기시고 피를 쏟으신 것도 바로 나의 죄를 씻고 정결케 하기 위한 것이었습니다. 그가 사람들로부터 온갖 조롱과 야유를 받은 것은 나로 하여금 마지막 날 하늘의 조롱과 멸시당함에서 벗어나게 하기 위함이었습니다. 그리고 그가 나무에 매달려 하나님으로부터 저주를 받고 버림 당하신 것은, 하나님께 버림 당한 나로 하여금 다시 하나님의 품에 안겨 축복의 자녀가 되게 하기 위함이었습니다.

그의 모든 행위의 동기와 목적에 내가 맞춰져 있습니다. 내게 그럴만한 가치와 자격이 있습니까? 전혀 아닙니다. 나는 선한 자도 아니고 의인도 아닌 아주 더럽고 보잘 것 없는 죄인이었습니다. "우리가 아직 죄인 되었을 때에 그리스도께서 우리를 위하여 죽으심으로 하나님께서 우리에 대한 자기의 사랑을 확증하셨느니라"(롬 5:8)

이 사랑을 우리 모두가 받았습니다. 지금도 받고 있습니다. 이것이야 말로 진정 감당할 수 없는 은혜가 아닙니까? 그래서 우리는 십자가를 사랑한다고 말합니다.

그러면 한번 생각해봅시다. 과연 우리는 십자가를 아는 자입니까? 과연 우리는 나를 위한 그의 고난과 사랑을 얼마나 진지하게 느끼고 실감하고 깨닫고 있습니까?

이런 질문들은 사실 대답하기가 어렵습니다. 느끼고 실감하고 깨닫는 정도를 어떻게 객관적인 말로 표현할 수 있겠습니까? "십자가를 생각하면 눈물이 나옵니다." "그가 당한 고난을 묵상하면 전율이 느껴집니다." 이런 식으로 대답할 수도 있을 것입니다. 물론 그런 감정의 변화도 중요합니다.

그러나 감정이란 때로 충동적이고 일시적입니다. 보다 중요한 것은 우리들의 삶에 나타나는 반응입니다. 십자가의 사랑이 진정 느껴지고 깨달아졌다면, 나에게 어떤 반응과 변화가 따라야 할까요?

한 극단적인 예를 생각해봅시다. TV에 많은 사람들이 십자가를 목에 걸고 나오는 것을 보면 참 반갑다고 느낍니다. 운동선수나 연예인, 방청객의 목에도 걸려있습니다. 그런데 반갑지 않은 장면도 있었습니다. 어떤 남의 집을 턴 도둑이 붙잡혀서 그 압수한 증거물이 뉴스에 보도되었습니다. 훔친 돈, 키를 여는 도구. 그리고 십자가도 있었습니다.

오늘날 서구나 우리나라에서 십자가는 유행처럼 사랑을 받고 있습니다. 그러나 십자가와는 동떨어진 길을 가는 사람들이 너무 많습니다. 본회퍼의 말대로 값싼 구원, 값싼 은혜가 교회 안을 너무도 많이 오염시키고 있습니다. 십자가를 수없이 말하고 설교하고 듣지만 삶에는 아무런 변화가 없습니다. 은혜는 은혜이고, 나는 그냥 나대로 사는 것입니다. 예수 그리스도의 희생을 잘도 말하면서, 우리는 그냥 내 욕심이 가는대로 살아가는 것입니다.

주님은, 마루와 같이, 우리를 너무도 사랑하여 자신의 몸을 찢기고 피를 다 쏟으면서 바치셨는데, 그것을 안다는 우리는 밍밍같이 여전히 세상을 두리번거리고 그것을 동경하면서 마음이 두 갈래 세 갈래 나뉘어져 있습니다. 그는 지금도 혼신의 힘을 다해 열정적으로 사랑하시는데, 우리는 입술로만 공허한 사랑을 고백할 뿐입니다.

아닙니다. 이것은 아닙니다. 그런 우리에게 예수의 십자가는 공허한 십자가일 뿐입니다. 다시 나를 위해 당하신 고난과 십자가로 돌아갑시다.

만약 내가 그 십자가를 진정 깨달았다고 한다면, 나에게 따라오는 가장 분명한 반응은 이것입니다. 나도 누군가를 위해서 크건 작건 고통을 감수하는 삶을 사는 것입니다. 그런 변화가 아니면 다 공허한 이야기에 불과합니다.

그렇습니다. 누군가를 위해서 손해를 보고, 고통을 당하고, 헌신하며 희생하는 삶을 살지 않는다면 나의 십자가는 공허한 십자가입니다. 안다고 해도 아는 것이 아니고, 믿는다고 해도 믿는 것이 아닙니다.

이 세상의 수많은 영혼들이 망하는 길로 걸어가고 있는데, 이를 도외시하고 나의 육신의 안일만을 찾으려고 하는 사람들에게 십자가는 무엇입니까?

이 땅위에 수많은 사람들이 굶어 죽어 가는데, 나만 배부르고 우리 가족만 잘 살면 된다고 생각하는 사람들에게 십자가는 무엇입니까?

고난당하는 수많은 사람들을 외면한 채 여전히 내 유익과 우리 가족의 행복, 나의 이름과 명예만을 좇으며 사는 사람들에게 십자가는 과연 무엇입니까?

사람을 용서하지 못하고 미움과 원수맺음 그리고 다툼과 싸움을 정당화하는 사람들에게 십자가는 과연 무엇입니까?

오늘 우리 다시 시작해봅시다. 진정 나를 위해 살을 찢기고 피를 흘리신 주님의 십자가를 경험합시다. 충격을 받읍시다. 영혼의 전율을 느낍시다.

그리고 나도 누군가를 위한 삶으로 돌이킵시다. 누군가를 사랑하고 행복하게 해줍시다. 굶주림과 가난에서 벗어나게 해줍시다. 불의와 억압으로부터 해방시키며 죄와 사망에서 구원받게 해줍시다. 일들을 위해서 나의 믿음과 열정을 기꺼이 드리는 것입니다. 나의 시간과 재물을 즐겨 사용하고, 나의 힘과 에너지를 감사함으로 헌신하는 것입니다.

이 돌이킴의 은혜가 우리 모두에게 임하기를 바랍니다.

(2013년 3월 29일)

타협과 결단 사이에서

"버가모 교회의 사자에게 편지하라 좌우에 날선 검을 가지신 이가 이르시되 네가 어디에 사는지를 내가 아노니 거기는 사탄의 권좌가 있는 데라 네가 내 이름을 굳게 잡아서 내 충성된 증인 안디바가 너희 가운데 곧 사탄이 사는 곳에서 죽임을 당할 때에도 나를 믿는 믿음을 저버리지 아니하였도다 그러나 네게 두어 가지 책망할 것이 있나니 거기 네게 발람의 교훈을 지키는 자들이 있도다 발람이 발락을 가르쳐 이스라엘 자손 앞에 걸림돌을 놓아 우상의 제물을 먹게 하였고 또 행음하게 하였느니라 이와 같이 네게도 니골라 당의 교훈을 지키는 자들이 있도다 그러므로 회개하라 그리하지 아니하면 내가 네게 속히 가서 내 입의 검으로 그들과 싸우리라 귀 있는 자는 성령이 교회들에게 하시는 말씀을 들을지어다 이기는 그에게는 내가 감추었던 만나를 주고 또 흰 돌을 줄 터인데 그 돌 위에 새 이름을 기록한 것이 있나니 받는 자 밖에는 그 이름을 알 사람이 없느니라" (계 2:12~17)

　우리나라는 일 년에 두 차례의 큰 명절이 있어 참 좋은 것 같습니다. 이것을 계기로 흩어졌던 가족이나 친족들이 서로 만나서 정을 나누고, 자녀들에게 대가족의 소중함을 가르쳐줄 수 있다는 것이 참 귀한 것 같습니다.

　이런 가운데 명절이 되면 신앙적인 갈등과 어려움을 겪는 교인들이 있습니다. 제사 때문입니다. 믿지 않는 가족이나 친족들은, 조상이나 죽은 부모에 대한 제사를 소홀히 하는 것을 불효막심한 행위로 생각하니다. 끈끈한 혈연사회 속에서 이들과 담을 쌓고 사는 것은 여러 면에서 힘든 일입니다.

그러나 제사에 참여해서 술을 따르고 절도 하는 것이 과연 하나님의 말씀과 신앙양심에 합당한 것입니까? 그래도 됩니까? 믿는 사람이라면 당연히 고민하지 않을 수 없습니다. 특별히 나 홀로 믿는 교인에게는 참 넘기 힘든 산으로 여겨집니다.

우리 중에 어떤 이는 이미 이 산을 넘어서 온 가족이 제사를 완전히 없애거나 추도예배로 대신하는 가정이 있습니다. 어떤 이는 지금 이 문제로 가족들과 힘겨운 씨름을 하고 있습니다. 어떤 이는 참여하되 절은 하지 않고, 어떤 이는 어쩔 수 없다며 제사에 동참하고 있습니다. 그런가하면 '이게 신앙과 무슨 상관이 있나? 가톨릭은 허락하는데' 라고 하면서 제사 참여를 정당화하는 사람도 있습니다. 그래서 오늘 이 주제를 갖고 말씀을 상고해보려고 합니다.

먼저 제사가 무엇인지 생각해봅시다. 우리의 전통적인 제사에는 크게 두 가지 요소가 있습니다. 그 첫째는 부모에 대한 효입니다. 비록 부모가 돌아가셨지만 효는 계속해야 한다는 것입니다. 사사여사생(事死如事生)이라는 말이 있습니다. "돌아가신 조상 섬기기를 살아 계신 조상 모시듯 해야 한다"는 것입니다.

효(孝)에 대해서 말한다면 아마도 성경보다 강조하는 것은 없을 것입니다. 하나님은 부모 공경을 약속 있는 첫 계명으로 주셨습니다. 그리고 그것이 오래살고 형통하는 길이라고 가르치셨습니다.

그러나 그 부모는 살아계신 부모입니다. 왜냐하면 죽은 부모에 대한 예는 다른 신앙적인 문제를 수반하기 때문입니다.

여기 제사의 또 다른 요소가 고려되어야 하는 데, 바로 종교적인 요소입니다.

국어사전은 제사를 이렇게 정의합니다. "신령이나 죽은 사람의 넋에게 음식을 바치어 정성을 나타냄. 또는 그런 의식" 독일 기독교백과사전 (RGG)에서는 제사를 통한 조상숭배를 이렇게 소개합니다. "조상숭배는 죽은 조상들의 진노를 막고 축복을 받기 위한 목적에서 이루어진다. 살아있는 후손들이 죽은 조상들을 위한 제의식을 잘 수행할 때 조상들은 그들을 잘 보호해 주며, 반면에 후손들이 제의식을 소홀히 할 때는 화를 가져다 줄 수 있다는 것이다." - 제사에 대한 정확한 설명입니다.

유교의 제사에는 천·지·인으로 대표되는 신들 즉 천신(하늘 신), 지신(땅 신) 그리고 인귀(사람귀신)가 등장합니다. 그런데 모든 사람들이 다 이 신들에게 제사를 드릴 수 있는 것이 아닙니다. 왕은 이 세 종류의 신들에게 제사를 드릴 수 있으나, 일반평민들은 자신의 조상인 인귀에게만 제사를 드릴 수 있습니다. 「論語」 爲政編에서 공자는 '자기가 모실 귀신이 아닌데 제사 지내는 것은 아첨이다'라고 했습니다.

그런데 天·地·人에 해당하는 각각의 신들은 서로 영적(靈的)으로 교통합니다. 그러므로 일반 평민들이 조상신에게만 정성껏 제사해도, 그 조상신이 천신과 지신과 교류하여 그들의 정성을 전하게 된다는 것입니다.

이처럼 정성껏 드리는 제사에는 반드시 음식을 올려야 합니다. 제사 드릴 때에 죽은 자의 영혼이 귀신이 되어 찾아옵니다. 그런데 그가 후손들의 생사화복에 관계하기에 그를 잘 섬기고 달래기 위해 먹을 제물을 올리는 것입니다. 이상을 살펴보면 제사는 단순한 효를 표현하는 것이 아닙니다. 믿음과 격식을 갖추고 죽은 영혼에 대해 예배드리는 예식입니다.

하나님만을 믿고 그만을 예배해야 하는 그리스도인이, 어떻게 죽은 영혼을 예배하는 예식에 참여할 수 있겠습니까? "대저 이방인의 제사하는 것은 귀신에게 하는 것이요 하나님께 제사하는 것이 아니니 나는 너희가 귀신과 교제하는 자 되기를 원치 아니하노라"(고전 10:20)

이렇게 설교하면, 이런 분이 있을 것입니다. "목사님, 그것이 성경적이라고 해도 제사를 거부하면 우리 집은 난리 납니다. 우리 집안은 보통 집안이 아닙니다." 그렇습니다. 쉬운 일은 아닙니다. 특별히 어떤 가정에서는 아주 넘기 힘든 산입니다. 정말 대단한 결단이 필요합니다.

그러나, 사실 신앙은 쉬운 것이 아닙니다. 그저 교회에 와서 마음의 위로나 받고 복을 얻으려는 생각을 가진 사람, 그래서 좀 더 유복하고 형통하고 편하게 사는 길을 찾는 사람은 십자가에 매달리신 그리스도를 뒤따르는 제자는 아닙니다.

성경 속에 나오는 사람들 역시 지금 우리 못지않게 매우 매우 힘든 상황에 처했었습니다. 거기서 어떤 이는 신앙의 길을 결단했고, 어떤 이는 그냥 말씀을 저버리고 세상과 타협했습니다.

오늘 성경에 나오는 버가모 교회도 마찬가지입니다. 이 교회의 문제점을 성령은 이렇게 지적합니다. "그러나 네게 두어 가지 책망할 것이 있나니 거기 네게 발람의 교훈을 지키는 자들이 있도다 발람이 발락을 가르쳐 이스라엘 자손 앞에 걸림돌을 놓아 우상의 제물을 먹게 하였고 또 행음하게 하였느니라 이와 같이 네게도 니골라 당의 교훈을 지키는 자들이 있도다"(14-15)

이 교회에 니골라당의 교훈을 따르는 자들이 있었습니다. 니골라가 누구냐는 알 수 없습니다. 그보다 이 당이 무엇을 가르쳤느냐에 주목합시다. 여기 힌트가 14절의 '발람의 교훈'인데, 15절의 '니골라당의 교훈'

과 동일시되고 있습니다. 그것이 무엇입니까?

구약에서 모압왕 발락은 발람에게 이스라엘을 저주하면 금은보화와 높은 관직을 주겠다고 제의했습니다. 발람은 마음이 혹했지만, 하나님이 허락지 않으셨습니다. 그러자 그는 뒤로 물러가 모압왕에게 이스라엘을 무너뜨릴 계교를 은밀히 가르쳐 주었습니다. 그것은 미디안 여자들을 보내어 남자들을 유혹하고 하나님 앞에 죄를 짓게 하라는 것이었습니다.

이 작전은 성공했습니다. 미인계에 걸려든 이스라엘 남자들이 음행뿐 아니라, 그 여자들을 좇아 모압의 제사에 동참하는 죄를 범했습니다. "이스라엘이 싯딤에 머물러 있더니 그 백성이 모압 여자들과 음행하기를 시작하니라 그 여자들이 자기 신들에게 제사할 때에 이스라엘 백성을 청하매 백성이 먹고 그들의 신들에게 절하므로 이스라엘이 바알브올에게 가담한지라 여호와께서 이스라엘에게 진노하시니라"(민 25:1-3)

이 바알에서 드려진 제사는 어떤 제사입니까? "그들이 또 브올의 바알과 연합하여 죽은 자에게 제사한 음식을 먹어서"(시 106:28) 라는 말씀처럼, 그 제사는 죽은 자에게 드리는 제사였고 그들은 여기에 참여해서 그 음식을 먹었습니다. 이것이 '발람의 교훈'입니다. 이처럼 니골라당은 버가모의 교인들로 하여금 우상에게 제사한 음식을 먹고 또 음행하도록 문을 열어주었습니다.

이 니골라당은 두아디라교회에도 위협적이었습니다. "그러나 네게 책망할 일이 있노라 자칭 선지자라 하는 여자 이세벨을 네가 용납함이니 그가 내 종들을 가르쳐 꾀어 행음하게 하고 우상의 제물을 먹게 하는도다"(계 2:20) 그 교회에는 이세벨이라는 자칭 여선지자가 지도자 역할을 했습니다.

왜 교회들이 이런 유혹에 넘어갔습니까? 그 시대의 배경을 살펴봅시다. 1세기 후반기였던 당시에 소아시아는 그야말로 종교성이 충만한 사회였습니다. 다양한 집단 속에 수많은 우상과 제의식들이 보편화되었고 심지어는 의무화 되어 있었습니다.

이들이 섬기는 신은 주로 자연과 연관된 것으로 특별히 땅은 생산의 본거지로서 어머니, 즉 여성신을 상징했습니다. 그러다보니 제사행위 중 성전에서 수종드는 여자들과 관계를 하는 의식이 있어 음란하기 이를 데 없었습니다. 1세기 그리스 작가인 스트라보에 의하면, 고린도 시에만 성전에서 수종드는 여자가 천명에 이를 정도였다는 것입니다. 당시 사회 분위기에서 이런 제의식에 불참한다는 것은 쉬운 일이 아니었습니다. 많은 손실과 어려움을 감수해야 했습니다.

가령 장사하는 성도의 예를 들어봅시다. 고객들 대부분은 그들의 수호신을 갖고 정기적으로 제사형식으로 큰 잔치를 벌이고 초청을 합니다. 이 초청에 응해서 그들의 수호신 앞에 분향하고 절하는 것은 일종의 예절이었습니다. 만약 여기에 동참하지 않으면, 고객들에게서 미움과 배척을 받기도 하고, 사업에서 따돌림을 받고 심지어 거래가 단절되는 위험이 따르기도 했습니다.

특히 상업이 번창했던 두아디라의 경우, 모직, 직조, 염색, 제혁, 도기 등 모든 직종들이 일종의 동업조합을 형성하고 있었습니다. 장사를 성공적으로 잘하려면 여기에 가입해야 했습니다. 그런데 이 조합들은 저마다 섬기는 수호신이 있었습니다.

조합회원이 되면 의무적으로 조합에서 갖는 제사의식에 참예하여야 했고, 신에게 바쳐진 음식물들은 그 신이 내린 선물이라 하여 같이 먹어야 했습니다. 식사 후에는 2부 순서로 음란한 행사가 벌어지는데, 웃

음거리와 따돌림의 대상이 되지 않으려면 이 좌석해서 퇴장해서는 안 되었습니다.

자, 이 상황을 상상해봅시다! 장사나 사업하는 교인들에게 얼마나 힘든 일입니까? 단순히 가족이나 친족 간의 갈등 정도가 아닙니다. 우상숭배를 거절하는 것은 고객을 잃거나 직장을 잃고, 결국 밥줄이 끊어지는 위기를 감내하는 것이었습니다. 그 선택은 쉽지 않았을 것입니다.

이런 상황에서 타협안이 나왔습니다. 우상을 향해 분향하고 그 음식을 먹어도 마음에 우상을 담지 않으면 그만이라는 것입니다. 마음속의 믿음이 중요하지 겉 행위가 중요한 것은 아니라는 것입니다.

특히 두아디라의 여선지 이세벨은 이 난국을 모면할 방책을 그럴듯하게 제시했는데, 사단을 이기기 위해서 사단을 잘 알아야 한다는 것입니다. 죄가 어떤 것인가를 실제로 경험해보지 않고는 죄를 극복할 수가 없다는 것입니다. 그러니까 우상숭배나 음행에 참석해서 세상을 배워야 한다는 것이었습니다.

이런 가르침은, 그렇지 않아도 신앙양심과 죄 된 현실 사이에서 고민하는 연약한 성도들에게, 갈등을 풀어주고 양심의 가책을 면하게 해주는 일석이조의 좋은 교훈처럼 여겨졌습니다.

에베소 교회는 이 교훈을 단호히 물리쳤으나, 버가모 교회나 두아디라교회는 이런 타협주의적인 가르침을 막지 못했습니다. 불꽃같은 눈을 가지신 주님은 이를 책망하셨습니다.

이처럼 1세기의 성도들은 세상에 뿌리 깊은 우상숭배와 종교적인 관습으로 인해서 우리보다도 더 많은 어려움을 겪었습니다. 그들의 결단은 가난과 고립, 심지어는 죽음을 각오한 것이었습니다.

우리는 우리를 구원하시기 위해서 먼저 인간의 몸으로 오셔서 십자가에 못 박히신 하나님을 믿는 사람들입니다. 주님이 먼저 일절의 결단을 우리에게 보여주셨습니다. 그러므로 십자가 신앙은 항상 타협이 아닌 결단을 요구합니다.

오래 교회를 다니면서도 아직까지 제사를 당연시하거나 그 앞에서 절한다면, 이제 고민하고 기도하십시오. 제사는 부모에 대한 효에 불과하다거나, 가족을 전도하려면 그들과 좋은 관계로 지내야 한다면서 그것을 합리화하기보다는, 이제 신앙의 양심에 합당한 길로 돌아섭시다.

이 과정에서 먼저 하나님의 지혜를 모읍시다. 이 어려운 문제에 성령께서 지혜를 주시고 도와주실 것입니다.

여기에 준비의 과정이 중요합니다. 먼저 다른 것에서 가족과 친족들의 마음을 사야 합니다. 부모도 잘 섬기고, 형제들이나 친척들을 여러모로 배려해주는 것입니다.

여기에 재물이 중요한 역할을 합니다. 재물로 친구를 사귀라는 말씀을 새겨들어야 합니다. 가족들에게 인색해서는 그들의 마음을 얻지 못합니다. 기꺼이 손해보고 도우려고 한다면 제사 문제에 대해 훨씬 더 마음을 잘 열게 될 것입니다.

제사문제가 내 신앙에 큰 걸림돌이라면, 그것을 위해서 값을 지불할 수 있어야 하지 않겠습니까? 그런 노력의 과정이 필요합니다.

그리고 때가 되면 결단의 자리로 나아가야 합니다. 신앙의 여정에서 우리는 때로 타협과 결단 사이에 서게 됩니다. 쉬운 것은 아닙니다. 그러나 믿음의 결단을 선택할 때, 당장에는 어려움이 올수도 있습니다. 그러나 결국 그것은 우리의 신앙을 한 단계 더 높여주고 삶에 새로운 지평을 열어줄 것입니다.

무엇보다도 우리의 결단이 하나님을 기쁘시게 하는 것이라면 살아

계신 하나님은 반드시 좋은 길을 열어주실 것입니다.

다니엘과 세 친구들이 죽으면 죽으리라는 일사각오의 믿음으로 부정한 음식을 먹지 않고 신상에 절하지 않았을 때, 하나님은 위기에서 건져주시고 오히려 더 형통케 하셨습니다.

이처럼 우리도 뜻을 정하고 기도합시다. 그리고 결단합시다. 그러면 하나님이 더욱 놀라운 길을 열어주실 것입니다.

이 결단을 통해 우리의 신앙이 바르게 세워지고, 우리의 가정이 변화되는 은혜를 맛보기를 바랍니다.

(2017년 1월 29일)

지금이 어느 때인가?

"나아만이 모든 군대와 함께 하나님의 사람에게로 도로 와서 그의 앞에 서서 이르되 내가 이제 이스라엘 외에는 온 천하에 신이 없는 줄을 아나이다 청하건대 당신의 종에게서 예물을 받으소서 하니 이르되 내가 섬기는 여호와 께서 살아 계심을 두고 맹세하노니 내가 그 앞에서 받지 아니하리라 하였더라 나아만이 받으라고 강권하되 그가 거절하니라 나아만이 이르되 그러면 청하 건대 노새 두 마리에 실을 흙을 당신의 종에게 주소서 이제부터는 종이 번제 물과 다른 희생제사를 여호와 외 다른 신에게는 드리지 아니하고 다만 여호와 께 드리겠나이다 오직 한 가지 일이 있사오니 여호와께서 당신의 종을 용서하 시기를 원하나이다 곧 내 주인께서 림몬의 신당에 들어가 거기서 경배하며 그 가 내 손을 의지하시매 내가 림몬의 신당에서 몸을 굽히오니 내가 림몬의 신 당에서 몸을 굽힐 때에 여호와께서 이 일에 대하여 당신의 종을 용서하시기를 원하나이다 하니 엘리사가 이르되 너는 평안히 가라 하니라 그가 엘리사를 떠 나 조금 가니라 하나님의 사람 엘리사의 사환 게하시가 스스로 이르되 내 주 인이 이 아람 사람 나아만에게 면하여 주고 그가 가지고 온 것을 그의 손에서 받지 아니하였도다 여호와께서 살아 계심을 두고 맹세하노니 내가 그를 쫓아 가서 무엇이든지 그에게서 받으리라 하고 나아만의 뒤를 쫓아가니 나아만이 자기 뒤에 달려옴을 보고 수레에서 내려 맞이하여 이르되 평안이냐 하니 그가 이르되 평안하나이다 우리 주인께서 나를 보내시며 말씀하시기를 지금 선지 자의 제자 중에 두 청년이 에브라임 산지에서부터 내게로 왔으니 청하건대 당 신은 그들에게 은 한 달란트와 옷 두 벌을 주라 하시더이다 나아만이 이르되 바라건대 두 달란트를 받으라 하고 그를 강권하여 은 두 달란트를 두 전대에 넣어 매고 옷 두 벌을 아울러 두 사환에게 지우매 그들이 게하시 앞에서 지고 가니라 언덕에 이르러서는 게하시가 그 물건을 두 사환의 손에서 받아 집에 감추고 그들을 보내 가게 한 후 들어가 그의 주인 앞에 서니 엘리사가 이르되 게하시야 네가 어디서 오느냐 하니 대답하되 당신의 종이 아무데도 가지 아니 하였나이다 하니라 엘리사가 이르되 한 사람이 수레에서 내려 너를 맞이할 때에 내 마음이 함께 가지 아니하였느냐 지금이 어찌 은을 받으며 옷을 받으며 감람원이나 포도원이나 양이나 소나 남종이나 여종을 받을 때이냐 그러므로 나아만의 나병이 네게 들어 네 자손에게 미쳐 영원토록 이르리라 하니 게하시가 그 앞에서 물러나오매 나병이 발하여 눈같이 되었더라"(왕하 5:15~27)

오늘 본문의 말씀은 문둥병을 고침 받은 나아만이 엘리사에게 감사하고 사례하는 장면에서 시작합니다. 아람의 최고 장수 나아만이 문둥병이 걸려 엘리사를 찾아왔습니다. 나아만은 엘리사의 명령에 순종하여 요단강에 몸을 일곱 번 씻은 뒤 깨끗이 치료되었습니다. 하나님의 이적을 체험한 것입니다.

이 놀라운 기적을 통해서 치유함을 받은 나아만은 겸손히 모든 종들과 함께 엘리사 앞에 섰습니다. 그리고 여호와 하나님만이 참 신임을 고백하면서 이 위대한 선지자에게 예물을 드렸습니다. 그는 이것을 은혜 받은 자의 당연한 예의라고 생각했을 것이고, 더 나아가 기꺼이 드리기를 원했을 것입니다.

그러나 엘리사가 이 예물을 거절하는 것이 아닙니까! 나아만은 받아달라고 다시 강권했습니다. 그러나 엘리사는 끝까지 고사했습니다. 나아만은 결국 선물 주는 것을 포기하고 자기 나라로 돌아갔습니다. 뭔가 마음 한구석에 큰 빚을 진 감정을 가진 채 말입니다.

이 때, 엘리사의 사환 게하시가 자기 주인이 나아만의 사례를 받지 않은 것을 못마땅하게 보고 있었습니다. 그리고 재빨리 나아만의 뒤를 쫓아가서 은 한 달란트와 옷 두벌을 요구했습니다. 물론 그는 거짓말을 했습니다. "우리 주인께서 나를 보내시며 말씀하시기를 지금 선지자의 제자 중에 두 청년이 에브라임 산지에서부터 내게로 왔으니 청하건대 당신은 그들에게 은 한 달란트와 옷 두 벌을 주라 하시더이다"(22)

이 말을 들은 나아만은 너무 기뻤습니다. 은혜를 갚을 수 있는 기회를 얻은 것입니다. 그는 강권하여 은 두 달란트와 옷 두벌을 게하시에게 주었습니다. 은 한 달란트의 무게는 34 Kg입니다.

게하시는 이것을 메고 와서 혹시 엘리사가 볼까봐 재빨리 그것을 집에 감추었습니다. 그가 엘리사에게 나아갈 때, 엘리사가 그를 향하여 물었습니다. "네가 어디서 오느냐" 그는 "저는 아무데도 가지 않았습니다"라고 하면서 또 다시 거짓으로 대답했습니다.

그러나 이 모든 것을 알고 있는 엘리사가 이렇게 말했습니다. "엘리사가 이르되 한 사람이 수레에서 내려 너를 맞이할 때에 내 마음이 함께 가지 아니하였느냐"(26a) 쉽게 표현하면 이런 말입니다. '그 사람이 너를 만나려고 수레에서 내릴 때에, 내 마음이 너와 함께 거기에 가 있지 않은 줄 알았느냐? 내가 이미 영으로 다 보았다.'

그리고 나서 "지금이 어찌 은을 받으며 옷을 받으며 감람원이나 포도원이나 양이나 소나 남종이나 여종을 받을 때이냐"라고 책망한 뒤 엘리사는 게하시를 저주했습니다. "그러므로 나아만의 나병이 네게 들어 네 자손에게 미쳐 영원토록 이르리라"(27a) 그 말을 듣고 엘리사 앞에서 물러나올 때에, 게하시는 이미 문둥병을 얻어 그 피부가 눈같이 되고 말았습니다.

오늘날 이 시대를 살아가는 그리스도인은 특별히 이 엘리사의 말과 행위를 곰곰이 되씹어야 합니다. 이 말씀 속에서 우리는 두 가지 교훈을 놓치지 말고 배워야 합니다.

첫째, 우리의 시대를 바르게 알아야 합니다.

엘리사는 그가 살던 시대를 민감하게 보고 느끼고 있었습니다. 그가 몸담고 있는 이스라엘 사회는 건강한 사회가 아니었습니다. 이미 22년 간 지속된 아합의 악한 통치로 인해서 영적, 사회적 질병에 허덕이고 있었습니다. 이스라엘은 아합과 그의 아내 이세벨의 지시를 따르느라 오랜 세월 바알신앙에 깊이 감염되어 있었습니다.

바알 신앙이란 다른 것이 아닙니다. 지극히 기복적인 신앙입니다. 현세의 축복, 즉 신을 잘 섬겨서 농사 잘 짓고 자식 잘 낳고 형통하게 되는 것, 이것이 바알 신앙입니다.

뿐만 아니라 이러한 아합의 사악한 통치는 필연적으로 사회의 불평등과 불의를 심화시켰습니다. 그것의 대표적인 사건이 나봇의 포도원 사건이었습니다. 아합이 나봇의 포도원을 가지고 싶어 하는 것을 알게 된 그 아내 이세벨은 음모를 꾸며 나봇을 죽이고 그 땅을 갈취했습니다. 이스라엘은 한 마디로 불의한 사회였습니다. 비록 그 아들 여호람은 그 부모와 같지는 아니하였으나, 이 사회적인 병리현상은 치유하지 못했습니다. 엘리사는 그러한 시대의 선지자로서, 그의 시대를 순간순간 의식하고 있었습니다.

여러분은 오늘 우리의 때를 민감하게 바라보고 있습니까? 여러분은 이 시대를 어떻게 이해하고 있습니까? 우리의 시대는 몹시도 어두운 시대입니다. 특별히 우리가 살고 있는 이 한국 사회는 사회적인 기반이 무너져 내린 사회입니다. 사회적인 기반이 무엇입니까? 자본입니까? 공장입니까? 시스템입니까?

사회적 기반은 신뢰입니다. 가정의 기반이 무엇이겠습니까? 부부사이의 신뢰, 부모가 자녀를 믿고 자녀가 부모를 믿는 바로 그것이 아닙니까? 나라도 마찬가지입니다. 정부에 대한 신뢰, 기업에 대한 신뢰, 관공서와 학교에 대한 신뢰, 아니 궁극적으로 사람 서로에 대한 신뢰 - 그것이 사회적인 기반입니다. 그러나 우리는 사람에 대한 신뢰를 너무 많이 잃어버렸습니다. 사기와 뇌물, 부정과 부패가 위로 권력자들로부터 아래 평범한 서민에 이르기까지 너무 만연되어있습니다. 사람을 믿는다는 것이 두려운 사회가 되어버렸습니다.

얼마 전 골프장 건설 인.허가 과정에서 빚어진 뇌물수수사건도 우리 사회의 모습을 잘 말해주고 있습니다. 뇌물을 준 골프장 대표이사 박모(64)씨 등 3명이 공무원에게 편의를 봐달라고 뇌물을 공여했고, 시청 전. 현직 공무원 3명과 대한지적공사 간부등이 이 뇌물을 받은 것입니다. 게다가 주민 3명도 명의를 빌려주고 돈을 받은 것입니다. 공무원에서 지역주민까지 뇌물로 얽히고설킨 뇌물공화국의 모습이었습니다. 그야말로 뇌물이 보편화된 사회입니다.

최근에 일어난 불량 만두 사건은 이러한 불신에 다시 한 번 기름을 쏟아 부은 사건입니다. 버려야 할 쓰레기 단무지를 만두에 넣었습니다. 공업용 착색료를 넣은 고춧가루, 납이 들어간 조기, 농약 범벅의 야채와 과일 등 이런 불량음식들이 어디에 어떻게 떠도는지 어찌 알겠습니까? 누가 피해자입니까? 모두가 피해자입니다. 사람들이 이런 말을 서슴지 않고 하고 있습니다. "정말 한국이 싫습니다." 서로를 믿지 못하는 것입니다.

　이러한 사회의 병리현상 속에서 우리는 괴롭지만 한국 교회의 병리현상을 보지 않을 수 없습니다. 그것은 우리가 손가락질 할 어느 누구의 모습이 아니라, 바로 우리 자신의 모습입니다. 그 모습은 바로 게하시의 모습입니다. 어찌 보면 교회가 게하시와 같은 사람을 양산해 내었는지도 모릅니다. 몸은 선지자생도요, 엘리사 가장 가까이에 있는 비서였지만, 결국 마음은 전혀 변화되지 않은 채 세상의 욕심 그대로를 간직한 자였습니다. 돈에 대한 탐욕으로 수단방법 가리지 않는 그는 겉 사람은 성직자이나 속은 세상인간 그대로였습니다.

　어찌 보면 겉은 거룩한 모습이나, 속은 속물인 교인들이 얼마나 많습니까? 교회 안에서는 존경받는 직분자이나, 세상에서는 권위주의에 사로잡힌 사장이요, 수단방법 가리지 않는 동업자요, 간교한 장사꾼입니다. 불신자들이 볼 때, 자신과 하등 다를 것이 없는 사람입니다. 이런 불량식품을 만들어 파는 사람 중에 교인이 없기를 간절히 바랄 뿐입니다.

　이것은 우리 모두의 아픔입니다. 교회가 건강함을 잃을 때, 거기에서 병든 교인이 양산되기 마련입니다. 그리고 그런 게하시 같은 교인들이 한반도를 뒤덮고 기독교신자가 50%를 넘는다고 해도, 이 사회는 나아질 것이 하나도 없습니다.

　둘째 ,우리는 그 시대를 살리는 빛과 소금이 되어야 합니다.

　엘리사는 그 시대의 표상이었습니다. 그는 그 시대의 양심이었고, 시대의 소망이었습니다. 그러한 엘리사였기에 그가 죽을병이 들자 이스라엘의 왕은 울면서 이런 말을 했습니다. "내 아버지여, 내 아버지여, 이스라엘의 병거와 마병이여"(13:14) 이 말은 '당신은 이스라엘을 지키는 힘입니다.'라는 뜻입니다. 이 왕의 말 속에서 얼마나 엘리사를 신뢰하고 의지하고 있는지를 엿볼 수 있습니다. 그는 진정 이스라엘을 지키는 힘이었습니다.

어디에 비결이 있었습니까? 첫째로 그는 믿음이 있었고 둘째로 의로운 양심을 갖고 있었습니다. 믿음은 그로 하여금 이스라엘을 무수한 외침의 위험에서 건져내게 했고, 의로운 양심은 이스라엘을 타락 속에서 지켜내게 했습니다.

이 나아만의 사건에서 엘리사가 우리에게 보여주는 것은 무엇입니까? 마땅히 또 당연히 받을 수 있는 것을 그는 거절한 것입니다. 한번 생각해봅시다. 병 고침 받은 나아만이 그에게 사례하기 위해서 은 열 달란트를 드렸습니다. 엘리사가 그 중에 한 두 달란트 받았다고 합시다. 뭐가 문제입니까? 어쩌면 당연한 권리 일 수도 있습니다.

그는 가난한 선지자였습니다. 그의 뒤에는 매일 쪼들리면서 살아가는 100명이 넘는 선지자학교의 제자들이 있었습니다. 4장 38절 이하에 나오는 선지자들의 비참한 삶을 생각해보십시오. 먹을 것이 없어 독이 든 야등덩굴의 외를 끓여서 먹어야 했습니다. 어떤 사람이 보리떡 스무 덩이와 채소 담은 자루 하나를 이 선지자 학교에 드렸지만, 그것으로 백 명을 먹이기에는 턱도 없었습니다. 여기 나아만이 준다고 한 이 돈만 다 받는다면 이런 구차한 환경은 벗어날 수 있지 않겠습니까? 절호의 기회가 아닙니까?

가령 어떤 가난한 신학교 교장이 있다고 합시다. 그가 어떤 병자에게 안수하고 기도한 뒤에 그 병자가 치유 받았습니다. 아주 큰 부자였던 병자는 많은 돈으로 사례하려고 합니다. 그가 이것 받아서 신학교 학생들 먹여 살리면 되지 않습니까?

그러나 그는 거절했습니다. 왜 그랬을까요? 시대가 악하였기 때문이 었습니다. 세상은 대가성으로 물질을 주고받는 일들이 관행처럼 만연해 있었고, 심지어 성직자들마저 이런 관행을 등에 업고 자기 배를 불리고 있었기 때문이었습니다. 그래서 엘리사는 나아만의 사례를 거절하였던 것입니다.

오늘 우리 시대는 다르겠습니까? 지금 이 시대가 어찌 은을 받으며 옷을 받으며 감람원이나 포도원이나 양이나 소나 남종이나 여종을 받을 때 입니까? 이 시대를 모르십니까?

오늘 우리가 이 사회를 변화시키기 위해서는 우리 모두의 단호한 결단이 요청된다고 생각합니다. 그 단호한 결단은 게하시의 옷을 벗고 엘리사의 옷을 입는 것입니다. 우리의 욕심과 꿈을 이루기 위해서 수단방법 가리지 않고 세상 사람들과 꼭 같이 행동하는 것을 포기하는 정도가 아닙니다. 그런 삶은 당연히 내려놓아야 합니다. 불량식품 사용, 불량 외제상표 사용, 사기 공갈, 이런 것은 우리 그리스도인들이 할 일이 아닙니다.

더 나아가서 우리가 당연히 누릴 수 있는 권리조차 내려놓는 것입니다. 비록 그것이 관행이라고 할지라도 신앙의 양심에 합당치 않다면 거절하십시오. 더더구나 뇌물성의 물건에는 아예 손을 대지 마십시오. 아무리 떳떳한 것이라 할지라도, 혹 누구에겐가 오해가 될 만하다면 포기하십시오. 심지어 당신이 행한 선한 일에 대한 답례라 할지라도 받기를 주저하십시오. 특별히 성직자는 더욱 근신하여 깨어 있어야 합니다.

저는 가급적 교회에서 이루어지는 모든 공적인 사역에 대해 사례를 받지 않는 것이 옳다고 생각합니다. 심방예배, 개업예배 등 다양한 예배는 목회자가 마땅히 해야 하는 사역이 아닙니까? 그것은 특별한 사역이 아니지 않습니까? 그런 사역을 하라고 교회가 사례비를 주는 것이 아닙니까?

왜 꼭 그렇게 살아야 합니까? 이 시대가 악하기 때문입니다. 지금은 그런 것을 받을 때가 아닙니다. 우리는 이 시대의 양심이고 소망이 되어야 합니다. 우리 모두가 이 시대의 방패와 병기가 되어야 합니다.

어떻게 우리가 그런 삶을 살 수 있습니까? 우리가 정직하고 바르게 살기 위해서는 우리에게 굴러들어오는 복도 차버려야 합니다. 혹 가난을 자초할 수도 있습니다. 이러한 위기를 우리 인간의 힘으로 어떻게 감당합니까? 우리의 힘으로는 안 됩니다. 우리의 힘으로는 세상의 빛과 소금이 될 수 없습니다. 우리 힘으로는 세상 사람들의 수준 밖에는 살수 없습니다.

은혜! 하나님의 은혜 속에서 강해져야 합니다. "내 아들아 그러므로 네가 그리스도 예수 안에 있는 은혜 속에서 강하고"(딤후 2:1) 희생을 희생이라고 여기지 않을 수 있는 능력은 은혜로부터 흘러나옵니다. 우리는 다시 십자가의 은혜로 돌아가야 합니다. 거기서 의와 진리와 생명을 위해서 모든 것을 희생하신 주님을 다시 만나야 합니다. 그 분을 볼 때, 우리는 이것이 결코 수고도 아니고 희생도 아님을 깨닫게 됩니다. 오히려 이것은 주님의 뒤를 좇는 제자의 특권입니다.

십자가의 은혜 속에서 우리는 세상을 이기는 참된 믿음을 소유합니다. "너희는 마음에 근심하지 말라 하나님을 믿으니 또 나를 믿으라"(요14:1) 주께서 진정 나의 목자시라면 반드시 나의 길을 인도하실 것입니다. 하나님은 "우리에게 모든 것을 후히 주사 누리게 하시는" 분입니다. 이 하나님의 섭리에 대한 믿음에서 세상을 거스릴 수 있는 용기가 나옵니다.

하나님의 약속을 의지하면서 이 시대의 선지자로 부르신 그 부름에 감사하면, 그 사명을 잘 감당하게 될 것입니다.

여러분, 지금은 자다가 깰 때가 되었습니다. 어둠의 일을 벗고 빛의 갑옷을 입읍시다. 그리하여 우리 모두가 이 시대를 밝히는 등불이 되며 이 사회를 변화시키는 힘이 되기를 바랍니다.

(2004년 6월 13일)

소돔이 남겨준 교훈

"그 사람들이 거기서 일어나서 소돔으로 향하고 아브라함은 그들을 전송하러 함께 나가니라 여호와께서 이르시되 내가 하려는 것을 아브라함에게 숨기겠느냐 아브라함은 강대한 나라가 되고 천하 만민은 그로 말미암아 복을 받게 될 것이 아니냐 내가 그로 그 자식과 권속에게 명하여 여호와의 도를 지켜 의와 공도를 행하게 하려고 그를 택하였나니 이는 나 여호와가 아브라함에게 대하여 말한 일을 이루려 함이니라 여호와께서 또 이르시되 소돔과 고모라에 대한 부르짖음이 크고 그 죄악이 심히 무거우니 내가 이제 내려가서 그 모든 행한 것이 과연 내게 들린 부르짖음과 같은지 그렇지 않은지 내가 보고 알려 하노라 그 사람들이 거기서 떠나 소돔으로 향하여 가고 아브라함은 여호와 앞에 그대로 섰더니 아브라함이 가까이 나아가 이르되 주께서 의인을 악인과 함께 멸하려 하시나이까 그 성 중에 의인 오십 명이 있을지라도 주께서 그 곳을 멸하시고 그 오십 의인을 위하여 용서하지 아니하시리이까 주께서 이같이 하사 의인을 악인과 함께 죽이심은 부당하오며 의인과 악인을 같이 하심도 부당하니이다 세상을 심판하시는 이가 정의를 행하실 것이 아니니이까 여호와께서 이르시되 내가 만일 소돔 성읍 가운데에서 의인 오십 명을 찾으면 그들을 위하여 온 지역을 용서하리라" (창 18:16~26)

소돔과 고모라 하면 누구에게나 떠오르는 인상이 있습니다. 성적인 타락과 아울러 온갖 죄가 만연한 도시입니다. 그래서 결국 불의 심판을 받아 멸망하고 이제는 그 자취를 찾을 수 없이 사라져버렸습니다.

저는 어렸을 때에 소돔에 관한 영화를 보았는데, 거기서 소돔은 아주 기괴한 악의 소굴처럼 묘사되어 있었습니다. 그런 인상이 박히다보니 소돔을 우리가 사는 세상과는 동떨어진 아주 별난 세계로 밀어 넣게 되었습니다.

그러나 그것은 오해입니다. 소돔은 우리와 동떨어진 별난 세계가 아닙니다. 예수님은 그가 오랫동안 사역하셨던 가버나움에 변화가 없자 이렇게 책망하셨습니다. "가버나움아 네가 하늘에까지 높아지겠느냐 음부에까지 낮아지리라 네게 행한 모든 권능을 소돔에서 행하였더라면 그 성이 오늘까지 있었으리라 내가 너희에게 이르노니 심판 날에 소돔 땅이 너보다 견디기 쉬우리라 하시니라"(마 11:23-24)

가버나움이 소돔보다 더 악하다는 말씀입니다. 그렇다고 가버나움이 지금 우리 사회보다 더 타락했겠습니까? 결코 그렇지 않을 것입니다. 그렇다면 주님은 우리를 향해서도 "심판 날에 소돔 땅이 너보다 견디기 쉬우리라" 라고 하시지 않겠습니까?

그렇다면 도대체 소돔의 죄는 무엇이고, 망한 이유는 무엇인가요? 이것을 한번 알아봅시다. 오늘 성경은 소돔심판의 서곡과 같은 것입니다. 심판하기 전에 주님은 먼저 아브라함에게 이렇게 일러주셨습니다. "소돔과 고모라에 대한 부르짖음이 크고 그 죄악이 심히 무거우니 내가 이제 내려가서 그 모든 행한 것이 과연 내게 들린 부르짖음과 같은지 그렇지 않은지 내가 보고 알려 하노라"(20-21)

아브라함은 즉각 소돔심판이 임박했음을 감지했습니다. 그러자 소돔에 사는 사랑하는 조카 롯이 걱정되었습니다. 그래서 롯을 위해 심판을 유보해줄 것을 간청했습니다. 먼저 정의로 심판하시는 하나님이 의인을 악인과 함께 멸하는 것은 부당하다고 강변하면서 이렇게 물었습니다. "그 성 중에 의인 오십 명이 있을지라도 주께서 그 곳을 멸하시고 그 오십 의인을 위하여 용서하지 아니하시리이까"(24)

그러자 하나님은 의인 50명을 찾으면 그들을 위해 온 지역을 용서하시겠다고 말씀하셨습니다. 아브라함이 생각해보니 50명까지는 자신이 없었습니다. 그래서 계속 줄이다가 10명까지 내려갔습니다. 하나님은 그 10명으로 인하여도 용서해 주신다고 하셨습니다. '10명은 되겠지' 아브라함은 그렇게 생각하고 멈췄을 것입니다. 그러나 결국 소돔은 심판받고 말았습니다.

자, 그렇다면 소돔의 멸망의 이유는 무엇이었습니까?

첫째, 성적인 타락이었습니다.

성경은 소돔이 성적으로 극히 타락한 곳이었음을 말합니다. "소돔과 고모라와 그 이웃 도시들도 그들과 같은 행동으로 음란하며 다른 육체를 따라 가다가 영원한 불의 형벌을 받음으로 거울이 되었느니라"(유 1:7) 다른 성경을 참조해봅시다. "그리고 소돔과 고모라와 그 주변의 도시들도 그들과 마찬가지로 음란에 흐르고 비정상적인 육욕에 빠졌으므로 영원한 불의 형벌을 받아서 후세의 본보기가 되었습니다."[공동번역]

음란과 비정상적인 육욕은 구체적으로 어떤 것이었을까요? 우리 사회에 만연해가는 불륜 정도는 아무 것도 아니었습니다. 레위기에서 강력하게 금하신 계명을 통해서 볼 때 당시 가나안에 성적 타락이 얼마나 풍미했던가를 엿볼 수 있습니다. 가족들 간에 다양한 근친상간은 물론이고, 심지어 동물과 관계하는 수간도 있었습니다. 이런 것들이 소돔에도 자행되었을 것입니다.

그러나 소돔의 비정상적인 성적타락을 상징하는 대표적인 것은 동성애였습니다. 그 현상이 고스란히 소개되고 있습니다. 천사들이 롯의 집에 들어간 날 밤에 소돔의 남자들이 몰려왔습니다. 그리고 문을 두드리면서 소리 질렀습니다. "오늘 밤에 네게 온 사람들이 어디 있느냐 이끌어 내라 우리가 그들을 상관하리라"(창 19:5) 여기 상관한다는 말은 섹스 하겠다는 말입니다. 천사들이 예쁘장한 남자처럼 보이니 이들이 탐하였던 것입니다.

한 두 사람도 아니고 많은 남자들이 몰려왔다는 것은 동성애가 보편화 되었을 뿐 아니라 그것이 전혀 부끄러운 일이 아니었음을 보여줍니다. 그래서 소돔사람을 뜻하는 sodomite는 남색하는 자, 즉 남자동성애자를 뜻하는 용어가 된 것입니다. 동성애는 성적타락의 끝입니다.

오늘날 우리가 사는 지구는 음란과 비정상적인 육욕에 시달리고 있습니다. 서양은 말할 나위도 없고 우리나라 역시 마찬가지입니다. 얼마 전 간통죄가 사라져버렸습니다. 그 판결이 나자 기다렸다는 듯이 불륜과 관련된 산업의 주가가 올라갔다고 합니다. 우리 사회에 불륜이 얼마나 성행하고, 음란이 얼마나 차고 넘치는가는 더 설명할 필요가 없습니다.

그런데 이제는 서양을 따라 동성애의 물결이 몰려오고 있습니다. 근대에 이르기까지 대부분의 나라에서 동성애자는 죄인으로 취급받고 비인격적인 대우를 받았습니다. 그러다보니 서양에서 인권운동이 일어나면서 동성애자들의 권리를 옹호하는 사람들이 많이 나왔습니다. 성적인 취향을 개인의 자유로서 존중하고, 사회 소수자의 권리를 보호하는 것이 민주주의라고 하는 생각이 동성애를 부추기는 결과를 낳게 되었습니다.

과거 의학에서는 동성애를 정신질환으로 여겼습니다. 프로이트는 동성애를 성 심리의 발달과정에서 일어난 갈등의 결과로 보았습니다. 그러나 동성애를 이해하려는 사람들이 생겨났는데 그들은 동성애의 원인을 호르몬의 부조화나 유전자 등 생물학적 요인에 있다고 보았습니다. 한마디로 동성애성향은 생득적인 것이므로 사회가 용인해야 한다는 것입니다. 이런 주장도 모두가 공감할만한 의학적 근거를 갖고 있는 것도 아닙니다.

그러나 문제는 무엇입니까? 생득적이라는 설을 인정하건 안하건, 지금 대부분의 동성애자들은 오히려 후천적으로 만들어진 사람들입니다. 영화, 드라마, 소설, 음란물 등을 통해 동성애를 접하면서 멀쩡한 사람들이 여기에 빠지는 것입니다.

이제 유럽에서 동성애는 더 이상 비정상적인 성행위가 아닙니다. 많은 나라들이 동성결혼을 합법화하고 있고, 여기서 더 나아가 네덜란드를 비롯한 일부 나라들은 동성부부에게 이성부부와 꼭 같은 권리를 부여합니다. 그래서 입양까지도 가능합니다. 한 마디로 소돔이 되어가고 있습니다. 미국도 차츰 그 뒤를 좇고 있고, 서구화를 지향하는 모든 세계가 서서히 이 방향으로 움직이고 있습니다.

이것은 하나님의 창조질서에 역행하는 것입니다. 하나님은 남자와 여자가 한 몸을 이루게 하셨습니다. 이것이 결혼입니다. 동성애는 하나님이 정해 놓으신 순리를 역행하는 죄입니다.

하나님은 구약의 율법에서도 이것을 분명히 금하셨습니다. "너는 여자와 동침함 같이 남자와 동침하지 말라 이는 가증한 일이니라"(레 18:22) 신약도 마찬가지입니다. "그와 같이 남자들도 순리대로 여자 쓰기를 버리고 서로 향하여 음욕이 불 일듯 하매 남자가 남자와 더불어 부끄러운 일을 행하여 그들의 그릇됨에 상당한 보응을 그들 자신이 받았느니

라"(롬 1:27)

바울은 나아가 하나님나라에 들어가지 못할 죄로 정죄했습니다. "불의한 자가 하나님의 나라를 유업으로 받지 못할 줄을 알지 못하느냐 미혹을 받지 말라 음행하는 자나 우상 숭배하는 자나 간음하는 자나 탐색하는 자나 남색하는 자나"(고전 6:9)

성경의 가르침은 이 부분에서 모호함이 없이 분명합니다. 그러므로 우리는 동성애가 죄임을 분명히 인식하고, 소돔으로 향하여 가는 시대의 흐름을 막기 위해서 노력해야 합니다. 우리 주위에 동성애에 빠진 친구들을 돌이키려고 해야 합니다. 성적으로 타락해 가는 세상 속에서 우리의 거룩한 정절을 잘 지켜가기를 바랍니다.

둘째, 사회적 공의의 부재였습니다.

소돔의 죄가 단순히 성적인 타락에만 있다고 생각해서는 안 됩니다. 성경은 이 도시의 다른 문제를 분명히 말하고 있습니다. 소돔은 당시 아주 풍요로운 도시였습니다. 롯이 당시 소돔을 택한 이유를 이렇게 말했습니다. "이에 롯이 눈을 들어 요단 지역을 바라본즉 소알까지 온 땅에 물이 넉넉하니 여호와께서 소돔과 고모라를 멸하시기 전이었으므로 여호와의 동산 같고 애굽 땅과 같았더라"(창 13:10) 물이 넉넉하고 땅이 비옥하니 자연히 농사가 잘됩니다. 고대사회에서는 최적의 환경이었습니다.

그런데 어디서나 풍요로움은 또 다른 죄를 낳는데, 그것은 바로 탐욕과 맘모니즘입니다. 다 같이 가난하면 오히려 인간미가 있고 서로 나누면서 삽니다. 그러나 급격한 경제성장이 찾아오면 사람들이 돈맛을 알게 되고, 그러면서 점점 탐욕의 노예가 되어 버립니다. 자연히 가진 자와 가난한 자로 나눠지면서 빈부격차가 심화되는 것입니다.

소돔이 그러했습니다. "네 아우 소돔의 죄악은 이러하니 그와 그의 딸들에게 교만함과 음식물의 풍족함과 태평함이 있음이며 또 그가 가난하고 궁핍한 자를 도와주지 아니하며"(겔 16:49) 부와 권력이 소수의 사람들에게 몰리면서 이들은 풍요함을 누렸습니다. 그러나 가난하고 궁핍한 사람들은 외면당했습니다. 소돔은 나눔이 없이 빈부의 격차가 심한 사회, 다시 말하면 사회정의가 실현되지 않는 불의한 사회였습니다.

그런 사회는 이스라엘 역사에서도 자주 나타났습니다. 이사야도 자신이 속했던 남 유다의 문제를 이렇게 지적했습니다. "너희는 스스로 씻으며 스스로 깨끗하게 하여 내 목전에서 너희 악한 행실을 버리며 행악을 그치고 선행을 배우며 정의를 구하며 학대 받는 자를 도와주며 고아를 위하여 신원하며 과부를 위하여 변호하라 하셨느니라"(사 1:16-17) 한마디로 '사회정의를 실현해라, 이 나쁜 놈들아!'라는 말입니다.

이것을 10절에서는 이렇게 책망했습니다. "너희 소돔의 관원들아 여호와의 말씀을 들을지어다 너희 고모라의 백성아 우리 하나님의 법에 귀를 기울일지어다"(사 1:10) 유다 역시 소돔이고 고모라였습니다. 여기서는 성적인 타락을 지적하기 보다는, 가난하고 힘없는 자들이 외면당하는 사회적인 불의를 지적한 것입니다.

소돔의 타락은 바로 그것입니다. 사회 정의의 부재였습니다. 그 사회의 가난하고 힘없는 자들 돌아보지 않는 것. 이것이 하나님이 가장 미워하시는 악이요, 심판의 원인입니다.

우리는 이 하나님의 잣대를 소홀히 해서는 안 됩니다. 우리나라의 교회들은 성적인 타락에 대해서는 예민합니다. 그런 사회적인 현상에 분개하면서 저항도 합니다. 그러나 사회정의에 있어서는 둔감합니다. 권력과 금력의 불의와 횡포는 지적하지 않습니다. 극심한 빈부격차와 빈곤의 악순환을 만드는 사회구조의 문제는 하나님의 뜻과 무관한 것으로 생각합니다. 그러나 이 두 가지가 다 병행되어야 합니다. 이 모두가 소돔의 죄였습니다. 그러므로 우리 사회가 보다 정의로운 사회가 되기를 위해 힘쓸 수 있기를 바랍니다.

마지막 세 번째는 의인의 부재였습니다.

이것은 소돔 멸망의 결정적인 이유입니다. 그 성에 의인이 10명도 없었다는 사실! 모두가 타락의 길을 간다고 해도, 의롭게 살려는 소수가 있었다면 소돔은 기회가 있었을 것입니다. 그러나 유감스럽게도 그 소수의 의인이 없었습니다.

그 역할을 했어야할 롯의 가족이 전혀 그렇게 하지 못했습니다. 그들은 그 어둠의 땅에 들어가 살면서 그곳을 비추는 빛이 된 것 아니라, 오히려 그 어둠에 물들어 가고 있었습니다. 베드로는 롯에 대해 이렇게 말했습니다. "이는 이 의인이 그들 중에 거하여 날마다 저 불법한 행실을 보고 들음으로 그 의로운 심령이 상함이라"(벧후 2:8)

롯의 가족들은 소돔에서 영적으로 병들어버렸습니다. 그의 아내는 재물에 대한 욕심에 물들어 그만 소금기둥이 되고 말았습니다. 그의 딸들은 타락한 성문화에 물들어 아버지와 동침해서 자식을 낳는 패륜을 저질렀습니다. 사위될 자들은 천사들의 경고를 농담으로 여기다가 망해버렸습니다. 얼마나 부실한 집안이었습니까! 세속에 물든 가치관, 성적인 타락, 영적인 어둠 – 이것이 어떻게 소돔을 살릴 수 있었겠습니까?

오늘날 우리 사회의 부패와 타락, 그리고 분열과 갈등, 수많은 재난과 위기의 원인은 바로 여기에 있습니다. 우리 사회에 진정한 의인을 찾기가 어려운 것입니다. 교인들이 의인의 자리에 서지 못하고 있습니다.

교회가 세상을 밝히지도 못하고 세상의 부패를 막지도 못하고 있습니다. 교회가 교회답지 못한 것입니다. 롯처럼 법관 노릇하며 이런 저런 지적은 하지만, 감동을 주지 못하는 것입니다.

그러므로 세상을 구원하기 위해서 먼저 교회가 바르게 서야 합니다. 교인된 우리들이 음란에 물들지 않고 정결한 삶을 살아가고, 불의에 가담하지 않는 정의로운 자로 서야 합니다. 교회가 많은 의인들을 배출해야 합니다. 믿음과 행함이 하나 되고, 신실한 믿음과 선한 양심으로 무장된 의인들을 많이 세워야 합니다. 이 시대에 우리들이 그런 의인으로 서고, 우리 교회가 그런 교회가 되기를 바랍니다.

(2015년 6월 14일)

버려두고 따르니라

"무리가 몰려와서 하나님의 말씀을 들을새 예수는 게네사렛 호숫가에 서서 호숫가에 배 두 척이 있는 것을 보시니 어부들은 배에서 나와서 그물을 씻는지라 예수께서 한 배에 오르시니 그 배는 시몬의 배라 육지에서 조금 떼기를 청하시고 앉으사 배에서 무리를 가르치시더니 말씀을 마치시고 시몬에게 이르시되 깊은 데로 가서 그물을 내려 고기를 잡으라 시몬이 대답하여 이르되 선생님 우리들이 밤이 새도록 수고하였으되 잡은 것이 없지마는 말씀에 의지하여 내가 그물을 내리리이다 하고 그렇게 하니 고기를 잡은 것이 심히 많아 그물이 찢어지는지라 이에 다른 배에 있는 동무들에게 손짓하여 와서 도와 달라 하니 그들이 와서 두 배에 채우매 잠기게 되었더라 시몬 베드로가 이를 보고 예수의 무릎 아래에 엎드려 이르되 주여 나를 떠나소서 나는 죄인이로소이다 하니 이는 자기 및 자기와 함께 있는 모든 사람이 고기 잡힌 것으로 말미암아 놀라고 세베대의 아들로서 시몬의 동업자인 야고보와 요한도 놀랐음이라 예수께서 시몬에게 이르시되 무서워하지 말라 이제 후로는 네가 사람을 취하리라 하시니 그들이 배들을 육지에 대고 모든 것을 버려 두고 예수를 따르니라"(눅 5:1-11)

인간이 하나님을 만난다는 것 - 결코 일상적이고 자연스러운 일은 아닙니다. 하나님은 우리와 동질인 사람이 아닙니다. 그는 전혀 다른 차원의 절대자입니다. 인간의 힘으로는 그를 찾을 수도 만날 수도 없습니다.

그러나 성경은 그를 만난 사람들의 이야기로 가득 차 있습니다. 교회 역사 속에서도 수많은 만남의 간증들이 있습니다. 어떻게 가능할까요? 하나님이 우리를 찾아오셨기 때문입니다. 우리의 눈높이로 찾아오셨습니다. 때로 꿈으로 환상으로 천사의 모습으로 오셨습니다.

그리고 마지막 때에는 친히 오셨습니다. 2위이신 성자 하나님이 인간과 꼭 같은 육신으로 오셨습니다. 예수 그리스도입니다. 그가 승천하신 후에는 3위인 성령 하나님이 오셨습니다. 예수의 이름으로 오신 성령은 수많은 사람들을 찾아가 인생의 문을 두드립니다. "볼지어다 내가 문 밖에 서서 두드리노니 누구든지 내 음성을 듣고 문을 열면 내가 그에게로 들어가 그와 더불어 먹고 그는 나와 더불어 먹으리라"(계 3:20)

지금도 끊임없이 두드리고 계십니다. 꽝 꽝 꽝! 그 소리를 듣는다면, 문을 여십시오! 그래서 목사님의 하나님, 부모님의 하나님이 아니라, '나의 하나님'이 되게 하십시오!

오늘 성경은 베드로가 예수님을 만나는 이야기입니다. 그는 주님을 만나면서 세 가지 체험과 변화를 가졌습니다. 이 세 가지가 하나님을 만남에 있어서 올바른 길잡이가 될 것입니다.

첫째, 그는 만선의 기쁨을 체험했습니다.

당시 어부였던 베드로의 소박한 소망이 무엇이겠습니까? 깊은 바다 한 가운데 그물을 내려서 물고기를 잔뜩 잡아 가득 싣고 오는 게 아니겠습니까? 만선의 기쁨입니다. 그런 날은 임금님이 부럽지 않을 것입니다.

그 만선의 기쁨이란, 세상을 살아가는 모두의 소망입니다. 사업하는 사람들은 매출이 확 늘어나고, 농사꾼은 몇 배의 수확물을 거두고, 공부하는 사람은 시험에 척척 붙는 등 무엇이든 이렇게 하는 일에 형통한 것이 삶의 큰 기쁨이 아니겠습니까? 모두가 자기 인생의 배에 좋은 것들로 가득 채우기를 원합니다. 만선의 기쁨을 누리고 싶은 것입니다.

그러나 현실은 그리 녹록지 않습니다. 어부들은 종종 만선은커녕 빈 배로 귀항하기도 합니다. 여기 베드로의 모습입니다. 밤새도록 그물질 했지만 잡은 것이 없습니다. 속이 상하고 허탈합니다. 자신의 무능함, 세상의 재수 없음을 한탄하고 싶습니다. 몸과 마음이 지친 채로 그물을 씻고 있습니다.

이 힘겨운 삶의 자리에 주님이 오셨습니다. 그리고 그의 빈 배를 물고기로 가득 채워주셨습니다. 절망을 소망으로 슬픔을 기쁨으로 바꿔 주셨습니다. 이것이 베드로의 첫 번째 경험입니다.

이것은 먼저 주님이 베드로의 배에 올라타시는 데서 시작합니다. 그를 찾아온 수많은 사람들에게 설교하십니다. 베드로는 설교 들으러 온 게 아니기에 자기 일을 하고 있습니다. 그러나 그물 씻으며, 분명 귀동냥을 하고 있었을 것입니다. 그러면서 자신도 모르게 마음의 문이 빠끔히 열립니다. "참 좋은 말씀이구나! 저분 괜찮은 선생이네!" 이것이 얼마나 중요합니까?

이것이 바로 마음의 준비 단계입니다. 하나님이 우리의 마음을 준비 시키시는 것입니다. 이 단계가 없었다면, 베드로도 깊은데 그물을 내리지 않았을 것입니다.

많은 이들에게 이 단계가 있습니다. 어떤 이는 어려서부터 습관적으로 교회에 다녔을 뿐입니다. 전도 집회에 몇 번 참석했습니다. 몇 년 간 그냥 교회에 다니고 있습니다. "나의 하나님"이란 말은 아직 가슴에 와

닿지 않습니다. 습관적으로 예배에 참석합니다. 졸기도 하지만 목사님이 바른 말씀하는 것 같습니다. 뭔가 신앙은 필요하다고 생각합니다. 하나님이 살아계신 것 같습니다. 그러나 아직 신앙이 없습니다. 아직 하나님을 만나지 못했습니다. 그러나 이 준비단계는 소중합니다. 언젠가 주님이 문을 두드리실 것이기 때문입니다.

여기 주님이 그렇습니다. 말씀을 다 마치신 예수님은 이제 청중이 아닌 베드로에게 말씀하십니다. "깊은 데로 가서 그물을 내려 고기를 잡으라"(4) 그냥 권면이 아닌 명령입니다. 게다가 쉽게 따를 수 있는 명령도 아닙니다. 집에 가서 쉬려고 이미 그물을 씻고 있습니다.

사리에 맞는 명령도 아닙니다. 저 깊은 곳은 밤새도록 그물질 한 곳입니다. 고기가 없었습니다. 또 아침시간 물고기는 얕은 물로 모이는 게 상식입니다. 베드로의 수십 년 어부 경륜으로 확신컨대 지금 거기 가봐야 물고기는 없습니다.

베드로는 당연히 No라고 해야 하잖습니까? 그런데 놀랍게도 이렇게 말합니다. "선생님 우리들이 밤이 새도록 수고하였으되 잡은 것이 없지마는 말씀에 의지하여 내가 그물을 내리리이다"(5) 여기 '말씀에 의지하여'라는 말의 뜻을 생각해보십시오. 이 말은 '당신의 말씀을 믿고 해보겠습니다.'입니다. 주님의 말씀에 내 의지를 굴복시키고 순종하는 것입니다.

그러자, 어떤 일이 일어났습니까? 놀라운 일이 일어났습니다. 엄청난 고기들이 잡히는 것입니다. 급히 이웃 배를 불렀습니다. 두 배가 꽉 잠길 정도로 만선이 되고 말았습니다.

여러분, 이것이 참 중요합니다. 순종하고 한 번 뛰어내려 보는 것입니다. 늘 나의 합리적인 생각, 경륜, 습관, 상식을 앞세웠습니다. 그렇게 해서는 평생 하나님을 만날 수 없습니다. 이제 하나님 말씀을 믿고 나를 한 번 던져 보는 것입니다.

사업을 하던 한 자매가 화재로 공장이 전소되어 빚더미에 올라앉았습니다. 깊은 절망 가운데 빚쟁이들에게 시달리던 중, 돈 얼마를 갖고 멀리 피신하려고 했습니다. 미아리고개를 넘다가 우연히 한 교회의 집회에 참석하게 되었는데, 거기서 은혜를 받고 마음에 감동이 왔습니다. "이제부터 정말 하나님을 의지해야지" 하면서 그 결단의 표시로 자기 주머니에 있는 돈, 그 보배 같은 돈을 다 헌금했습니다. 그런데 놀라운 일이 일어났습니다. 그 시간에 채권자들이 모여 회의를 했습니다. "그녀가 사업을 잘못한 것이 아니고 불이 나서 망한 것이니 우리가 사업밑천을 만들어서 재기시켜보자 그러면 우리 빚도 갚을 수 있을 것이다." 그래서 오히려 돈을 들고 그녀를 찾아왔습니다. 그것으로 그녀는 재기할 수 있었습니다.

주님은 죽은 나사로의 무덤을 열라고 명하시면서, 마르다에게 이렇게 말씀하십니다. "내 말이 네가 믿으면 하나님의 영광을 보리라 하지 아니하였느냐"(요 11:40) 하나님이 때로 여러분의 문을 두드리십니다. "너의 그 좁은 상식을 내던지고 내 말을 의지해라! 그러면 만선의 기쁨을 얻게 될 것이다." 이 음성에 순종해서 살아계신 하나님을 만나길 바랍니다.

둘째, 자신의 죄인 됨을 고백했습니다.

예수님을 만난 순간, 베드로는 큰돈을 손에 쥐게 되었습니다. 그러면 이런 생각이 들 수 있습니다. "야! 성공의 지름길을 찾았다. 이분만 있으면 출항할 때마다 만선은 따 놓은 당상이다. 이분을 꼭 붙잡자!" "주여, 나와 함께 하소서" 이렇게 머리가 굴러갈 수 있습니다.

교회에는 이런 사람들이 있습니다. 하나님을 그저 자기 사업과 출세의 수호신으로 모시고 기도를 세상성공의 수단으로 삼는 것입니다.

그러나 베드로는 어떻게 했습니까? 그 다음 단계로 나아갔습니다. 만선의 기쁨에 들뜬 동료들을 뒤로 한 채, 예수의 무릎 앞에 엎드려 간청하였습니다. "주여 나를 떠나소서 나는 죄인이로소이다"(8)

어떻게 이런 반응을 보이는 것일까요? 뭔지는 정확히 모르지만, 그는 예수가 신적 권위가 느껴지는 하나님의 사람이라고 믿었습니다. 순간 사람 앞이 아니라, 하나님 앞에 서게 된 것입니다.

하나님 앞에 설 때 그가 깨달은 것은 이것입니다. "나는 죄인이로소이다" 그냥 보통의 죄인이 아니라 아주 형편없는 죄인, 감히 하나님의 존전 앞에 설 수 없는 죄인, 심판을 받을 죄인임을 깨달은 것입니다.

이것이 하나님을 바르게 만난 사람의 반응입니다. 깊은 죄의식을 갖습니다. 아주 비참한 죄에 빠진 자신의 참 존재를 보는 것입니다.

평소 사람들 앞에서 존경받는 선생님이고, 착하고 품위 있는 어른일 수 있습니다. 그러나 그것은 참 모습이 아닙니다. 겉껍데기를 벗길 때 참 모습이 나옵니다.

우리의 참 모습을 한마디로 표현하면 이것입니다. 전적타락! 약간의 타락, 부분적인 타락 또는 남보다 조금 덜한 타락? 이 정도의 타락이 아닙니다. 우리는 너나 할 것 없이 너무도 타락한 존재입니다. 죄가 드러나지 않았을 뿐, 상황과 여건이 되면 얼마든지 온갖 죄를 지을 수 있는 죄성을 가진 존재입니다. 매스컴에 떠오르는 그런 극악무도한 죄인을 손가락질할 자격조차 없는 죄인 중의 괴수 – 이것이 성경이 말하는 나에 대한 정의입니다.

평소에 우리가 보는 거울은 이 모습을 감춥니다. 오히려 선하고 예쁘고 점잖게 포장한 모습을 보여줍니다. 그 모습을 보면서 대견해하고,

남보다 낫다고 여기고, 자랑하고 싶어 합니다. 자기 의로 가득 차 있는 것입니다. 그렇게 자기 속을 모르고 살아갑니다.

헝가리 세게드라는 도시의 어느 집 리모델링을 맡은 인부들이, 공사 중에 지하에 있던 300ℓ짜리 대형 술통을 발견했습니다. 이들은 럼주 맛에 반해 연일 마셔대더니 며칠사이에 술통을 다 비워버렸습니다. 다 마신 뒤 들어 옮기려는데 술통이 너무 무거웠습니다. 뚜껑을 열어보니 술통 바닥에 벌거벗은 한 남자의 시신이 알코올에 절여진 채 누워 있었습니다. 이 남자는 무려 20년 전에 사망한 외교관이었습니다.

이것이 우리의 모습과 같습니다. 회칠한 무덤입니다. 속의 더러운 뼈다귀들이 잘 드러나지 않습니다. 그러나 하나님을 만날 때, 비로소 우리의 중심을 꿰뚫어 보시는 그의 날카로운 눈을 의식하게 됩니다. 우리의 실상을 보고 계십니다. 두렵습니다. 마치 재판관 앞에 서있을 때와 같은 두려움입니다.

그러므로 하나님과의 만남을 경험하고 신앙생활을 시작하면서, 종종 전에 없는 커다란 고통이 찾아옵니다. 죄에 민감해집니다. 내가 저지른 죄악 된 행위들이 너무 부끄럽고 후회스러워집니다. 여전히 떨쳐버리지 못하는 죄의 습관, 나의 연약한 모습들이 너무 싫어서 멀리 도망가고 싶어집니다. 차라리 신앙을 갖지 않고 모르고 살았으면 좋았을 걸 하는 생각도 듭니다.

그러나 그것은 마취에서 깨어날 때의 잠깐의 아픔에 불과합니다. 누구나 마취에서 깨어날 때 통증을 느낍니다. 아픕니다. 그러나 통증을 느끼는 것이야말로 내가 건강한 현실의 세계로 다시 돌아온 것을 의미하는 것입니다.

진정한 죄의식은 우리를 참된 회개에 이르게 합니다. 그리고 그 참된 회개야말로 진정한 용서와 자유를 체험하게 해줍니다. 여기서 우리는 예수의 십자가가 바로 나의 죄를 위한 것이었다는 진리를 깨닫게 되는 것입니다. 이 은혜의 자리에 나아갈 수 있기를 바랍니다.

셋째, 모든 것을 버려두고 따라갔습니다.
예수님은 베드로에게 말씀하셨습니다. "무서워하지 말라 이제 후로는 네가 사람을 취하리라"(10) 베드로는 이 새로운 사명을 받고 어떻게 했습니까? 모든 것 버려두고 예수 따랐습니다.
참 재미있습니다. 베드로는 만선의 꿈을 갖고 그물을 던졌습니다. 그리고 예수님의 도움으로 마침내 그 꿈을 이루었습니다. 그런데 바로 그 성공의 순간 베드로는 물고기로 가득 찬 그 배를 버렸습니다. 어떻게 이것이 가능했나요?
그의 눈에는 더 이상 만선이 보이지 않았습니다. 만선보다 크신 분, 그의 배와 모든 소유물과 함께 한 사람들보다 더 크신 분, 예수 그리스도를 보게 된 것입니다.
세상의 빛으로 오신 그를 보자, 세상의 모든 영광들이 빛을 잃었습니다. 그렇게 가치 있고 소중하게 여겨졌던 것들이 한순간의 배설물, 쓰레기가 되고 만 것입니다. 다 내다 버렸습니다. 그리고 기꺼이 예수만을 따라갔습니다.
이것이 진정 하나님을 만난 사람의 모습입니다. 삭개오도 그러했습니다. 예수를 만났을 때에 그는 이렇게 외쳤습니다. "주여 보시옵소서 내 소유의 절반을 가난한 자들에게 주겠사오며 만일 누구의 것을 속여 빼앗은 일이 있으면 네 갑절이나 갚겠나이다"(눅 19:8)
여기까지 나아가야 제대로 만난 것입니다. 설익은 감은 맛이 없습니다. 설익은 밥도 못 먹습니다. 하나님을 만나 본 무늬만 있는 신앙은 아무런 변화가 일어나지 않습니다. 버리는 결단이 하나님과의 만남의 마지막 단계입니다. 그 크신 주님을 바라보면서, 모든 것을 버려두고 그만을 따르는 우리 모두가 되기를 바랍니다.

(2016년 2월 17일)

세상 속에서의 신앙

세상 한 가운데서의 신앙

"우리 조상들은 이 산에서 예배하였는데 당신들의 말은 예배할 곳이 예루살렘에 있다 하더이다 예수께서 이르시되 여자여 내 말을 믿으라 이 산에서도 말고 예루살렘에서도 말고 너희가 아버지께 예배할 때가 이르리라 너희는 알지 못하는 것을 예배하고 우리는 아는 것을 예배하노니 이는 구원이 유대인에게서 남이라 아버지께 참되게 예배하는 자들은 영과 진리로 예배할 때가 오나니 곧 이 때라 아버지께서는 자기에게 이렇게 예배하는 자들을 찾으시느니라 하나님은 영이시니 예배하는 자가 영과 진리로 예배할지니라"(요 4:20-24)

여러분은 신앙생활 중 가장 우선순위에 두는 것은 무엇입니까? 이렇게 물어보면 많은 분들은 서슴지 않고 예배라고 말할 것이고, 예배하면 당연히 주일예배를 떠올릴 것입니다.

주일예배를 위해 교회 전체가 얼마나 힘을 기울입니까? 많은 성도들이 예배를 위해 섬기고 있습니다. 교역자들, 찬양대, 찬양팀, 영상음향팀, 안내부, 차량부, 만나팀과 사랑방봉사자들에 이르기까지 이 주일예배를 위해 헌신합니다. 큰 교회에서는 오케스트라를 만들어 예배를 섬기도록 하기도 합니다.

교인들도 마찬가지입니다. 많은 분들이 하루 전날부터 예배를 위해 준비합니다. 기도로 몸과 마음을 준비하고, 헌금도 미리 준비합니다. 예배에 지각하지 않기 위해서 일찍 집을 나섭니다. 이렇게 준비된 예배자가 되는 것이 얼마나 중요합니까?

주일에 흩어진 성도들이 함께 모여 한 마음으로 하나님께 드리는 예배의 중요성은 아무리 강조해도 부족함이 없을 것입니다.

그러나 또 다른 면을 볼 필요가 있습니다. 우리의 신앙이 너무 주일 중심적이고 교회 중심적이라는 것입니다. 한국교회를 보면 주일에 교인이 얼마나 모이느냐, 예배를 어떻게 드리느냐가 마치 목회의 90%를 차지하는 것 같습니다. 이것을 건강한 교회의 시금석으로 여깁니다. 여기서 더 나아가 목회자들은 교인들을 교회에 자주 오게 하고 오래 붙잡아두어야 신앙생활을 잘 할 것처럼 조바심을 냅니다.

교인들 역시 주일예배를 잘 드리면 자기 신앙의 90%를 수행한 것처럼 생각합니다. 예배가 끝나고 교회당을 떠나면서 다시 세상으로 돌아간다고 생각합니다.

예배란 하나님을 만나고 그 앞에 예를 다하여 섬기는 것(Service)입니다. 그래서 교회에 좌정하신 하나님 앞에 나아가 그 앞에 예배드리고, 예배가 끝나면 그를 떠나 세상으로 되돌아가는 것 입니다. 다음 주일 다시 그분 앞에 설 것을 기약하면서 ....

심지어 어떤 경우는 큰 행사를 치른 뒤의 흐트러짐에 빠지기도 합니다. 100m 달리기를 생각해봅시다. 100m를 달리는 동안 선수는 최고로 긴장하면서 모든 에너지를 이 10초에 쏟아 붓습니다. 그리고 골인점을 통과한 뒤에는 여력이 하나도 남아있지 않습니다. 긴장이 풀리고 주저앉습니다.

이처럼 주일예배에 모든 것을 쏟아 붓기에 예배가 끝나면 긴장이 풀립니다. 육신의 긴장뿐 아니라 영적인 긴장도 풀려버립니다. 한편으로는 예배와 성도와의 교제를 통해 은혜를 받고 힘을 얻었지만, 다른 한편으로는 이제 큰일을 치뤘다는 방심의 유혹에 빠지게 됩니다.

저는 주일예배의 중요성을 약화시킬 생각이 전혀 없습니다. 여전히 우리는 최선을 다해서 공예배를 드려야 합니다. 그러나 그 못지않게 나머지 6일의 삶도 예배가 되어야 합니다. 우리에겐 이것이 너무 부족합니다.

한국교인들의 머릿속에는 아직도 성과 속의 구분이 선명합니다. 그래서 교회에 오면 하나님이 임재하여 계시다는 느낌을 갖지만, 교회를 떠나 삶의 자리 즉 세상 한 가운데로 가면 그가 계시다고 잘 생각되지 않습니다. 그가 존재하시는 곳을 떠나왔다는 느낌을 갖고 살아갑니다. 아직 율법의 틀에서 벗어나지 못한 것입니다.

오늘 이 말씀에 주목해봅시다. 예수님이 사마리아를 지나가시면서 수가성의 우물가에서 한 여인과 대화합니다. 예수님을 선지자라고 여긴 그녀는 평소 자신이 갖고 있던 신앙적인 의문점을 물어봅니다.

그 질문의 요지는 예배를 어디서 드려야 하는가입니다. 사마리아인들은 조상들이 대대로 이 산에서 예배하였다고 믿었습니다. 그런데 유대인은 예루살렘에서 예배해야 한다고 말하고 있습니다. 같은 하나님께 예배하는데, 어찌 이렇게 다르게 말하고 있습니까? 도대체 무엇이 맞습니까? 답은 하나일 것입니다.

그러나 예수님은 이렇게 대답하셨습니다. "여자여 내 말을 믿으라 이 산에서도 말고 예루살렘에서도 말고 너희가 아버지께 예배할 때가 이르리라"(21)

여기서 "때"라는 말에 주목합시다. 우리말에서는 어순 상 맨 뒤에 오지만, 원어인 헬라어나 영어, 독일어에서는 가장 앞에 나옵니다. "a time is coming when ...." (~할 시간이 지금 오고 있다.) 현재형입니다. 어떤 시간입니까? 이 산이나 예루살렘이나 어떤 특정한 장소에 가서 예배하는 것이 아닙니다. 어디서나 아버지께 직접 예배할 때가 온다는 것입니다.

그 시간이 오고 있다고 할 때는 아직 도착하지 않은 미래의 사건처럼 생각됩니다. 그러나 23절을 봅시다. "아버지께 참되게 예배하는 자들은 영과 진리로 예배할 때가 오나니 곧 이 때라" – 예수님은 그 때가 이미 시작되었음을 선포하셨습니다. "지금, 이제부터 너희는 이전과는 다르게 예배해야 한다. 진짜예배를 드리는 것이다."(23)

그렇다면 지금까지는 어떻게 예배를 드렸습니까? 당연히 우리는 구약을 돌아보아야 합니다. 구약 즉 율법아래서는 아무데서나, 아무렇게나 예배를 드리는 것이 아니었습니다. 왜냐하면 하나님은 정해진 장소에만 임재 하셨기 때문입니다.

솔로몬이 예루살렘에 하나님의 성전을 지었습니다. 그 안에 지성소가 있고, 지성소안쪽에 법궤를 두었습니다. 그 법궤 위 속죄소 즉 시은좌가 하나님이 임재하시는 곳입니다. 이곳은 세상(속)과는 구별된 성스러운 곳입니다. 그러므로 이스라엘의 남자들은 최소한 일 년에 세 차례 여기 예루살렘에 와서 예배드려야 했습니다.

사실 이것이 정상은 아닙니다. 생각해봅시다. 본래 우주만물을 창조하신 광대하신 하나님은 이런 좁은 공간에 계시는 분이 아닙니다. 이것은 솔로몬 자신도 고백했습니다. "하나님이 참으로 땅에 거하시리이까 하늘과 하늘들의 하늘이라도 주를 용납하지 못하겠거든 하물며 내가 건축한 이 성전이오리이까"(왕상 8:27) 그럼에도 불구하고 왜 하나님은 오직 여기에 거하신다고 하셨을까요?

이런 질문을 해봅시다. 하나님은 모든 동식물을 친히 창조하시고 좋았더라고 하셨습니다. 그런데 돼지나 오징어가 무슨 죄가 있다고 부정한 짐승으로 정하셨을까요?

이 모든 것은 임시로 정하신 법입니다. 참 구원자가 오실 때까지 한 정적으로 우리를 지배하다가 마지막에 오실 그리스도에게 잘 인도하는 것이 율법의 목적입니다. 그 때까지 우리는 이 율법 아래 매어 있어야 합니다.

그렇다면 그 역할은 무엇입니까? 율법이 처음 주어진 때를 생각해봅 시다. 출애굽한 이스라엘에게 시내산에서 주어졌습니다. 그들은 400년 간 애굽에서 살았습니다. 애굽은 한마디로 속된 세상입니다. 그래서 그 들에게 거룩한 존재를 가르쳐야 했습니다. 속된 삶에 찌든 그들에게 거 룩한 삶을 가르쳐야 합니다. 이것이 율법의 역할입니다.

아직 영적으로 지극히 어린 신자들에게 막연한 것은 도움이 안 됩니 다. 구체적이고 시청각적이어야 합니다. 그래서 먼저 거룩한 장소를 구 별하셨습니다. "여기가 거룩한 곳이야!" 이렇게 거룩한 성소와 속된 세 상을 구별하셨습니다. "이 날은 거룩한 날이야" 이렇게 안식일과 다른 엿새를 구별하셨습니다.

또 정한 것과 부정한 것을 구별하셨습니다. 돼지고기를 먹으면, 시신 을 만지면, 피부병에 걸리면, 여자 몸에서 피가 나오면 부정하다는 등의 규정들을 통해서 부정한 삶이 어떤 것인가를 지정하셨습니다. 그리고 부정해진 자가 다시 정결하게 되는 정결 예법을 가르쳐주셨습니다. 이 를 통해서 거룩한 삶을 훈련시키는 것이었습니다.

왜 그래야 했습니까? 아직 죄를 완전히 해결할 구원자가 오시지 않 았기 때문입니다. 아직 속량이 이루어지지 않았고, 하나님나라가 임하 지 않았기 때문입니다.

그러므로 율법은 잠정적인 법일 뿐입니다. 오늘날도 안식일을 구약

그대로 준수하는 집단들이 있습니다. 주로 하나님의 교회, 안식교 등의 이단들입니다. 심지어 구약에서 금한 부정한 짐승은 본래 인간의 몸에 좋지 않기 때문에 하나님이 정하신 것이라고 주장하면서, 아직도 건강을 위해서는 여전히 먹지 말아야 한다고 말하는 사람들도 있습니다. 이것은 근본적으로 성경의 본질을 이해하지 못한 것입니다.

이제 율법의 때는 지나갔습니다. 그 약속하신 그리스도가 오셨습니다. 그러므로 더 이상 율법(임시법)이 아니라, 복음의 가르침을 따라 진짜 예배드려야 합니다.

그 예배는 어떻게 드립니까? 하나님은 영이십니다. 그 영이 모든 믿는 사람의 몸 안에 임재하셨습니다. 그래서 오순절이후 성전의 개념이 달라졌습니다. "너희는 너희가 하나님의 성전인 것과 하나님의 성령이 너희 안에 계시는 것을 알지 못하느냐"(고전 3:16)

우리 몸이 하나님을 모신 성전이고, 그 성전들의 모임이 교회입니다. 교회건물과는 아무 상관이 없습니다. 우리가 주일예배에 성령의 임재와 은혜를 강하게 느끼는 것은 여기 교회당에 그분이 계셔서가 아닙니다. 성령을 모신 수많은 성도들이 모여 한 마음으로 그를 높이기에 성령의 충만함이 더욱 강하게 역사하는 것입니다.

그러나 주일예배를 마치고 교회당을 떠난다고 해서 하나님의 존전을 떠나는 것이 결코 아닙니다. 우리는 하나님과 함께 교회당을 떠나고 성도들의 모임을 떠나 흩어집니다. 그리고 일주일 내내 그분과 함께 그분의 임재 가운데 살아갑니다. 사실 초대교회에서는 성도의 집에 모여 예배드렸기 때문에 떠나고 말고도 없었습니다.

그분은 구약처럼 특별한 때만 임재 하는 것이 아닙니다. 임재의 의미를 구약처럼 생각해서는 안됩니다. 그는 내 안에 언제나 계시고 영원히 계십니다. 믿으십니까?

그러므로 우리는 언제나 예배드리는 것입니다. 주일예배 못지않게 이 예배가 중요합니다. 세상 한 가운데서의 예배입니다. 어디서나 영과 진리로 예배드립니다.

그 예배는 그를 인정하는 데서 시작합니다. 교회에 와서 주일예배를 드려도, 그 대상자 되신 하나님이 계심을 믿지 않는다면 예배드리는 자가 아닙니다.

그가 여기 계십니다. 교회뿐 아니라 가정과 직장, 이 사회에 어느 곳을 가든지 그가 함께 계십니다. 우리는 그것을 육안이 아닌 믿음의 눈으로 보아야 합니다. 그분은 언제든지 우리가 그를 찾을 때에 응답하시는 분입니다. "믿음이 없이는 하나님을 기쁘시게 하지 못하나니 하나님께 나아가는 자는 반드시 그가 계신 것과 또한 그가 자기를 찾는 자들에게 상 주시는 이심을 믿어야 할지니라"(히 11:6) 이처럼 예배는 예배의 대상자 되시는 주님을 인정하는 데서 이루어집니다.

우리는 이제 일상에서 하나님을 만나는 연습이 필요합니다. 오랜 기독교역사를 가진 서양성도들에게는 일상의 예배가 우리보다 자연스럽습니다. 그러나 우리는 아직도 구약의 성속개념을 못 버린 채 이분법적인 삶에 익숙해있습니다. 그러다보니 교회에서의 삶과 일상에서의 삶이 너무도 차이가 납니다.

한국교회는 너무 모이는 교회에 집중해있습니다. 잘 모이고 예배 잘 드리면, 교회가 잘되고 있다고 생각합니다. 교회 건강성의 기준이 너무 한쪽에 치우쳐있습니다. 그러다보니 열심히 독려해서 교회에는 많이 모이는 데, 세상은 변하지 않습니다. 매주일 7,8백만의 성도들이 교회에 출석하여 예배드린다면 굉장한 것이 아닙니까? 그런데 사회청렴지수는 여전히 세계 최하위이고, 사회건강성은 점점 더 악화되고 있습니다.

이제 생각의 전환을 가져봅시다. 세상 안에서의 예배는 쉽지 않습니다. 누구나 마찬가지입니다. 성도들이 함께 모여 집중하여 드리는 예배는 쉽지만, 홀로 세상 한 가운데서 드리는 예배는 쉽지 않습니다. 그러나 우리는 훈련해야 합니다. 노력해야 합니다. 여기에 에너지를 많이 쏟아야 합니다.

사랑하는 성도 여러분, 오늘 예배는 여기서 끝나지 않습니다. 우리의 예배는 가정에서 직장에서 사회 속에서 계속될 것입니다.

이 세상의 한 가운데서 늘 주님과 동행할 수 있기를 바랍니다.

(2013년 9월 8일)

삶을 위한 신앙, 삶이 되는 신앙

"삼가 누가 누구에게든지 악으로 악을 갚지 말게 하고 서로 대하든지 모든 사람을 대하든지 항상 선을 따르라 항상 기뻐하라 쉬지 말고 기도하라 범사에 감사하라 이것이 그리스도 예수 안에서 너희를 향하신 하나님의 뜻이니라 성령을 소멸하지 말며 예언을 멸시하지 말고 범사에 헤아려 좋은 것을 취하고 악은 어떤 모양이라도 버리라 평강의 하나님이 친히 너희를 온전히 거룩하게 하시고 또 너희의 온 영과 혼과 몸이 우리 주 예수 그리스도께서 강림하실 때에 흠 없게 보전되기를 원하노라 너희를 부르시는 이는 미쁘시니 그가 또한 이루시리라 형제들아 우리를 위하여 기도하라"(살전 5:15-25)

몇 년 전 제주도에 갔을 때의 일입니다. 유명한 횟집이라고 해서 갔더니 정말 문전성시였습니다. 그런데 특이한 것은 회가 나오기 전에 스끼다시가 아주 많이 나오는 것이었습니다. 서너 번에 걸쳐서 한 20여 가지가 나오는 것 나오는데, 나중에는 돈가스까지 나왔습니다. 이것들을 먹다보니 배가 불러서 나중에 회는 어떻게 먹었는지 생각이 나지 않습니다. 들리는 이야기로는 이렇게 해서 좀 싼 회를 내는 것이 이 횟집의 전략이라는 것입니다. 외지에서는 보통 가족단위로 오는데, 아이들은 회보다는 이런 다양한 반찬을 더 좋아하다보니 장사가 잘 된다는 것입니다.

이런 것을 보고 주객이 전도되었다고 말합니다. 세상에는 주객이 전도되는 일들이 많이 일어납니다. 또 이런 일들은 우리 신앙 안에서도 일어납니다. 처음 신앙을 갖게된 사람은, 신앙행위를 교회에 나와서 예배 드리고, 찬양하고 기도하고, 말씀 읽고 배우는 것으로 생각합니다. 과거에 안 하던 것이기 때문입니다. 우리는 이런 것들을 경건의 행위라고 표현할 수 있을 것입니다.

당연히 이것은 매우 중요한 신앙행위입니다. 올해 초 주일설교에서 저는 누차 이것을 강조했습니다. 예배에 자주 빠지고, 기도하지 않고 말씀 보지 않고, 목장을 등한히 여기는 등 경건의 행위를 소홀히 하는 사람은 좋은 신앙인이 될 수 없습니다.

그러나 문제가 있습니다. 이런 경건의 행위를 신앙의 본질로 생각한다는 것입니다. 심지어는 이것이 신앙의 전부인 것처럼 생각하는 사람도 있습니다. 이런 것을 하면 하나님에 대한 책임을 다한다고 생각하는 것입니다.

주일예배를 드리고 떠나면서, 마치 이제 교회당에 계신 하나님을 떠나가는 것처럼 생각하는 사람도 있습니다. 그리고 세상에 가서는 하나님과는 무관하게, 세상방식대로 사는 것을 아무렇지 않게 여기기도 합니다.

또는 교회를 마치 세상살이로부터 도피하는 피난처로 생각합니다. 어떤 이는 교회생활이 곧 신앙생활이기에, 세상에서는 소극적으로 살면서 교회에서는 적극적으로 활동하면서 많은 시간을 보냅니다.

여러분, 예배가 중요하고 기도와 말씀이 중요하고 교회생활이 중요하지만, 그것이 신앙과 동일시되어서는 안됩니다.

신앙은 오히려 삶입니다. 삶이 곧 신앙이 되어야 합니다. 교회를 중심으로 이루어지는 경건의 행위는 삶 전체를 신앙으로 만들기 위한 것입니다. 주일예배를 마치고 교회당을 떠나는 것은 신앙행위의 끝이 아니라, 도리어 신앙의 삶의 시작입니다.

이런 것을 생각해봅시다. 우리 몸에서 피는 끊임없이 돌고 있습니다. 만약 피가 멈추면 어찌 될까요? 생명이 끝나는 것입니다. 그런데 그 피가 모이는 곳이 있습니다. 바로 심장입니다.

온 몸을 돌고 심장을 향해서 가는 피를 정맥이라고 합니다. 정맥은 노폐물과 이산화탄소를 담고 있는 피 즉 지쳐있는 피입니다. 그런데 그 피가 폐와 심장을 통과하면서 산소와 영양분을 담은 동맥으로 바뀝니다. 이제 이 신선한 피가 심장에서 뿜어져서 온 몸 구석구석을 향해서 가는 것입니다.

만약에 피가, 심장과 폐가 새 에너지를 주니까 여기가 좋사오니 하면서, 심장에만 있으려고 한다면 어떻게 되겠습니까? 몸은 피가 돌지 않아 썩어버리고, 심장은 터져버릴 것입니다.

심장은 그런 것을 용납하지 않습니다. 산소와 양분을 공급받은 피를 가두어 두지 않고 큰 압력으로 밀쳐냅니다. 빨리 나가라는 것입니다. 이렇게 심장에서 나와 온 몸을 돌면서 구석구석에 에너지를 전달하는 것이 피의 역할입니다.

우리 신앙은 교회당과 골방에만 머물러 있는 것이 아닙니다. 세상으로 나아가는 것입니다. 거기서 멋있는 삶을 사는 것입니다. 지치고 부패해가는 세상에 산소와 양분을 공급하면서 사는 삶이 곧 신앙입니다.

그런데 동맥이 온 몸을 돌다보면 다시 정맥이 되듯이, 우리 역시 세상에서 그리스도의 증인으로 살다보면 지치게 되고 더러운 때도 끼게 됩니다. 그런 심령이 교회나 목장으로 와서 새 힘을 얻는 것입니다.

교회와 골방의 역할은 그것입니다. 하나님은 그의 자녀들을 한곳에 모아 성령의 은혜로 치료하시고 새 힘을 주십니다. 또한 은밀한 골방에서 단둘이 만나 그 심령을 회복시켜 주십니다. 그리고 다시 세상으로 파송하는 것입니다.

몰트만은 교인들이 교회에만 있거나, 자기들끼리만 있으려고 할 때 생기는 현상을 이렇게 두 가지로 압축해서 표현했습니다. "삶이 없는 교회, 믿음이 없는 세상"

교회에서 삶을 볼 수가 없습니다. '나 예배에 참석했다. 기도 몇 시간 하고 성경 몇 독 했다' - 이것이 신앙의 목표인 것처럼 생각하다보니 구체적인 삶의 자리에서 어떻게 사느냐는 뒤로 밀립니다.

반면에 믿음을 가졌다는 사람들이 자꾸 특별한 종교영역으로 도망 가다 보니, 세상은 믿음을 볼 수가 없습니다. 도대체 믿음이라는 것이 무엇인지 알 수 없습니다. 세례 받고 간증도 하고, 신비한 영적인 체험을 말하면서 이것이 믿음이라고 합니다. 그런데 그런 믿음을 가진 자들의 삶의 모습이 세상사람들이 살아가는 모습과 하등의 다를 것이 없습니다. 무엇이 믿음입니까?

이것이 지금 우리 한국교회가 당면한 심각한 모습입니다. 교인들이 교회에 얼마나 모이는가가 건강성의 척도이고, 경건의 행위가 좋은 신앙의 기준이 됩니다.

여러분, 아닙니다. 어떻게 사느냐가 중요합니다. 우리의 모든 신앙행위는 궁극적으로 삶을 위한 것입니다. 그렇다면 어떤 삶을 사는 것이 신앙입니까? 오늘 성경은 세 가지를 말해줍니다.

첫째, 믿음의 눈으로 세상을 보는 것입니다.

"항상 기뻐하라 쉬지 말고 기도하라 범사에 감사하라 이것이 그리스도 예수 안에서 너희를 향하신 하나님의 뜻이니라"(16-18)

믿음은 우리로 하여금 보이는 세상만이 아니라, 그 뒤에 계신 주권자 하나님을 보게 해줍니다. 그분은 자기 아들을 아낌없이 내어주시기까지 나를 사랑하신 분입니다.

이 세상은 그 하나님아버지가 우리에게 허락하신 삶의 자리입니다. 가정과 직장, 국가, 이 모든 것이 먼저 그분의 허락과 주권 아래서 주어진 것입니다. 이것을 믿는 것이 믿음입니다. 하나님은 그 세상 속에서 나와 함께 삶을 엮어 가십니다. 교회에서 함께 하심 같이, 세상 어느 곳에서도 함께 하십니다.

우리가 이 믿음의 눈으로 본다면, 세상은 결코 우울하고 괴롭고 절망스러운 잿빛세계가 아닙니다. 오히려 정반대입니다. 그 속에는 기뻐하고 감사하고 기대할 것들로 가득 차 있습니다. 믿음의 눈은 수많은 기적들을 보게 해줍니다. 이 말은 믿으면, 초자연적인 일들을 많이 경험하게 된다는 그런 말이 아닙니다. 평범한 것들조차 하나님의 기적으로 보이게 됩니다.

거의 매주 월요일 저는 아내를 극동방송국에 데려다줍니다. 아내가 생방송하는 동안 길 건너 카페 2층 아무도 없는 곳에서 커피를 마시면서 저만의 시간을 갖습니다. 그런데 지난 주 저는 그곳에서 맞은 편 극동방송을 보다가 문득 신비로움을 느꼈습니다. 사실 매주 보는 같은 건물인데 갑자기 그런 생각이 들었습니다. 10년 전만해도 여기는 허허벌판이었습니다. 그런데 이런 웅장한 복음방송국이 서있습니다. 이게 기적이라는 생각이 갑자기 들었습니다. 물론 이것은 하늘에서 떨어지거나 땅에서 솟아난 것이 아닙니다. 교회와 교인들이 헌금해서 지어진 건물입니다. 그런데 그 모든 것 배후에서 '하나님이 하셨다'라는 생각이 드니까 갑자기 기적이라 느껴졌습니다.

그러면서 우리 교회 생각이 났습니다. 1995년 이전에는 이곳 황령산 중턱에도 아무 것도 없었습니다. 그런데 이런 아름다운 교회가 세워졌습니다. 그 벽돌 하나하나 놓은 과정을 우리는 알고 있지만, "하나님이 하신 것입니다."라고 믿음으로 고백하는 순간 그것은 기적입니다.

그리고 보면 우리 각자에게도 '그것은 정말 기적입니다'라고 고백할 것들이 참 많지 않습니까? 우리는 매일 매일 세상 속에서 하나님의 기적 가운데 살아가고 있습니다. 내가 전혀 알지 못하는 가운데 그분은 그의 사랑하는 자녀를 위해서 모든 것을 준비하시고 허락하시고 공급하시는 것입니다. 때로는 쉴만한 물가로 때로는 사망의 음침한 골짜기로, 때로는 시험을 허락하시지만, 동시에 피할 길도 예비하시면서 그의 목적과 선하신 뜻을 따라 우리를 인도하시는 것입니다.

이것을 진정으로 믿는다면 우리는 어떤 상황에서든지 기뻐하지 않을 수 없을 것입니다. 아주 작은 일, 지극히 평범한 일에도 감사하지 않을 수 없습니다. 열심히 일해서 월급을 받고도, 병원에서 치료를 받고도, "이것은 나의 실력도 사람의 능력도 아니고, 자연의 이치도 아닙니다. 주께서 내게 베푸신 기적입니다. 모든 것이 은혜일뿐입니다."라고 고백하게 됩니다.

이 믿음은 우리가 문제 앞에 서게 될 때에, 두려워 떨거나 낙심치 않고 기도하게 합니다. 내가 알지 못하는 방법으로 얼마든지 기적을 이루실 그분을 신뢰하는 것입니다.

교회 기도실에 가서 기도하는 것이 아니라, 문제 앞에 선 그 시간, 바로 그곳에 계신 하나님아버지께 기도하는 것입니다. 사무실 의자에 잠깐 앉아서, 지하철이나 버스에서 잠깐 눈을 감고, 때로는 눈을 뜨고 걸어가면서 하나님을 찾는 것입니다. "아버지, 나를 긍휼히 여기시고 도와

주소서."

여러분, 삶의 자리에서 항상 기뻐하고 범사에 감사하고 쉬지 않고 기도하는 것 – 이것이 신앙입니다. 이런 믿음을 가지고 세상에서 에너지 넘치는 삶을 살기를 바랍니다.

둘째, 하나님의 뜻을 따라 사는 것입니다.

세상은 세상과 다르게 사는 사람들에 의해서 변화됩니다. 세상과 다르게 살아야 하는 사람들이 누구입니까? 바로 신앙인들입니다.

어떻게 세상과 구별되어 살 수 있습니까? "성령을 소멸하지 말며 예언을 멸시하지 말고 범사에 헤아려 좋은 것을 취하고 악은 어떤 모양이라도 버리라"(19-22)

우리 안에 거하시는 성령은 결코 수동적인 분이 아닙니다. 오히려 내 삶의 주도권을 쥐고 열정으로 가르치시고 인도하시고 복음의 증인이 되게 하십니다. 이 성령의 주도권에 사로잡히는 것이 곧 성령 충만한 것입니다.

그런데 루터의 말처럼, 성령은 성경을 수레로 삼고 오십니다. 20절의 "예언을 멸시치 말라"는 말씀에서, 그 예언은 계시가 종결된 오늘날에는 성경을 가리킵니다. 성령은 성경을 통해서 이 혼탁한 세상 속에서 선과 악, 옳고 그른 것을 구별하게 해주십니다. 우리는 세상에서 믿지 않는 사람들과 함께 어울려 살고 있습니다. 그들은 가족이 되기도 하고, 직장동료가 되기도 하고, 같은 국민이 되기도 합니다. 그리고 하나님을 모르는 사람들 속에서 통용되는 세상의 가치와 문화와 전통과 풍습이 있습니다. 우리 역시 무엇이 옳고 그른지 모른 채 그대로 좇아 살 수 있습니다.

그런데 성령은 하나님의 말씀을 통해서 No라고 말씀하십니다. "너희는 이 세대를 본받지 말고 오직 마음을 새롭게 함으로 변화를 받아 하나님의 선하시고 기뻐하시고 온전하신 뜻이 무엇인지 분별하도록 하라"(롬 12:2)

바로 이것입니다. 신앙은 세상에서 그냥 사는 것이 아닙니다. 이 세대의 가치와 풍습을 좇아서 사는 것은 신앙이 아닙니다. 신앙은 하나님의 선하신 뜻을 좇아 사는 것입니다. 그러므로 매사에 옳고 그른 것, 해도 되는 것과 해서는 안 되는 것을 잘 시험하여 분별해야 합니다.

가정에서 어떤 남편과 아내가 되고, 어떤 부모와 자녀가 되어야 합니까? 사업가로서 직장 상사로서 말단 사원으로서, 어떻게 해야 합니까? 대통령이라면 어떻게 나라를 다스려야 합니까? 어떤 국민이 되어야 합니까?

보다 구체적인 상황에서 어떻게 행하는 것이 그리스도인의 올바른 모습입니까? 믿음의 처신은 어떤 것입니까?

모든 답이 성경 속에 있고, 성령이 그것을 깨닫게 해주십니다. 그 도움으로 하나님의 뜻을 분별하여 세상과 구별된 삶을 살아가기를 바랍니다.

셋째, 선으로 악을 이기는 삶입니다.

"삼가 누가 누구에게든지 악으로 악을 갚지 말게 하고 서로 대하든지 모든 사람을 대하든지 항상 선을 따르라"(15)

우리는 구원받은 세상이 아니라, 여전히 죄와 악이 관영하는 세상에서 살아갑니다. 그러므로 종종 여러 가지 일이나 사람을 통해서 억울하고 힘들고 시험되는 일을 만나게 됩니다.

그럴 때 신앙과 신앙이 아닌 것이 드러납니다. 세상은 악을 악으로 갚고, 힘을 힘으로 누르고, 당한 것만큼 복수하려고 합니다. 개인도 그렇고 집단도 그렇고 나라도 그렇습니다.

자칫 우리도 악을 악으로 갚으려 하기 쉽습니다. 그러면 우리도 모르게 영혼과 몸이 더러워지고 상처를 입을 수 있습니다.

악을 악으로 갚는 것은 신앙이 아닙니다. 신앙의 삶은 악을 선으로 대하는 것입니다. 우리 주님이 그렇게 하셨습니다. 그의 십자가는 용서의 표지입니다. 용서를 위해서 스스로 고통을 끌어안으셨습니다. 그러면서 결국은 그 십자가로 승리하셨습니다.

우리가 세상에서 주님의 제자답게 악을 악으로 갚지 않고 선으로 악을 이긴다면, 세상은 더욱 빛나고 따뜻해질 것입니다.

여러분, 세례요한은 광야에서 홀로 영성을 추구했습니다. 그러나 예수님은 아닙니다. 그는 아침부터 저녁 늦게까지 사람과 부딪히면서 사셨습니다. 집에서 시장에서 산과 바다에서, 그를 따르는 사람들과 그를 대적하는 사람들 사이에 둘러싸여서 신앙이 무엇인가를 보여주셨습니다. 그에게서 신앙은 삶이었습니다.

우리도 교회공동체와 골방에서 영적인 산소와 에너지를 얻읍시다. 그리고 그 에너지를 가지고 세상 깊숙이 나아가 빛과 소금으로 살아가기를 바랍니다.

(2018년 2월 11일)

외로움과 지루함을 이겨낸 노아

"이것이 노아의 족보니라 노아는 의인이요 당대에 완전한 자라 그는 하나님과 동행하였으며 세 아들을 낳았으니 셈과 함과 야벳이라 그 때에 온 땅이 하나님 앞에 부패하여 포악함이 땅에 가득한지라 하나님이 보신즉 땅이 부패하였으니 이는 땅에서 모든 혈육 있는 자의 행위가 부패함이었더라 하나님이 노아에게 이르시되 모든 혈육 있는 자의 포악함이 땅에 가득하므로 그 끝 날이 내 앞에 이르렀으니 내가 그들을 땅과 함께 멸하리라 너는 고페르 나무로 너를 위하여 방주를 만들되 그 안에 칸들을 막고 역청을 그 안팎에 칠하라 네가 만들 방주는 이러하니 그 길이는 삼백 규빗, 너비는 오십 규빗, 높이는 삼십 규빗이라 거기에 창을 내되 위에서부터 한 규빗에 내고 그 문은 옆으로 내고 상 중 하 삼층으로 할지니라 내가 홍수를 땅에 일으켜 무릇 생명의 기운이 있는 모든 육체를 천하에서 멸절하리니 땅에 있는 것들이 다 죽으리라 그러나 너와는 내가 내 언약을 세우리니 너는 네 아들들과 네 아내와 네 며느리들과 함께 그 방주로 들어가고 혈육 있는 모든 생물을 너는 각기 암수 한 쌍씩 방주로 이끌어들여 너와 함께 생명을 보존하게 하되 새가 그 종류대로, 가축이 그 종류대로, 땅에 기는 모든 것이 그 종류대로 각기 둘씩 네게로 나아오리니 그 생명을 보존하게 하라 너는 먹을 모든 양식을 네게로 가져다가 저축하라 이것이 너와 그들의 먹을 것이 되리라 노아가 그와 같이 하여 하나님이 자기에게 명하신 대로 다 준행하였더라"(창 6:9-22)

과거의 사람들에 비해 현대인들이 견디기 힘들어 하는 것이 무엇일까요? 아마도 외로움과 지루함일 것입니다.

과거나 지금이나 인간은 여전히 사회적 동물입니다. 따라서 홀로 사는 것이 어렵습니다. 특별히 지금은 과거에 비해서 사회가 훨씬 조직화되어 있습니다. 이처럼 조직화된 사회에서는 어딘가에 소속되어 있어야 하기에 그 소속된 조직에서 이탈한다는 것이 쉽지 않습니다. 우리는 혼자가 되는 것, 왕따 당하는 것을 힘들어 합니다. 홀로 자연 속에 파묻혀 고독을 즐기는 것도 익숙하지 않습니다.

인터넷 중독자들도 고독을 즐기는 사람들이 아닙니다. 현실세계에서 건강한 관계를 맺는 것이 어렵기에 온라인세계로 도피하는 것입니다. 여기서 자신과 유사한 사람들과 서로 관심과 수용을 주고받으면서 연대와 소속감을 가지려고 하는 것입니다.

아울러 사람들은 지루한 것을 견디기 힘들어 합니다. 모든 것이 빠른 속도로 변합니다. 지난 수천년간 큰 변화 없이 지루하게 흘러온 세상은, 불과 100년 사이에 가파른 상승곡선을 그리면서 급격하게 변해버렸습니다. 자고 깨면 새로운 것이 나오고 변하고 있습니다.

그 속도감각을 우리는 잃어갑니다. 독일 아우토반은 무제한 속도입니다. 보통 250Km이상으로 달리는 차들이 많습니다. 한 독일할머니가 말했습니다. 처녀시절에 급한 일 때문에 택시를 타게 되었는데, 택시가 아우토반에서 100Km로 달리자 너무 빨라서 무서워 손잡이를 꽉 붙잡았다고 했습니다. 그런데 지금은 그렇게 달리면 너무 느리다고 생각이 된다는 것입니다.

이처럼 빠른 변화에 익숙해지다 보면 변하지 않는 지루함을 잘 견디지 못합니다. 매일 반복되는 것에 싫증을 느낍니다. 보다 새롭고 자극적인 것을 찾으려고 합니다. 신앙에서도 뭔가 새로운 체험을 갈망하거나 다이나믹한 것을 추구합니다.

그러나 신앙은 외로움과 지루함을 잘 이겨낼 줄 알아야 합니다. 모두가 가는 길에서 홀로 외롭게 거슬러 갈 수 있어야 합니다. 신앙인은 무슨 특별한 체험을 많이 하는 사람이 아니라, 매일 매일 반복되는 일을 잘하는 사람입니다.

오늘 그것을 잘한 사람을 만나게 됩니다. 노아입니다. 노아를 잘 관찰해보면 그런 결론을 갖습니다. 외로움과 지루함을 잘 이겨낸 신앙인입니다. 이것을 돌아봅시다.

첫째, 그는 외로움을 이겨낸 사람이었습니다.

그에 대해서 이렇게 소개합니다. "노아는 의인이요 당대에 완전한 자라 그는 하나님과 동행하였으며"(9)

여기 당대라는 말이 나옵니다. 이것은 노아가 살던 당시대를 말합니다. 그가 살던 당시는 어떤 사회였습니까? "그 때에 온 땅이 하나님 앞에 부패하여 포악함이 땅에 가득한지라"(11) [표준새번역] "하나님이 보시니, 세상이 썩었고, 무법천지가 되어 있었다." "하나님이 보신즉 땅이 부패하였으니 이는 땅에서 모든 혈육 있는 자의 행위가 부패함이었더라"(12) 여기서 부패했다, 썩었다는 뜻의 schahat(샤하트)라는 단어가 반복됩니다.

13절에는 포악이라는 말도 나옵니다. "모든 혈육 있는 자의 포악함이 땅에 가득하므로"(13) 여기서 사용된 hamas(하마스)는 폭력을 뜻하는 말입니다.

당대에 대해서 예수님도 한 말씀하셨습니다. "홍수 전에 노아가 방주에 들어가던 날까지 사람들이 먹고 마시고 장가 들고 시집 가고 있으면서 홍수가 나서 그들을 다 멸하기까지 깨닫지 못하였으니 인자의 임함도 이와 같으

리라"(마 24:38-39)

　자, 여기 성경이 표현하는 것을 가지고 노아가 살던 시대상을 상상해 보겠습니다. 그들 모두는 한 마디로 '잘 살아보세'에 혈안이 되어있었습니다. 이 한 생명 다른 사람들보다 더 잘 살고, 이전보다 잘 사는 것입니다. 잘 살려면 당연히 돈이 많아야 합니다. 수단방법 가리지 않고 돈 모으기에 혈안이 된 사회였습니다.

　장사하는 사람은 거짓된 저울추를 사용하여 부당이득을 즐겨 챙겼습니다. 관리들은 부정부패하여 불의한 재물로 배를 채우고, 재판관은 뇌물을 받고 판결을 굽게 하였습니다. 사람들끼리 거짓말을 밥 먹듯이 하다보니, 서로 속이고 속는 것이 일상적인 일이 되다 보니 아무도 믿지 못했습니다. 힘이 있는 사람은 자신의 힘으로 약한 자는 짓밟고 빼앗았습니다.

　결과적으로 돈과 권력을 가진 자는 으리으리한 집에서 산해진미로 배를 채우며 온갖 사치와 음란과 방탕을 좇아가며 살았습니다. 반면에 힘이 없는 자는 수없이 수탈과 억울한 일을 당하면서 가난과 질고에 내던져져 부패하고 썩고 폭력이 만연한 사회, 이것은 노아 시대의 모습이면서, 후대에 아모스 시대의 북이스라엘의 모습이, 그리고 우리 시대의 모습이기도 합니다.

　이런 사회에서 여러분이라면 어떻게 살아갈 것 같습니까? 정직하게 살 수 있겠습니까? 정직하면 손해 보는데 정의와 공평을 좇아서 살 수 있겠습니까? 여러분이 재판관이라면, 왕따 당할 것을 감수하고 뇌물을 받지 않고 공평하게 재판할 수 있겠습니까? 공무원이라면, 부정한 재물에 손을 대지 않고 주어지는 봉급에 만족하면서 살 수 있겠습니까? 장사하는 사람이라면, 부당한 이득을 취하지 않고 정직한 상거래를 할 수 있겠습니까? 기업을 운영하는 사람이라면, 뒷돈이나 뇌물을 주지 않고 정정당당하게 사업을 할 수 있겠습니까? 여러분에게 권력이 주어졌다면, 그 권력으로 갑질하며 힘없는 자를 누르지 않고 오히려 저들을 섬길 수 있겠습니까? 모두가 거짓말 하는 세상에서 나 홀로 정직할 수 있겠습니까?

그러나 노아는 그렇게 했습니다. 그는 이 부패하고 썩은 세상 속에서 홀로 흠 없이 살아갔습니다. 그러므로 그는 완전한 자였습니다.

당연히 그는 그의 시대에 왕따를 당하는 사람이었습니다. 거짓에 물든 사람들은 이런 정직한 사람을 불편하게 생각합니다. 부정부패를 일삼는 사람들은 이런 청렴한 사람을 싫어합니다. 권력을 남용하고 불의를 일삼는 권력자는 이런 정의로운 사람을 미워합니다. 그 시대에 누가 노아를 좋아할 수 있었겠습니까?

노아는 외로운 길을 걸어간 사람이었습니다. 그러기에 진정한 신앙인 곧 의인이었습니다.

여러분은 그런 외로운 길을 갈 줄 아는 사람입니까? 갈 수 있는 용기가 있는 사람입니까? 거짓과 선동으로 가득 찬 이 시대 속에서, 과연우리는 진실을 직면할 용기가 있는 사람입니까? 부정과 부패가 일상화된 직장과 사회에서 청렴하게 살 용기가 있는 사람입니까? 돈이 된다면할 일과 못할 일을 구별할 줄 모르는 사람들로 가득찬 이 어두운 세대속에서, 받는 봉급을 족한 줄로 알고 지족하면서 살 용기가 있는 사람입니까?

그 용기는 외로운 자가 될 용기입니다. 이 시대는 그런 외로운 길을걸어갈 수 있는 용기를 가진 사람이 필요합니다. 그런 자만이 세상을 바꿀 수 있지 않겠습니까?

노아는 혼자였지만, 외롭지 않았습니다. 왜냐하면 그의 곁에 하나님이 동행하셨기 때문입니다. 그는 사람들과 함께 어울리기 위해 그들의 길을 가기보다는, 하나님과 함께 하기 위해 하나님의 길을 따라갔습니다. 그러므로 하나님이 그와 함께 하셨습니다.

우리가 세상과 벗이 되려고 하면 하나님과는 멀어질 것입니다. 그러나 세상을 거스르려고 하면 하나님과 동행하게 될 것입니다. 하나님이 동행하는 인생이야말로 진정 성공한 인생입니다. 주님과 동행하는 우리 모두가 되기를 바랍니다.

둘째, 그는 주어진 일을 묵묵히 하는 사람이었습니다.

하나님은 그가 행할 일 곧 미래에 일어날 일을 노아에게 말씀하셨습니다. "내가 홍수를 땅에 일으켜 무릇 생명의 기운이 있는 모든 육체를 천하에서 멸절하리니 땅에 있는 것들이 다 죽으리라"(17)

그러나 노아와는 언약을 세우셨습니다. 그와 그의 가족들을 이 심판에서 구원해주시겠다는 약속입니다. 이것을 위해서 방주를 만들라 명하셨습니다. 그의 가족들만이 아니라, 혈육이 있는 모든 생물 암수 한 쌍씩을 태워 구원해 줄 방주입니다. 그것은 길이 137m 넓이 23m 높이 14m의 아주 큰 배였습니다.

노아가 하나님으로부터 부르심을 받은 후 그가 한 일은 이 배를 만드는 일이었습니다. 누구의 도움도 받지 않고 가족들과만 이 일을 해나갔습니다. 숲에서 나무를 베고, 그것을 운반하고, 자르고 켜고 다듬고, 차곡차곡 이어가는 것입니다. 밧줄로 엮고, 망치로 못을 박아 단단히 잇고, 사이사이에 역청을 발라서 빈틈이 없이 연결해가는 것입니다.

하루아침에 뚝딱뚝딱 되는 것이 아닙니다. 조금씩 조금씩 ,어쩌면 몇 년, 아니 몇 십 년이 걸렸을지 도 모릅니다. 그와 그의 자녀들은 매일 매일 쉬지 않고 이 일을 반복했습니다. 지루한 일이었을 것입니다. 재미없는 일이었을 것입니다.

주위 사람들은 당연히 비웃었을 것입니다. 멀쩡한 날에 이런 큰 배를 짓는 것이 웃기지 않습니까? 이상한 놈이 이상한 짓을 한다고 모두들 비웃었을 것입니다.

배 만드는 일은 자신들이 추구하는 삶과는 상반된 일이었습니다. '차라리 그 땀과 수고로 땅을 개간해서 농지를 넓힌다면 더 많은 곡식을 생산해서 부자가 될 텐데. 차라리 그 고생과 노력으로 집을 짓는다면 아주 으리으리한 집에서 편안히 살 수 있을 텐데, 이 미친 노아는 뭐하는 거야? 이렇게 큰 배는 뭣 때문에 쓸데없이 만드는 거야?' 이렇게 그들은 정말 정말 비웃었을 것입니다.

그러나 이 모든 상상되는 상황에서 노아가 한 것은 이것입니다. "노아가 그와 같이 하여 하나님이 자기에게 명하신 대로 다 준행하였더라"(22)

여러분, 때로 우리가 하는 일은 세상의 눈으로 볼 때에 별로 생산적이지 못할 수 있습니다. 매일 새벽에 기도실에 와서 한 시간 기도하는 것보다는, 새벽에 영어학원 가는 것이 미래를 위해 더 좋은 일이라 생각될 것입니다. 자녀들이 수련회 가는 것보다는, 학원특별강좌 듣는 것이 대학입시에 훨씬 유익하다 생각하기도 할 것입니다.

독일에서 우리교회에 청년(유학생)모임이 활발했습니다. 매주 주중에 모여서 집회를 갖고 여러 개의 소그룹으로 나누어 모임을 가졌습니다. 일 년에 두 번의 수련회도 가졌습니다. 그렇게 활기를 갖던 모임에 어려움이 찾아왔습니다. 한국에서 IMF가 터지면서 송금액이 반으로 줄어들자, 청년들은 아르바이트 찾기에 급급해졌습니다. 시간에 예민해졌습니다. 시간을 돈으로 계산하기 시작했습니다. '집회에 참석하는 서

너 시간에 일하면 얼마를 벌 수 있는데' 이런 분위기가 형성되면서 참석자들이 줄기 시작했습니다. 이것이 바로 우리의 연약함입니다.

여러분, 우리의 신앙은 자판기 같은 신앙이 아닙니다. 40일 새벽기도 하면 무슨 문제가 뚝딱 해결되고, 십일조를 드리면 사업에 형통함이 오고, 내가 이렇게 봉사했으니 나와 나의 자녀에게 좋은 결과가 주어지는 그런 것 아닙니다!

우리의 신앙이 그런 현세적인 목적과 동기에 끌려 다녀서는 안 됩니다. 그런 것들은 어떤 뜨거운 신앙행위와 헌신에 촉진제는 될 수 있지만, 바른 목적은 아닙니다.

우리의 신앙은 하나님께서 하라고 명하신 일을 묵묵히 감당하는 것입니다. 예배드리고, 십일조 드리고, 성경을 읽고, 기도하고, 전도하고, 선교하고, 교회사역에 봉사하고, 이웃을 섬기고, 세상을 섬기는 것입니다. 그런 일을 한두 번 반짝하는 것이 아니라, 매일 반복하고 매주 반복하고 매해 반복합니다.

그것으로 인해 특별한 일이 일어나지 않는다고 해도, 때로 지루하게 느껴진다고 해도, 때로 열정이 식는다고 해도, 때로 좀 쉬고 싶다는 유혹이 든다고 해도, 때로 아무런 열매가 없다는 회의감이 찾아온다고 해도, 하나님께서 명하신 일을 성실하게 묵묵히 감당해야 합니다.

언제나 그 자리를 찾아가는 것입니다. 예배의 자리, 기도의 자리, 배움과 훈련의 자리, 목장의 자리, 전도의 자리, 선교의 자리, 봉사와 섬김의 자리를 찾아가는 것입니다. 매번 feedback과 반성은 하지만, 결과와 통계에 너무 연연하지 않고 계속 하는 것입니다. 누가 보건 안보건, 칭찬하건 하지 않건 묵묵히 하는 것입니다.

왜냐하면 그것이 하나님이 주신 명령이요 내게 맡겨진 사명이기 때문입니다. 거기가 내가 서야하는 자리이기 때문입니다. 무엇보다도 거기에 하나님의 언약이 담겨있음을 믿기 때문입니다. 그리고 그 언약의 마지막 결론은 부활입니다. 부활하는 날, 이 언약을 지킨 자들에게 면류관과 유산과 상급이 주어질 것입니다. 우리는 이것을 믿고 기대해야 합니다.

우리가 한 일이 이 세상에서 보응을 받지 못한다고 해서 잘못한 것이 아닙니다. 실패한 것이 아닙니다. 심판의 날과 구원의 날은 반드시 오기 때문입니다.

노아가 600세 되던 해 2월 17일 드디어 그 날이 왔습니다. 하늘의 창들이 열려 40주야를 비가 땅에 쏟아졌고, 큰 깊음의 샘들이 터졌습니다. 그 날 세상에서 지혜롭고, 성공하고 잘 산다고 생각했던 사람들은 모두 심판을 받고 실패한 인생들이 되고 말았습니다.

그러나 배를 만드는 지루한 이 일을 말없이 묵묵히 행한 노아와 그의 가족은, 그들이 만든 그 배에 올라타서 구원받았습니다. 마지막에는 결국 그들이 성공한 인생이 되었습니다.

이제 배를 만드는 일은 더 이상 우리가 할 일이 아닙니다. 이미 우리는 하나님 보내주신 구원의 방주 예수 그리스도 안에 올라탔습니다. 그러므로 이제 우리가 할 일은 이 구원의 신앙을 끝까지 붙잡는 것입니다.

곁길로 가지 말고, 언제가 올 심판과 그 뒤의 영원한 생명, 그 영광의 면류관을 바라보면서, 복음을 위해 하나님이 위탁하신 그 일을 묵묵히 성실히 행하면서 살아가는 것입니다. 그래서 마침내 노아와 같이 성공하는 인생이 되기를 바랍니다.

(2017년 2월 15일)

세상의 전통과 신앙의 가르침

"내가 너희와 라오디게아에 있는 자들과 무릇 내 육신의 얼굴을 보지 못한 자들을 위하여 얼마나 힘쓰는지를 너희가 알기를 원하노니 이는 그들로 마음에 위안을 받고 사랑 안에서 연합하여 확실한 이해의 모든 풍성함과 하나님의 비밀인 그리스도를 깨닫게 하려 함이니 그 안에는 지혜와 지식의 모든 보화가 감추어져 있느니라 내가 이것을 말함은 아무도 교묘한 말로 너희를 속이지 못하게 하려 함이니 이는 내가 육신으로는 떠나 있으나 심령으로는 너희와 함께 있어 너희가 질서 있게 행함과 그리스도를 믿는 너희 믿음이 굳건한 것을 기쁘게 봄이라 그리스도 안에서 행하라 그러므로 너희가 그리스도 예수를 주로 받았으니 그 안에서 행하되 그 안에 뿌리를 박으며 세움을 받아 교훈을 받은 대로 믿음에 굳게 서서 감사함을 넘치게 하라 누가 철학과 헛된 속임수로 너희를 사로잡을까 주의하라 이것은 사람의 전통과 세상의 초등학문을 따름이요 그리스도를 따름이 아니니라 그 안에는 신성의 모든 충만이 육체로 거하시고 너희도 그 안에서 충만하여졌으니 그는 모든 통치자와 권세의 머리시라"(골 2:1-10)

이 세상은 오랜 역사를 통해서 이미 나름대로의 삶의 규범과 전통, 지식과 문화를 발전시켜왔습니다. 여기에는 또한 종교가 밀접하게 관계되어 있고 그 내면에는 고유한 가치관이 담겨져 있습니다. 서양을 제외한 대부분의 세계에서는 이러한 것들이 기독교와 무관하게 형성되어 갔습니다.

우리나라에서도 역시 수천 년간 기독교와는 무관한 문화와 사회풍습이 이어져왔습니다. 그러므로 한국 그리스도인들은 이것들이 알게 모르게 몸에 배어있는 가운데 신앙을 갖게 됩니다. 또한 그러한 문화와 풍습에 젖어있는 사회 속에서 신앙을 표현하면서 살아야 합니다. 그러므로 우리는 서양의 그리스도인들이 경험하지 못하는 갈등과 어려움을 겪을 수밖에 없습니다.

설이나 추석 등의 고유한 명절이 되면 더욱 과거의 전통과 풍습이 강조되고, 그러다보면 많은 성도들이 적잖이 불편함을 겪게 됩니다.

집으로 비유한다면, 우리는 우리가 새롭게 설계하고 지은 새집에 들어가 사는 것이 아니라, 이미 여러 사람들이 살아왔던 오래된 집을 사서 들어가는 것과 같은 것입니다.

이처럼 우리는 진공상태에서 신앙을 받아들이는 것이 아니라, 다양한 종교, 문화, 관습, 가치관으로 가득 차 있는 인격 안에 신앙을 받아들이게 되는 것입니다. 다시 말하면, 생수를 받는 그릇이 빈 그릇이 아닙니다. 이미 많은 것들이 가득 차 있습니다.

그래서 그릇을 비워야합니다. 그러나 그릇을 비우는 것이 쉬운 일입니까? 너무도 명백한 죄와 욕심을 비우는 것은 의지의 문제입니다. 버려야함을 잘 알면서도 못 버리기 때문입니다. 그런데 다른 한편으로는 과연 무엇을 버려야 하는가가 문제가 됩니다. 왜 이것을 버려야 하는가를 묻게 됩니다. 즉 그릇을 비우는 것이 지식의 문제라는 것입니다.

그러므로 이 세상의 문화를 신앙 안에서 어떻게 대해야 하느냐는 참 중요한 문제입니다. 여기에 문화를 대하는 서로 다른 세 가지의 이론이 있습니다. 첫째는 대립 내지는 갈등관계입니다. 모든 문화를 가인 후손의 산물 즉 죄와 불신앙의 산물로 규정하고, 신앙을 지키기 위해서 문화 자체를 거부하는 반문화적인 자세입니다. 기본적으로 문화와 전통에 대해 부정적입니다.

둘째로는 수용관계입니다. 문화 역시 하나님이 인간에게 주신 지혜로 만들어진 것으로 생각하고 적극적으로 수용하는 것입니다. 이런 경우 자칫 신앙의 정체성을 상실하기 쉬울 것입니다.

셋째로는 개혁관계입니다. 문화의 출발은 하나님의 문화명령에서지만, 그것이 죄로 인하여 왜곡되었으므로 교회가 세상 문화 속에 적극적으로 참여하여 고쳐가야 한다는 것입니다.

어떤 것이 옳겠습니까? 당신은 어디에 동조하십니까? 아마도 세 번째 일 것입니다. 소위 개혁주의 신앙을 가진 사람들이 세 번째의 것을 강조합니다.

그러나 사실 이 세 가지가 다 틀리지 않습니다. 예를 들어봅시다. 내가 시골에 마당이 널찍한 오래된 집을 사서 살게 되었습니다. 그런데 뒤뜰 구석에 이전 주인이 조상의 신주를 모신다고 지어놓은 작은 사당이 있습니다. 어떻게 해야겠습니까? 당연히 없애야 합니다. 반면에 정원과 텃밭은 아주 잘 가꾸어져 있습니다. 이것은 없앨 이유가 없습니다. 그런데 리모델링할 것도 많이 보입니다. 부엌도 구조가 불편하게 되어있고, 화장실도 구식입니다. 이런 것들은 다 새롭게 고쳐야 합니다.

이처럼 세상의 풍습과 문화이라는 것이 어떤 것은 우리의 신앙과 분명히 대치되는 것이 있고, 어떤 것은 충분히 수용할 수 있는 것이 있고, 어떤 것은 개혁해야 할 것이 있습니다. 설날의 문화라고 해도, 제사 드리는 것은 우리의 신앙에서 용납할 수 없지만, 가족들이 모여서 윷놀이하는 전통이야 마다할 이유가 없지 않습니까?

우리나라의 문화를 생각해봅시다. 우리 문화 역시 종교성이 강합니다. 우리 조상의 기본 종교는 샤머니즘이었습니다. 이후에 불교가 전래되어 신라와 고려의 국교가 되면서 오랜 세월 우리 사회를 지배했습니다. 아울러 우리는 세계 4대문명의 하나인 중화 문명의 영향을 강하게 받았습니다. 자연히 여기서 발달한 도가나 유교사상 등이 삶의 중요한 밑바닥을 형성해왔습니다.

특별히 조선시대에 들어와서는 불교를 탄압하고 유교를 숭상하면서, 유교는 오백년간 국가와 가정의 원리, 일상의 삶이나 인간관계에서 윤리의 기준으로 자리 잡았습니다. 왕에게 충성하고, 부모에게 효도하고, 부부유별 등 철저한 가부장적인 사고방식은 유교문화의 산물입니다.

또 사주팔자, 길한 날 흉한 날, 풍수지리 등이 민간신앙처럼 뿌리 내렸습니다. 그래서 배운 사람들조차 결혼 날이나 이삿날, 묘 자리 등이 삶에 영향을 미친다고 생각합니다. 그리고 '재수있다, 없다'라는 말을 흔하게 사용하기도 합니다.

이런 전통과 문화는 예수를 믿게 되는 사람들 속에도 자리 잡고 있다가, 무의식중에 튀어나와 서로 조화되지 않은 이중성을 만들기도 합니다.

예를 들면, 이제 느지막이 예수를 믿게 된 중년부인이 있습니다. 아들 중매가 들어왔는데, 늘 하듯이 중매하는 이에게 묻습니다. "그런데 그 처자가 무슨 띠요? 음, 토끼띠? 우리 애가 쥐띠인데 쥐띠면 나무고, 토끼띠면 물이니까 나무가 물을 만나면 잘 자랄 테니 거 괜찮네." 이런 말이 저절로 나옵니다. 그래서 만나게 했고, 서로 마음이 맞아 결혼 얘기가 오갑니다.

그런데 친척 중에 사주를 잘 본다는 사람이 둘의 사주를 놓고 궁합을 보니 아주 나쁘게 나왔습니다. "이런 경우는 부부사이 풍파 심해 이별하기 쉽고, 가난을 면하기 어렵고, 자식도 없고, 재앙이 끊일 날이 없어요." 이 소릴 들으니 한편으로는 설마하면서도 불안한 마음이 가시지 않습니다. 아무래도 결혼시키지 말아야겠다고 생각합니다. 되겠습니까? 안 되겠습니까?

자, 왜 이런 일이 생깁니까? 예수를 주로 받았지만, 아직 삶과 지식이 그 안에 뿌리를 깊이 박지 못하였기 때문입니다.

그러나 이것이 한국 교인들만의 문제가 아닙니다. 여기 골로새교인들의 문제이기도 했습니다. 아니 유대인들 이외에 모든 이방인들은 다 이런 이방종교와 풍습에 깊이 뿌리박혀 있었습니다.

그 당시 중근동은 바벨론과 페르시아 등의 동방문화, 남방의 이집트문화 그리고 그리스-로마문화가 혼합되어서 아주 복잡하고 다양한 종교, 철학, 풍습들이 만연해있었습니다.

특별히 알렉산더가 중근동을 통일한 이후 그리스 철학사상은 모든 사조에 영향을 미치고 있었습니다. 이 그리스철학의 이원론과 여러 신비사상이 혼합되어서 발전한 영지주의가 초대교회의 가장 강력한 이단으로 교인들을 미혹하였습니다.

아울러 그리스 신화들이 동방의 신비종교들과 어우러져 다양한 종교를 형성하면서 신자들을 끌어 모으고 있었습니다. 가령 에베소는 제우스의 딸 아데미 여신의 전각지기 역할을 하면서 세계 7대 불가사의 중 하나가 될 신전을 짓기도 했습니다.

이런 종교는 단순히 신전이나 사원에만 갇혀있는 것이 아니었습니다. 사회의 모든 제도와 풍습 속에 그리고 삶 속에 깊이 배어있었습니다. 신전에 갖다 바친 음식들을 시장에 내다 팔기도 했습니다. 시장에서 물건을 사려는 사람들은 어떤 것이 우상에게 바쳐진 제물인지 구별하기 어려웠습니다. 소아시아의 많은 도시에서는 상인들이 조합을 형성하였는데, 조합마다 각각 섬기는 신이 있어 모든 조합원은 정기적인 제사의식에 의무적으로 참여해야 했습니다.

이런 환경에서 예수를 믿기로 한 사람들이 세상 풍습과 신앙의 삶을 잘 구별하여 살아가는 것은 쉽지 않았습니다. 그리고 이 우상적인 요소로 가득 찬 세상에서 신앙의 정결함을 지켜가는 것 또한 쉽지 않았습니다. 그러다보니 교인이면서도 좇아서는 안 되는 세상 풍습을 따르는 사람들이 교회 안에 있을 수밖에 없었던 것입니다.

이런 이들에게 바울은 이 성경말씀으로 가르치면서 두 가지를 강조하고 있습니다.

첫째, 예수 그리스도는 '만유의 주'입니다.

우리가 믿는 예수는 그저 교회만의 주인 되시는 그런 분이 아닙니다. 그의 말은 우리의 종교생활의 지침서 정도가 아닙니다. 그는 명언이될 만한 좋은 이야기를 남기신 도덕선생이 아닙니다. 복음은 그저 영생을 얻기 위한 도구나 마음의 위안을 얻기 위한 통로가 아닙니다.

그는 교회를 벗어나 모든 세상의 만물을 지혜로 창조하신 하나님입니다. 그러므로 자연과 과학, 국가와 예술 등 모든 만물의 근원이요 주인이십니다. "그 안에는 신성의 모든 충만이 육체로 거하시고 너희도 그 안에서 충만하여졌으니 그는 모든 통치자와 권세의 머리시라"(9-10)

그분 안에 모든 진리가 다 담겨져 있습니다. "그 안에는 지혜와 지식의 모든 보화가 감추어져 있느니라"(3)

주님께서 계시로 남기신 성경은 과학이나 기술 또는 학문을 가르치는 글이 아닙니다. 성경을 많이 읽는다고 해서 수학공식을 발견하는 것이 아닙니다. 빵 굽는 기술을 배우는 것도 아닙니다.

그러나 그 속에는 우리가 깨닫고, 배우고 익히고 경험한 모든 지혜와 지식의 시금석이 담겨 있습니다. 세상에는 많은 지식이 있지만, 그것이 다 옳은 것은 아닙니다. 다양한 전통과 문화가 있지만, 그것이 다 하나님의 뜻에 합한 것이 아닙니다.

과연 그것이 옳은 것입니까? 아니면 거짓된 것입니까? 우리를 살리는 것입니까? 아니면 죽이는 것입니까? 취해야 하는 것입니까? 아니면 버려야 하는 것입니까? 이것을 분별하는 지식이 있어야 합니다.

사람이 지식이 없어서 망하는 것이 아니라, 옳은 것을 분별할 참 지식이 없어서 망하는 것입니다. 그러므로 하나님은 "내 백성이 지식이 없으므로 망하는도다"(호 4:6)라고 하셨습니다. 바로 이 지혜와 지식의 모든 보화는 예수 그리스도 안에 있습니다. 이것을 잊어서는 안 됩니다.

둘째, 우리는 이 주님 안에 뿌리를 박아야 합니다.

우리는 지금까지 세상의 지식, 전통과 문화 그리고 종교에 뿌리를 내리고 살아왔습니다. 거기서 지식의 양분을 얻고 삶의 지혜를 빨아들이면서 살아왔습니다. 어려서는 부모와 학교 교사를 통해 배웠고, 성인이 되어서는 친구와 직장동료들 그리고 책과 대중매체들을 통해서 지식과 정보를 얻고 있습니다. 그리고 그 지식과 정보를 가지고 우리는 이 세상의 삶의 방식을 좇으며 살아오고 있습니다.

그러나 이제 주 안에 거하는 자는 그 뿌리를 옮겨야 합니다. "그러므로 너희가 그리스도 예수를 주로 받았으니 그 안에서 행하되 그 안에 뿌리를 박으며 세움을 받아 교훈을 받은 대로 믿음에 굳게 서서 감사함을 넘치게 하라"(6-7) 예수 안에 뿌리를 내리십시오.

낡은 관습과 낡은 가치를 벗어던지고 그분의 가르침과 교훈을 받아야 합니다. 그리고 그 가르침과 교훈 위에서 새로운 삶의 방식을 따라 새롭게 살아야 합니다. "누가 철학과 헛된 속임수로 너희를 사로잡을까 주의하라 이것은 사람의 전통과 세상의 초등학문을 따름이요 그리스도를 따름이 아니니라"(8)

이것은 결코 하루아침에 되는 것은 아닙니다. 어떻게 해야 합니까? 자 여기 컵이 있습니다. 이 안에 나쁜 공기가 가득 차 있습니다. 이 공기를 빼내고 싶습니다. 어떻게 빼낼 수 있습니까? 펌프를 가져와서 뽑아내나요? 그렇게 복잡하게 생각할 것 없습니다. 간단합니다. 물을 부으면 됩니다. 그러면 공기는 사라집니다.

이 원리입니다. 하나님의 교훈을 부지런히 내 안에 담는 것입니다. 먼저 말씀을 부지런히 배우는 것입니다. 고정관념을 고집하지 말고, 교회의 많은 교사들을 통해 새로운 지식을 쭉쭉 빨아들이십시오. 그리고 그 배운 것에 믿음을 담고 확신하면서 그대로 행하는 것입니다. 이것이 "너는 배우고 확신한 일에 거하라"(딤후 3:14)입니다.

그럴 때에 그 말씀은 내 것이 됩니다. 이러한 것들을 반복하는 사이에 내 속에 있던 혼탁한 지식과 가치관은 사라져갈 것입니다.

여러분, 예수를 주로 받았으면 그 안에 거하고 뿌리박으십시오! 그의 교훈에 귀를 기울이고 부지런히 받으십시오! 그래서 예수의 사람으로 변해가기를 바랍니다.

(2010년 2월 14일)

순결한 믿음과 양심

"하나님의 뜻으로 말미암아 그리스도 예수 안에 있는 생명의 약속대로 그리스도 예수의 사도 된 바울은 사랑하는 아들 디모데에게 편지하노니 하나님 아버지와 그리스도 예수 우리 주께로부터 은혜와 긍휼과 평강이 네게 있을지어다 내가 밤낮 간구하는 가운데 쉬지 않고 너를 생각하여 청결한 양심으로 조상적부터 섬겨 오는 하나님께 감사하고 네 눈물을 생각하여 너 보기를 원함은 내 기쁨이 가득하게 하려 함이니 이는 네 속에 거짓이 없는 믿음이 있음을 생각함이라 이 믿음은 먼저 네 외조모 로이스와 네 어머니 유니게 속에 있더니 네 속에도 있는 줄을 확신하노라" (딤후 1:1-5)

이 성경은 바울이 그의 말년에 감옥에서 디모데에게 보낸 서신입니다. 어떻게 교회를 돌보고 목회할 것인가에 대한 일종의 목회지침서라고 볼 수 있습니다.

물론 후대에는 모든 성도들, 특별히 목회자들이 즐겨 읽는 성경이 되었지만, 본래는 사적인 편지였습니다. 그러므로 그 안에는 믿음의 아들에 대한 사랑의 감정이 가감 없이 표현되고 있습니다. "내가 밤낮 간구하는 가운데 쉬지 않고 너를 생각하여"(3) "네 눈물을 생각하여 너 보기를 원함은 내 기쁨이 가득하게 하려 함이니"(4) 얼마나 디모데가 보고 싶은지 또 그를 보는 것이 고된 감옥생활에 얼마나 커다란 기쁨과 위로가 될 것인지에 대한 감정을 숨기지 않고 있습니다.

이 사적인 인사말 속에 담겨있는 몇 개의 특별한 단어들 속에서 우리는 바울과 디모데가 서로 공유했던 보석과 같은 신앙을 보게 됩니다. 이것이야말로 혼탁한 우리 시대에 바른 신앙의 이정표라 할 수 있습니다.

바울은 먼저 자신이 어떻게 하나님을 섬기는가를 말합니다. "청결한 양심으로 조상적부터 섬겨 오는 하나님께 감사하고"(3) 믿음의 조상들을 본받아 자기 역시 '청결한 양심'으로 하나님을 섬기고 있다는 것입니다. '청결한 양심' 이것은 어떤 오점이나 티가 묻지 않은 깨끗하고 순결한 양심입니다.

그리고 그가 디모데 속에서 본 신앙을 말해줍니다. "이는 네 속에 거짓이 없는 믿음이 있음을 생각함이라"(5) 여기서 '거짓 없는'은 '청결한'과 같은 의미입니다. 가식적이지 않고, 겉과 속이 다르지 않는 신실하고 순결한 믿음을 가리킵니다. 디모데 역시 이것을 외조모와 어머니로부터 배운 것입니다.

바울과 디모데가 공유했던 것은 바로 이것입니다. 때 묻지 않은 순결한 믿음과 양심! 듣기만 해도 뭔가 가슴을 뛰게 하는 말입니다. 믿음의 선인들이 가졌던 그것! 그것이 바로 하나님이 우리 속에서 찾고 있는 믿음이 아니겠습니까?

우리 시대는 이러한 양심과 믿음을 가진 사람을 찾아보기 힘듭니다. 핍박이 없는 평안한 시대, 예수 믿는 것이 고난이 되기보다는 오히려 도움과 유익을 얻을 수 있는 그런 시대에, 어디서 청결한 양심과 거짓 없는 믿음을 볼 수 있겠습니까?

특별히 우리사회가 더욱 그러합니다. 순수해야할 것들 속에 속된 목적과 욕망들이 숨겨져 있습니다. 목적이 되어야 할 것들이 수단으로 전락되어버렸습니다. 교육을 보십시오! 모든 것이 다 대학입시를 위한 수단으로 전락했습니다. 공부도, 운동도 대학을 가기 위해서, 심지어 봉사와 선행조차도 대학을 가기 위한 스펙이 되고 있습니다.

학교생활의 즐거움이 없습니다. 공동체학습이 개인경쟁에 의해 희생되고 있습니다. 배움 자체를 귀하게 여기거나 운동 자체를 즐기는 것이 아닙니다. 선행을 삶의 가치로 여기지 못합니다. 모든 것은 다 대학가는 것을 충족시킬 과정이고 수단일 뿐입니다.

그렇게 해서 들어간 대학을 가도 마찬가지입니다. 학문의 즐거움을 배우지 못합니다. 대학이 더 이상 학문을 연구하는 상아탑이 아니라, 좋은 직장을 얻기 위한 학원일 뿐입니다.

우리의 삶은 마치 등산하는 사람이 산 정상 정복을 목표로 삼고 헉헉대며 올라가는 것과 같습니다. 산을 오르는 과정의 즐거움과 등산 그 자체의 행복은 다 생략이 되어버립니다. 여기저기의 삶이 목표지향적이고 결과지향적입니다.

이런 세상의 분위기에 익숙해진 우리들 이다보니, 교회생활과 신앙생활에서도 그런 식으로 물들어버립니다. 어느 교회를 갔더니, 주일학교 광고판에 전도집회 포스터가 붙어있고, 그 옆에 비싼 자전거 사진이 크게 붙여져 있었습니다. 가장 전도를 많이 해오는 전도왕에게 줄 전도상이었습니다. 영혼구원의 소중함을 일깨워 전도하도록 하는 것이 아니라, 자전거를 목표로 삼아 전도에 대한 열정을 갖게 만드는 것이었습니다. 물론 가시적인 효과는 훨씬 빠를지 모릅니다. 그러나 이것은 어려서부터 신앙 자체의 소중함보다도 신앙행위에 대한 세속적인 보상을 기대하게 만드는 것입니다. 이것이 옳은 것입니까?

우리가 교회에서 하는 신앙행위들을 보면 정말 순결하지 못한 것들이 많습니다. 전도의 목적이 영혼사랑이 아니라 교회성장에 있는 것은 불순한 것입니다. 겉으로 하는 봉사와 사역, 경건의 이면에 세상적인 동기들이 숨겨져 있습니다. 헌신과 신앙행위와 봉사 자체를 소중히 여기기보다는 그것으로 인해 주어질 사람들의 칭찬과 인정, 나아가 하나님으로부터 올 보상을 기대하는 것입니다.

할아버지 생신을 맞이하여 손자가 작은 선물을 멋진 카드와 함께 드렸습니다. 그저 할아버지를 기쁘게 해드리고 싶었습니다. 그 순수한 마음을 읽으면서 감동하신 할아버지가 용돈 10만원을 주시는 것이 아닙니까? 이 예상치 못한 선물에 손자는 깜짝 놀랐습니다. 그러면서 다음 해에는 생신을 은근히 기다립니다. 카드와 선물을 더 정성껏 준비하지만, 작년과는 동기가 달라졌습니다. 용돈을 기대하는 것입니다.

이것! 처음에 가졌던 그 순수한 마음이, 신앙이 닳고 달면서 사라집니다. 오직 십자가의 은혜에 감사하고, 주님을 기쁘게 해드리고 싶었던 거짓 없는 믿음, 청결한 양심은 어디로 갔습니까? 우리는 신앙행위를 둘러싼 위선의 껍질과 세속화의 껍질을 벗어야 합니다. 그렇게 하기 위해서는 무엇보다도 우리 모든 행위의 동기가 올바른 것이어야 합니다. 어떻게 해야 합니까?

첫째, 무조건적인 순종에서 하는 것입니다.

바울은 1절에서, 아주 중요한 단어를 사용합니다. "하나님의 뜻으로 말미암아 ..... 그리스도 예수의 사도 된 바울은"(1)

하나님의 사람들이 어떤 일을 하는 것은, 그로 인하여 나올 무엇을 바라거나 그것이 내게 유익해 보여서가 아니고, 오직 그것이 하나님의 명령이요 뜻이기 때문입니다. 우리는 하나님의 뜻 앞에서 선택의 여지가 없습니다. 무조건 순종해야 합니다.

마아클 샌달은 〈정의란 무엇인가〉에서, 칸트의 철학을 소개하면서 이런 실례를 들었습니다. 뉴욕에 '바른 거래 사무국'이라는 회사가 있습니다. 이 회사는 정직을 최고의 경영철학과 가치로 삼습니다. 사원들에게 정직하게 일하고 영업하기를 강조합니다.

이 회사가 이처럼 정직을 강조하는 이유가 있습니다. 정직이야말로 성공의 길이라고 확신하기 때문입니다. 이 회사가 사원모집을 위해 뉴욕타임즈에 실은 전면광고 제목에서 알 수 있습니다. "정직이 최선의 수단이다. 아울러 최대 수익을 올리는 길이다" 여러분은 어떻게 생각하십니까? 우리가 본받아야할 참 좋은 회사가 아닙니까?

그러나 칸트의 평가는 달랐습니다. 이런 정직은 순수하지 못한 정직이라는 것입니다. 왜냐하면 정직이 옳아서 정직경영을 하는 것이 아니라, 정직하게 사업하면 성공하기 때문이라는 것입니다. 이러한 정직은 타산적인 정직일 뿐입니다. 여기서 강조점은 정직이 아니라 성공입니다.

칸트에게서 정직은 성공의 수단이 아닙니다. 그것은 태어나면서부터 우리의 양심에 주어진 정언명령 즉 무조건 순종해야 하는 명령이라는 것입니다. 그러므로 정직하게 경영해서 성공하건 망하건 정직해야 한다고 말합니다.

오늘 그리스도인들은 이 융통성 없는 고지식한 철학자에게 귀를 좀 기울여야 합니다. 그가 말하는 정언명령이라는 것을 양심의 소리가 아니라, 하나님의 명령으로 이해하면 됩니다. 그 명령은 나의 이해관계에 따라서 해도 되고 안 해도 되는 것이 아닙니다. 무조건적으로 순종해야 할 명령입니다.

여러분 헌금생활을 어떻게 하고 있습니까? 헌금생활 특별히 십일조는 건강한 신앙의 시금석입니다. 아무리 겉으로 경건해보이고 그럴듯한 믿음의 얘기를 해도, 드리는 삶을 바르게 하지 못하면 거짓된 것입니다.

자기를 기만하는 것입니다.

그런데 십일조 생활과 관련해서, 많은 사람들은 미국 백화점 왕 워너메이커나 석유왕 록펠러의 이야기를 좋아합니다. 그들이 철저히 십일조 한 것보다도, 그렇게 하니까 하나님이 몇 배로 갚아주셔서 부자가 되었다는 성공담에 귀가 솔깃해 지는 것입니다. 우리 중에도 어려운 가운데서도 십일조를 철저히 하니까, 하나님이 기가 막힌 방법으로 채워주시고 넘치도록 주신다는 간증을 갖고 있는 사람도 많습니다.

물론 우리는 그런 체험을 할 수 있습니다. 그것이 순종의 결과로 주어질 수는 있겠지만 동기가 되어서는 안 됩니다. 더 많은 복을 받기 위해서, 더 좋은 유익을 얻기 위해서 헌금하는 것, 이것은 결국 자기를 위해서 헌금하는 것입니다.

말라기서에서 십일조로 하나님을 시험하라고 하신 것은 당시 이스라엘의 신앙이 가장 밑바닥, 어린아이의 수준에 있었기 때문이었습니다. 어린 아이의 경우 사탕을 주면서 동기 유발을 시킵니다. 그러나 언제까지 사탕에 혹해서 움직이겠습니까?

우리가 십일조를 하는 것은 다른 이유가 아닙니다. 그것이 하나님의 명령이기 때문입니다. 우리 소득의 십분의 일은 하나님의 것이기 때문입니다. 십일조를 해도 경제적으로 어려울 수 있습니다. 그래도 해야 하는 것입니다.

여러분, 우리가 선을 행하고, 양심적으로 진실하게 살려고 하고, 교회나 사회에서 맡은 일에 충실한 것은, 그렇게 할 때 우리에게 좋은 결과가 주어져서가 아닙니다. 그것이 하나님의 명령이요 뜻이기 때문입니다. 내가 좋건 싫건, 유익이 되건 손해를 보는 일이건, 그분의 뜻이라면 순종하여 행해야 합니다. 이것이 그를 기쁘시게 하는 사랑의 행위입니다. 그렇게 살려고 노력하다보면 우리는 청결한 양심과 거짓 없는 믿음의 사람이 될 것입니다. 우리 모두가 하나님의 명령과 뜻 앞에 철저한 순종의 사람이 되기를 바랍니다.

둘째, 무조건적인 감사에서 하는 것입니다.

바울은 3절에서도 중요한 단어를 우리에게 던져줍니다. "청결한 양심으로 조상적부터 섬겨 오는 하나님께 감사하고"(3) 감사입니다. 감사가 모든 행위의 동기가 되어야 합니다. 예배도, 찬양도, 헌금도, 직분과 봉사, 전도도 감사해서 하는 것이어야 합니다.

왜 그렇게 해야 할까요? 우리가 예수로 말미암아 이미 넘치는 은혜를 받았기 때문입니다. 십자가의 은혜 즉, 하나님이 자기 생명으로 우리를 섬기신 그 은혜, 그것이 은혜의 전부입니다. 값없이 죄용서 받아 영생을 얻었고 하늘 기업의 후사가 되었습니다. 우리는 은혜의 사람들입니다. 그 이상의 은혜가 또 무엇이 있겠습니까?

그러므로 이제 우리는 또 다른 어떤 은혜를 받기 위해서 무엇을 하는 사람들이 아닙니다. 우리의 헌신과 수고는 무엇을 바라고 하는 것이 아닙니다. 이미 받은 은혜에 감사해서 그리고 그 은혜를 갚기 위해 헌신 봉사하는 것입니다.

우리의 모든 신앙행위의 동기는 무조건적인 감사입니다. 그럴 때에 거기에 무슨 불순함과 거짓이 담겨있겠습니까?

말씀을 맺겠습니다. "은에서 찌꺼기를 제하라 그리하면 장색의 쓸 만한 그릇이 나올 것이요"(잠 25:4) 우리 속에 있는 불순물과 찌꺼기를 제거합시다. 그러면 정말 주님의 손에서 귀하게 쓰이는 그릇이 될 것입니다. 정결한 양심과 거짓 없는 믿음. 믿음의 조상들이 지켰던 바로 그 순결함을 다시 회복하는 우리 모두가 되기를 바랍니다.

(2013년 10월 27일)

나는 누구인가?

"야곱아 너를 창조하신 여호와께서 지금 말씀하시느니라 이스라엘아 너를 지으신 이가 말씀하시느니라 너는 두려워하지 말라 내가 너를 구속하였고 내가 너를 지명하여 불렀나니 너는 내 것이라 네가 물 가운데로 지날 때에 내가 너와 함께 할 것이라 강을 건널 때에 물이 너를 침몰하지 못할 것이며 네가 불 가운데로 지날 때에 타지도 아니할 것이요 불꽃이 너를 사르지도 못하리니 대저 나는 여호와 네 하나님이요 이스라엘의 거룩한 이요 네 구원자임이라 내가 애굽을 너의 속량물로, 구스와 스바를 너를 대신하여 주었노라 네가 내 눈에 보배롭고 존귀하며 내가 너를 사랑하였은즉 내가 네 대신 사람들을 내어 주며 백성들이 네 생명을 대신하리니 두려워하지 말라 내가 너와 함께 하여 네 자손을 동쪽에서부터 오게 하며 서쪽에서부터 너를 모을 것이며 내가 북쪽에게 이르기를 내놓으라 남쪽에게 이르기를 가두어 두지 말라 내 아들들을 먼 곳에서 이끌며 내 딸들을 땅 끝에서 오게 하며 내 이름으로 불려지는 모든 자 곧 내가 내 영광을 위하여 창조한 자를 오게 하라 그를 내가 지었고 그를 내가 만들었느니라"(사 43:1-7)

신앙에서 가장 어려운 것은 성경에 나오는 '명령형'이 아니라, '서술형'입니다. 특별히 내가 공감하지 못하는 것에 대한 주님의 선언입니다. "너는 의인이다."[나는 죄를 짓고 있는데요!] "너는 성도(성자)이다."[정말 말도 안 돼요!] "너는 세상의 빛이다. 소금이다. 증인이다."[아니 나는 전혀 그렇게 살지 못하고 있어요!] 이런 서술형입니다.

차라리 '의인이 되라!' '성자가 되라!' '빛과 소금이 되라!' '증인이 되라!'하면 편하겠습니다. 내게 선택권이 있으니까요. "그래 그럼 이제부터 노력해야지!"이렇게 결심할 수 있습니다.

그러나 서술형은 나에게 선택권이 없습니다. 이것은 나의 정체성에 대한 하나님의 선언입니다. 그런데 내가 느끼고 경험하는 현실과는 좀 동떨어져 있습니다. 나는 의인도 아니고 성자도 아니고, 세상의 빛도 아니고 소금도 아닙니다. 그런데 그렇다고 선언하십니다.

이 하나님의 일방적인 선언, 말씀을 통한 언약, 이것을 아멘으로 받는 것이 신앙입니다. 우리의 신앙은 여기서부터 시작합니다. 성경은 명령어 이전에 서술어입니다. 하나님의 은혜는 명령형이 아닙니다. 그것은 율법주의입니다. 하나님의 은혜는 항상 서술형입니다. "내가 너를 위해서 은혜를 베풀었다. 그래서 너는 이렇게 구원받고 변화되었다."

그 다음에 명령형이 나옵니다. "그러므로 너는 이것을 믿고 받아들여라 그리고 그에 합당하게 살아라!" 믿음에 대한 명령, 그리고 그에 합당한 삶에 대한 명령입니다. 바로 이 순서가 뒤바뀌면 기독교신앙이 아닙니다.

우리에게 선언하시는 이 하나님의 서술형을 믿음으로 받아들일 때 우리 속에서 놀라운 기적이 일어납니다. 어둠이 물러가고 불평과 원망이 사라지고, 말로 표현할 수 없는 영적인 자존감이 우리의 삶을 지배하게 됩니다.

많은 그리스도인들이 행복하지 않습니다. 아마도 가장 큰 원인은 바로 여기에 있을 것입니다. 하나님의 이 선언을 믿음으로 받지 못하는 것입니다.

행복에 대해서 생각해 봅시다. 저는 종종 자신에게 이렇게 자문합니다. '나는 과연 행복한 목회자인가?'라고요! '유능한 목회자인가? 잘하고 있는 목회자인가? 열매를 많이 맺는 목회자인가?'라는 질문이 아니라, '나는 행복한 사람인가?'라는 질문입니다. 그 질문의 이면에는 '행복한 목회를 하고 행복한 사람이 되고 싶다.'는 생각이 담겨있습니다.

하나님은 우리를 행복하게 하시는 분입니다. 우리 모두는 참 불행한 사람들이었습니다. 에덴에서 쫓겨나서 유리방황하던 선조들이 바로 이 시대를 사는 우리의 모습입니다.

하나님은 그런 사람들을 행복한 사람으로 만들려고 하십니다. 그러기 위해서 마지막에 최후의 수단을 사용하셨습니다. 자기 아들 예수 그리스도를 보내어 십자가에서 희생시키셨습니다. 이것으로 우리를 근원적으로 불행하게 하는 죄를 제거하시고 우리에게 복의 길을 열어주셨습니다.

예수 믿는 것은 진정 행복에로의 초대입니다. 예수 믿는 데는 기쁨이 있습니다. "항상 기뻐하라 내가 다시 말하노니 기뻐하라" 은혜가 주는 변화의 핵심은 바로 이 기쁨과 거기서 오는 행복입니다. 그러나 우리는 이런 기쁨과 행복을 느끼면서 살아가지 못할 때가 많습니다. 오늘 우리가 다시금 예수 안에의 기쁨과 행복을 회복할 수 있기를 바랍니다.

세계 행복지수라는 것이 있습니다. 우리나라는 2018년 4분기 1인당 소득이 처음으로 3만 달러를 넘었습니다. 3만 달러를 넘는 나라가 세계에서 24개국밖에 없다고 하니 우리는 세계에서 24위로 잘 사는 국민들입니다. 그런데 UN 산하 자문기구인 지속가능발전해법네트워크(SDSN)의 2019 세계 행복 보고서를 보면 한국의 행복지수는 세계 54위입니다. 우리가 느끼는 행복감과 우리가 사는 수준과는 거리가 아주 멉니다.

우리의 행복지수가 낮은 것은 우리가 너무 목표지향적인 삶을 살고 있기 때문입니다. 수많은 인생의 목표와 경쟁에 시달려 우리의 삶들은 지치고 고단합니다. 사실은 순간순간의 과정이 참 행복해야 할 시간들인데도 그 행복을 느끼지 못합니다.

그러나 행복은 외적인 환경이나 조건에 있는 것이 아닙니다. 돈이 많이 생기면 누구나 좋아합니다. Lotto가 맞으면 입이 벌어지지 않을 사람이 누가 있겠습니까? 시험에 합격하면, 학위를 마치면, 좋은 직장에 취직되면, 자식이 하는 일이 성공하면, 좋습니다, 행복합니다. 그러나 이런 것들은 자주 오는 것이 아닙니다. 우리 평생에 손꼽을 정도에 불과합니다. 그리고 그것으로 말미암은 만족은 오래 가지 않습니다. 잠깐에 불과합니다.

행복은 안에서 옵니다. 그리고 그것은 무엇보다도 자신을 바라보는 눈에서 옵니다. "나를 누구라고 생각하는가?" 조금 더 나아가 "나를 얼마나 가치 있는 존재로 생각하는가?"에 달려있습니다. 여기서 더 나아가서 "나를 얼마나 소중히 여기고 사랑하는가?"에 달려있습니다. 즉 행복의 열쇠는 긍정적인 자아상과 자존감을 갖고 자기 자신과 화목하는 것에 달려있다는 것입니다.

"난 다른 사람보다 가진 게 없어, 난 문제가 많아, 난 못 생겼어, 난 못 났어, 너무 부족해, 내가 싫어" 이렇게 생각한다면 행복할 수가 없습니다.

저 역시 저를 별로 좋아하지 않는 사람이었습니다. 돌아보면 제 속에 영웅이 자리 잡고 있었습니다. 그래서 항상 더 크고 완전한 나를 기대하면서 지금의 나를 사랑하지 못했습니다. 저는 행복할 수 없는 사람이었습니다.

제가 행복하지 못했던 것은 제가 부족하고 못나서가 아닙니다. 제가 없어서도 아닙니다. 제가 색안경을 끼고 저를 보았기 때문입니다. 햇빛이 아주 강한 날, 밖에서 선글라스를 끼고 있다가 은행으로 들어가면, 실내가 너무 어둡게 보입니다. 그러면서 왜 여기는 전등을 제대로 켜지 않고 이렇게 어둡게 해놓았나 라고 생각을 합니다. 실내가 어두운 것이 아니라, 내 눈이 어두운 것입니다.

눈이 얼마나 중요한 것인지 주님도 이렇게 가르치셨습니다. "네 몸의 등불은 눈이라 네 눈이 성하면 온 몸이 밝을 것이요 만일 나쁘면 네 몸도 어두우리라"(눅 11:34)

하나님은 우리가 예수를 믿을 때에 새로운 안경을 주십니다. 복음은 예수를 믿음으로 내 영혼이 구원받고 천국에 가는 것만이 아닙니다. 내가 그리스도 안에서 얼마나 새로운 피조물이 되었는지, 얼마나 가치 있는 존재로 변화되었는지, 그래서 지금 내가 여기 이 세상에서 얼마나 존귀한 자인지를 가르쳐줍니다. 그것을 믿는 것이 믿음입니다.

여러분의 참 가치를 다시 발견하십시오! 여러분은 얼마짜리입니까? 스스로를 얼마짜리로 여기고 있습니까?

교회의 사역훈련반에서 난(蘭)을 키우는 집사님 집을 방문한 적이 있습니다. 베란다에 수십 가지의 난들이 진열되어있었습니다. 집사님이 어떤 난이 가장 비싼 것인지 알아맞혀보라고 했습니다. 제가 제일 예쁘고 가치 있다고 선택한 난은 20만 원 정도에 불과했습니다. 그리고 제가 보기에 별로라고 생각했던 난이 6백만 원을 호가하는 비싼 것임을 알았습니다. 도대체 누가 그런 기준을 매길까요? 난(蘭)전문가들입니다. 그들에게는 그렇게 값을 매기는 객관적인 이유가 충분히 있을 것입니다. 난에 대해서 문외한인 사람들이 보는 눈과는 다른 것입니다.

사람들은 사람에 대해서도 '누가 더 귀하다, 더 가치 있는 사람이다' 하면서 가치를 매깁니다. 축구를 가장 잘한다는 리오넬 메시의 몸값은 약 2,000억 원이고 그의 연봉 1,300억 원입니다. 우리나라가 자랑하는 축구선수 손흥민의 몸값은 1,000억 원입니다. 반면에 우리나라의 2군 축구팀 중에는 1억원 이하의 몸값과 2천만 원 이하의 연봉을 받는 선수들도 있습니다.

결혼 중매소에서는 배우자를 찾는 신청자들을 직업, 연봉, 능력, 외모, 학력, 집안배경 등의 항목을 갖고 평가하여 분류합니다. 그래서 1등 신랑감, 2등 신랑감이 매겨집니다. 사실 대부분 사람들이 스스로 이런 척도로 자신 스스로의 가치를 매기면서 살아갈 것입니다.

심지어 교회 안에서 조차 그런 평가풍조가 있습니다. "만일 너희 회당에 금가락지를 끼고 아름다운 옷을 입은 사람이 들어오고 또 남루한 옷을 입은 가난한 사람이 들어올 때에 너희가 아름다운 옷을 입은 자를 눈여겨보고 말하되 여기 좋은 자리에 앉으소서 하고 또 가난한 자에게 말하되 너는 거기 서 있든지 내 발등상 아래에 앉으라 하면 너희끼리 서로 차별하며 악한 생각으로 판단하는 자가 되는 것이 아니냐"(약 2:2-4) 현대교회뿐 아니라, 초대교회에도 이런 세속화된 모습들이 있었던 것 같습니다.

그런데 분명한 것은 우리 인간은 가치를 판단하는 데 있어서 모두 아마추어라는 사실입니다. 다 외모로 사람을 봅니다. 그러나 진정한 가치의 평가자이신 하나님은 어떠한가요? "내가 보는 것은 사람과 같지 아니하니 사람은 외모를 보거니와 나 여호와는 중심을 보느니라"(삼상 16:7) 보는 관점이 다릅니다. 그러므로 사람이 크게 여기는 것을 하나님은 작게 여기십니다.

그러므로 내가 나를 어떻게 보느냐, 사람들이 나를 어떻게 평가하느냐가 중요한 것이 아니라, 하나님이 나를 어떻게 보시느냐가 중요한 것입니다.

여러분에 대한 하나님의 가치평가에 귀를 기울이십시오! "네가 내 눈에 보배롭고 존귀하며 내가 너를 사랑하였은즉 내가 네 대신 사람들을 내어 주며 백성들이 네 생명을 대신하리니 두려워하지 말라"(4-5) 여기서 지칭하는 너는 바벨론에 포로로 끌려간 유대인을 가리킵니다. 당시 전쟁에서 승리해서 세계를 제패하던 바벨론의 백성들의 가치와 그들의 포로로 끌려온 유대인의 가치는 하늘과 땅의 차이였습니다. 그러나 하나님은 달랐습니다. 그의 눈에는 정반대였습니다.

이것이 하나님의 평가입니다. 지금도 마찬가지입니다. 여러분은 하나님에게 보배로운 존재입니다. 어떻게 생겼건, 능력이 어떠하건, 얼마나 가졌건, 여러분은 하나님이 존귀하게 여기는 귀인들입니다. 하나님이 사랑하시는 자입니다.

왜 입니까? 잘 생겨서요? 똑똑해서요? 아닙니다. 하나님께서 그의 독생자 예수 그리스도의 피와 살을 주고 우리를 속량하셨기 때문입니다. 예수의 값을 지불하고 우리를 사셨기 때문입니다.

그래서 우리를 하나님의 아들이라 부르시고, 죄 없는 의인이요 순결 무구한 성자라고 선포하셨습니다. 그리고 우리를 왕 같은 제사장의 자리에 앉히셨습니다. 그리고 잠시 후 우리에게 주실 영원한 유산, 영광의 기업을 준비해 놓고 계십니다. 여러분의 노력으로 된 것이 아닙니다. 전적으로 하나님의 은혜요 선물입니다.

여러분은 얼마짜리입니까? 한마디로 예수님짜리입니다. 예수 그리스도의 값을 지불하고 우리를 사셨기 때문입니다. 예수님의 가치는 얼마입니까? 천억 원입니까? 아니, 그 이상입니다. 천조 원입니까? 아니,

그 이상입니다. 그야말로 무한한 가치입니다! - 이것이 하나님 앞에서 여러분의 존재가치입니다.

여러분은 모두 성공한 자들입니다. 미국의 브로드웨이에서 공연한 예술가가 성공한 사람이 아닙니다. 영국의 브리타니카 백과사전에 등재된 학자가 성공한 사람이 아닙니다. 대통령 자리에 오른 사람이 성공한 사람이 아닙니다.

여러분은 이미 세상에서 최고의 신분을 갖고 있습니다. 만왕의 왕 되신 하나님의 아들입니다. 당신의 기도 한마디는 우주를 움직이는 힘이 있습니다. 하나님이 당신을 사랑하시는 아버지이기 때문입니다. 당신의 탄식소리는 하나님을 화나게 할 것입니다. 자기 아이를 건드리고 괴롭히는 자를 가만히 놔둘 부모가 있겠습니까? 악한 자가 만지는 것을 하나님은 결코 용납지 않으실 것입니다.

시편 23편의 말씀처럼 평생에 선하심과 인자하심이 당신을 뒤따를 것입니다. 당신은 하나님이 택하신 귀인이기 때문입니다. 무디가 이 말씀을 설명하면서 재미있는 표현을 했습니다. "영국에서는 걸어 다니는 사람이 있으면 그는 가난한 사람임에 틀림이 없다고 말합니다. 어떤 사람이 마차를 부르면 좀 나은 사람이고, 시종 한 사람을 뒤에다 태우고 다니면 부자라고 말합니다. 그런데 만약 어떤 사람이 시종 둘을 뒷자리에다 태우고 다니면 그 사람은 많은 유산을 가지고 있음에 틀림없다고 말합니다. 그렇다면 하나님의 자녀들은 모두가 큰 유산을 가지고 있습니다. 왜냐하면 '나의 평생에 선하심과 인자하심이 정녕 나를 따르리니'라고 했기 때문입니다. 이 선하심과 인자하심은 우리의 뒤를 따르는 하나님의 경호원입니다."

지금은 눈에 보이는 것이 없지만, 우리 육신의 장막을 벗고 신령한 몸으로 부활하는 날을 위해 어마어마한 유산이 준비되어 있습니다.

그러므로 이 믿음의 눈을 가지십시오. 이 새로운 안경을 쓰십시오. 그것으로 하나님이 인정하시는 자신의 참 모습을 바라보십시오. 다른 무엇으로 자신의 가치를 매기려고 애쓰지 마십시오! 당신은 이미 하나님 안에서 충분히 소중한 자입니다.

그러므로 하나님이 사랑하시는 자신을 사랑하고, 하나님이 소중히 여기시는 자신을 소중히 여기십시오! 인생의 행복은 바로 여기서 시작됩니다.

메뚜기 콤플렉스라는 것이 있습니다. 출애굽한 뒤 이스라엘은 가데스바네아에 이르러서는 앞으로 들어가 살게 될 가나안으로 미리 정탐꾼을 보냈습니다. 12명이 40일간 그 땅을 정탐했습니다. 그 중 10명은 '우리는 그곳 사는 거인들 앞에서 스스로 보기에 메뚜기 같은 자들이다'라고 부정적으로 보고했습니다. 여기서 메뚜기 콤플렉스라는 말이 나왔습니다. 어찌 보면 이것이 정확한 현실일 수 있습니다. 그들은 눈에 보이는 정확한 현실을 말했던 것입니다.

그러나 여호수아와 갈렙은 전혀 다른 보고를 했습니다. '그들은 크고 강해보이지만, 하나님이 우리와 함께 하시니 그들은 우리의 밥이다'라는 것입니다. 이것이 하나님의 눈이요 하나님의 판단입니다.

무엇을 이루고 성공하면 행복할 것이라고 생각하면서 앞으로만 나아가는 목표지향적인 사람이 되지 마십시오! 이미 우리는 최고의 자리에 올라간 보배로운 사람들입니다. 최고의 가치를 가진 하나님의 소유물입니다.

어느 날 저는 아내와 함께 마트에 가서 장을 보다가 화초코너를 지나게 되었습니다. 거기에 아주 작은 선인장화분이 널찍한 판에 수십 개

놓여 있었습니다. 그 선인장에는 이미 빨강 꽃과 노란 꽃이 몽실몽실 피어 있어서 귀엽고 아름다워 보였습니다. 가격도 4,300원이어서 부담 없이 사서 가져다가 책상 위에 올려놓았습니다. 하루하루 지나면서 그 선인장이 사랑스러워졌습니다. "너는 이제 내거야. 내가 사랑도 주고, 물도 줄 테니 잘 자라 네 아름다움을 한껏 뽐내어라!"

얼마가 지난 어느 날 책상 앞에 앉아서 그 선인장을 보던 저는 우연히 화분에 가격표가 여전히 붙어있는 것을 보게 되었습니다. 거기에는 마트 이름과 함께 4,300이라는 가격표시가 있었습니다. 이것을 보면서 이렇게 자문했습니다. "4,300원이라! 너의 가치가 겨우 4,300원인가? 그럴 수 없지. 더 이상은 아니다. 마트에 진열되어 있을 때는 그저 4,300원에 불과한 별 가치 없는 존재였겠지만, 지금 내 책상에 있는 너는 그런 시시한 존재가 아니다. 너는 내게 소중한 나의 소유이다." 생각이 여기에 미치자 저는 그 가격표를 붙여둘 수가 없었습니다. 보기 흉해서가 아니었습니다. 결코 그런 가격이 나의 이 선인장에 어울리지 않았기 때문입니다.

여러분은 그리스도 안에 있는 자신이 얼마나 소중한 존재인지 잊어서는 안 됩니다. 그러므로 이 값진 인생은 주님의 손 안에 있습니다. 그분이 우리의 인생을 드라이브해 가십니다. 그는 자신의 소중한 소유물을 함부로 다루지 않습니다. 결코 어두운 구덩이에 내팽개치시지 않습니다.

그의 뜻 가운데 때로는 푸른 초장 잔잔한 물가로, 때로는 사망의 음침한 골짜기로 인도하시는 것입니다. 그러므로 생각지 못한 어려움을 만날 때 내 인생이 지금 주님의 손 안에 있음을 기억합시다. 그는 우리가 감당하지 못할 시험 당함을 허락하지 않으십니다. 그리고 시험 당할 때에 피할 길도 이미 준비해 놓고 계십니다. 오히려 그런 고난을 통해서 우리에게 주실 더 큰 은혜를 준비하고 계십니다. 우리에게 찾아오는 어떤 시련도 우리를 무너뜨릴 수 없습니다. 주께서 우리를 변함없이 사랑하시기 때문입니다. "누가 우리를 그리스도의 사랑에서 끊으리요, 환난이나 곤고나 박해나 기근이나 적신이나 위험이나 칼이랴 … 이 모든 일에 우리를 사랑하시는 이로 말미암아 우리가 넉넉히 이기느니라!"

이 약속의 말씀을 붙들고 엄마의 품에 안긴 아기처럼 자족하면서 감사하면서 평안한 인생길을 걸어갑시다. 그리고 하나님의 자녀답게 살고, 왕 같은 제사장답게 살고, 의인답게 살고, 성자답게 살고, 세상의 빛과 소금답게 삽시다.

(2019년 6월 8일)

모든 것이 선하매

"그러나 성령이 밝히 말씀하시기를 후일에 어떤 사람들이 믿음에서 떠나 미혹하는 영과 귀신의 가르침을 따르리라 하셨으니 자기 양심이 화인을 맞아서 외식함으로 거짓말하는 자들이라 혼인을 금하고 어떤 음식물은 먹지 말라고 할 터이나 음식물은 하나님이 지으신 바니 믿는 자들과 진리를 아는 자들이 감사함으로 받을 것이니라 하나님께서 지으신 모든 것이 선하매 감사함으로 받으면 버릴 것이 없나니 하나님의 말씀과 기도로 거룩하여짐이라"(딤전 4:1-5)

지금 시리아는 내전으로 인해 여러 도시들이 폐허가 되어가고 있습니다. 그곳을 빠져나온 수많은 난민들이 터키와 그리스를 통해 유럽으로 몰려가고 있습니다. 이 상황에서 작년 8월 메르켈총리는 독일이 우선 앞장서서 난민 80만명을 수용하겠다는 통근 결단을 발표했습니다. 독일 전체 인구의 1%에 해당합니다. 그녀는 삶의 터전을 잃고 찾아오는 이들을 우리가 함께 책임져야할 우리의 일로 받아들이자고 국민들을 설득했고, 유럽 국가들에게 함께 짐을 지자고 호소했습니다.

이 선한 정책에 동조하는 사람도 많지만, 반대하는 사람들이 더 많은 것 같습니다. 독일 내에서 극우세력들 뿐 아니라, 건전한 보수들조차 반대의 목소리를 내고 있습니다. 다른 유럽 국가들도 난색을 표하는 가운데, 특별히 난민루트가 되는 동유럽 국가들은 아예 국경에 철조망과 콘크리트 벽을 쌓고 있습니다.

앞으로 어떻게 전개될지는 잘 모르겠습니다. 메르켈이 난민정책에 성공해서 영웅이 될 수도 있고, 파이낸셜 타임지가 예언한 것처럼 실패해서 올해 실각할 수도 있습니다.

지금 유럽은 난민 문제로 양분되고 있습니다. 한쪽은 난민들을 돕는 것은 "우리의 일"이라고 생각합니다. 다른 한쪽은 남의 나라 난민이 "왜 우리의 일이냐"라며 등을 돌리고 있습니다. 그것을 자신의 일로 생각하는 사람들은 난민들을 위해서 파이 한 조각도 나누어 먹는 희생을 감수하려고 할 것이고, 자기일이 아니라고 생각하는 사람들은 어떤 희생이나 책임도 거부할 것입니다.

우리는 어떤 것을 놓고 이것이 나의 일이라고 생각하면서도 그 일을 성실하게 못할 수 있습니다. 그러나 어떤 경우는 그 일이 자신의 일이라고 생각하지 않기 때문에 전혀 헌신하지 않게 됩니다.

가령 가부장적인 집안에서 자라난 어떤 남자는, 집안일 특별히 부엌일은 전적으로 여자의 일이라고 생각합니다. 아내를 고생시킬 사람입니다. 반대로 집안일은 아내와 함께 나누어야할 자기의 일이라고 생각하는 남편이라면, 아내는 얼마나 좋겠습니까?

우리가 이런 것을 생각해봅시다. 만약에 가부장적인 집안어른이 자녀를 잘못 가르친 것처럼, 신앙이 우리가 꼭해야할 일들을 우리 일이 아니라고 가르친다면, 그래서 그 일에 무관심하고 무책임한 사람을 만든다면 그 신앙이 건강한 것일 수 있을까요?

이단일수록 더욱 그렇습니다. 최근 이장림파처럼, 주님이 곧 오시고 세상이 망할 것이라는 임박한 종말론자들의 공통점은 무엇이었습니까? 직장을 그만두고 가정도 버리고, 교회와 기도원으로 모여들었습니다. 직장이나 가정도 자신의 일이 아니라는 것입니다.

그러나 이런 문제는 이단에게만 있는 것이 아닙니다. 교인이라면 누구나 복음을 전하는 일, 말씀과 기도, 교회 사역을 하나님이 주신 자신의 일로 여깁니다. 당연히 중요한 일입니다. 그러기에 1월부터 철저한 말씀과 기도생활, 주일성수에 관해 설교했습니다.

그렇다면 이런 교회의 일, 영적인 일만이 우리의 일입니까? 좀 더 영역을 넓혀 보면, 교회마다 다양한 스펙트럼이 만들어집니다. 가정과 직장의 일, 이웃 섬김 사역도 하나님이 맡기신 우리의 일입니까? 여기는 물론 '그렇다'고 대답하는 사람들이 많을 것입니다.

그런데 여기서 더 나아가 환경을 보존하고 정의로운 사회를 만드는 일도 우리 일입니까? 아마 대답이 쉽지 않을 것입니다. 좀 더 구체적으로, 작년에 우리 교회는 고리 1호기 폐쇄운동에 적극적으로 참여했습니다. 그것이 우리 일이라고 생각했기 때문입니다. 그러나 그런 것은 교인이 상관할 일이 아니라고 생각하는 교회들도 많이 있습니다.

오늘 이 말씀 속에서 "우리의 일"이 무엇인지 한번 진지하게 상고해 봅시다. 바울은 1-2절에서 당시 교인들을 유혹하는 이단을 향해 미혹하는 영과 귀신의 가르침이라고 했습니다. 그러면서 이들은 양심이 화인 맞아서 외식함으로 거짓말하는 자들이라고 가르쳤습니다.

이들이 어떤 이단이었는지 구체적으로 알기는 어렵습니다. 그러나 그에 대한 일종의 반론으로 바울이 4절에서 제시한 가르침을 통해 우리는 그에 대한 힌트를 얻을 수 있습니다. "하나님께서 지으신 모든 것이 선하매 감사함으로 받으면 버릴 것이 없나니"(4)

다시 말하면 이 이단들은 하나님의 창조물 전체가 악하거나, 아니면 일부분이 악한 것이라고 가르쳤음을 알 수 있습니다. 세상을 매우 부정적으로 보는 것입니다. 세상은 더럽고 악하다는 것입니다. 그래서 우리의 영을 고결하게 지키기 위해서는 되도록 세상에서 도피해야 한다는 것입니다.

이런 이단 중 대표적인 것이 바로 영지주의였습니다. 영지주의는 강한 영육이원론에서 출발합니다. 이들의 주장에 의하면, 보이는 물질세계는 악한 것입니다. 물질과 육체는 죄로 오염되어 있고, 멸망당할 일시적인 것입니다. 반면에 보이지 않는 영의 세계는 영원하고 선한 것입니다. 그러므로 구원은 이 더러운 물질과 육신으로부터 빠져나오는 것이라고 했습니다.

이처럼 육체를 부정하게 여기다보니, 예수가 육체로 오신 것조차 부정했습니다. 그리고 보이는 세상을 창조한 신을, 사랑과 구원의 하나님과 구별하여, 더 열등한 신으로 보았습니다.

자연히 이들은 육체와 관련된 것들을 부정하거나 하시했습니다. 특별히 육체의 욕구를 죄악시하면서 금욕을 중요한 덕목으로 가르쳤습니다. 그리고 그런 욕구를 거스름으로써 영혼이 정화되고 순결해지는 것으로 생각했습니다.

성욕과 식욕이 그 대표적인 것입니다. "혼인을 금하고 어떤 음식물은 먹지 말라"(3)

혼인을 금지시켰습니다. 음란한 세태에 대한 반발일 수도 있겠으나, 이들은 부부가 결혼하고 성관계를 갖는 것 자체를 타락한 세상의 원리로 이해했습니다.

다른 한편으로 육을 부인하는 이들은 육신의 부활을 믿지 않고, 영의 부활을 주장했습니다. 그러면서 영이 이미 부활한 자들은 결혼이 필요 없다고 가르쳤을 것입니다.

또 음식 가운데 정한 것과 부정한 것을 구별하여 부정한 것을 먹지 못하게 했습니다. 아마도 이들은 유대교의 영향도 받았을 것입니다.

영과 육에 대한 이런 구분은, 교회를 하나님이 지배하는 영적인 영역으로, 세상은 마귀가 지배하는 육적인 영역으로 나누는 이원론적인 사상을 발전시키게 되었습니다. 신앙은 영적인 일이므로 세상과 무관한 것으로 여겼습니다. 한마디로 신앙의 본질은 물질로 이루어진 타락한 세상으로부터의 도피였습니다.

오늘날 많은 이단들은 이런 이원론 위에 서있습니다. 그래서 이단에 있다가 나온 사람들이 사회적응이 매우 어렵습니다. 이단까지는 아니더라도 경계선에 있거나 불건전한 신앙들 역시 마찬가지입니다. 아니 수많은 한국교회들이 이원론적인 성향이 참 강합니다.

자, 그렇다면 무엇이 옳은 신앙입니까? 두 가지를 생각해봅시다.

첫째, 하나님이 지으신 모든 것이 선합니다.

"하나님께서 지으신 모든 것이 선하매 감사함으로 받으면 버릴 것이 없나니"(4)

하나님은 이 모든 만물을 지으시고 '좋았더라' 하셨습니다. A학점을 주신 것입니다. 그러므로 그의 창조물은 모두가 다 선한 것입니다. 바울은 이것을 과거형으로 표현하지 않았습니다. 현재형입니다. 다시 말하면 인간의 죄로 타락한 지금도 만물은 선한 것입니다.

이것은 우리 신앙의 대전제입니다. 이것은 창조세계에 대한 강한 긍정이면서 동시에 영과 육의 구별 없이 모든 세계가 다 하나님의 세계임을 선포하는 것입니다.

세상을 구성하는 모든 자연세계가 선합니다. 그뿐 아닙니다. 하나님이 세상을 위하여 만드신 기관과 제도도 마찬가지입니다. 인간을 남녀로 만드셔서 한 몸이 되게 하시는 것, 인간을 생육하여 번성하게 하신 것, 그래서 하나의 거대한 공동체를 이루고 그것의 질서를 유지하기 위하여 국가라는 제도를 두신 것, 이 모든 것이 선합니다.

더 나아가서 인간을 하나님의 형상으로 만드시고 그 속에 탁월한 지혜와 감성을 주셨습니다. 이로 인해 학문과 과학이 발달했습니다. 죄로 인해 병과 죽음이 왔지만, 인간은 그 병을 극복하는 의학을 발전시켰습니다. 농기구부터 온갖 기계를 만들어 편리함을 추구했고, 하나님의 창조세계를 보다 세밀하게 관찰하고 규명해내는 과학을 발전시켰습니다. 하나님의 지혜의 산물입니다. 인간이 노래를 부르고 악기를 연주하며 시를 읊게 하신 이 모든 문화는 어디서 온 것입니까? 죄의 산물이 아니라, 하나님의 창조의 산물입니다.

그러므로 우리는 감사해야 합니다. 이 모든 것이 하나님으로부터 온 선물임을 고백하고 감사함으로 받는 것입니다. 감사함으로 받는다는 것! 여러분, 우리가 이 모든 것이 우연에 의해서나 저절로 된 것이 아닌, 누군가에 의해서 만들어졌음을 고백하지 않으면서 감사할 수 있을까요?

감사야말로 우리 신앙인의 특권입니다. 우리는 이 모든 것이 보이지 않는 하나님으로 말미암아 만들어진 것임을 믿습니다. 유일하게 선하신 그 분이 그의 선하신 뜻을 따라 만드신 것이기에 모든 것이 선한 것임을 믿습니다.

이 감사함을 갖고 하나님의 모든 세계를 받으면, 버릴 것이 하나도 없는 것입니다. 모든 창조물, 창조세계가 우리 아버지 하나님의 것입니다.

그렇다면 왜 우리의 일이 교회 안에만 머물러야 합니까? 왜 그가 창조한 세계를 돌보는 것이 우리의 일이 아닙니까? 이것이 버릴 것이 없는 우리 하나님 아버지의 선한 세계라고 한다면, 그것을 보살피고 바르게 세우는 것이 왜 우리의 일이 아니란 말입니까?

가정의 일, 직장의 일, 나무를 심고 정원을 돌보고 자연환경을 지켜 가는 일, 과학을 발전시키고 문화를 꽃피우는 일, 국가를 세우고 인류를 돌보는 일—이 모든 것이 하나님의 일이요, 하나님이 우리들에게 맡기신 우리의 일입니다.

하나님이 지으신 모든 것이 선하매 감사함으로 받기를 바랍니다.

둘째, 세상의 모든 것이 거룩함의 대상입니다.

우리는 '거룩'하면 우리의 영혼의 거룩함만을 떠올립니다. 성령으로 거듭난 우리가 죄를 멀리하는 정결한 삶을 살아감으로써 성화의 길을 갑니다.

옳습니다. 그러나 그것이 성화의 전부가 아닙니다. "하나님의 말씀과 기도로 거룩하여짐이라"(5) 무엇이 거룩해진다는 말입니까? 주어는 앞 절에 나와 있는 '하나님께서 지으신 모든 것'입니다.

카톨릭에서는 이 말씀의 의미를 "사제의 의식을 통해 어떤 물질들이 거룩하게 변하는 것"으로 해석합니다. 그러나 이 말씀이 말하는 바는 제의적인 의미를 가리키는 것이 아닙니다.

세상만물은 변함없는 하나님의 선하신 창조물입니다. 그러나 많은 것들이 상처 나고 오염되고 왜곡되어 있습니다. 병들어 있습니다.

집에 애지중지 키우는 개가 밖에서 산책하다가 진드기에 물리면서 피부병이 났습니다. 진물이 질질 나오고 냄새가 납니다. 그러면 내다 버립니까? 이제 사랑의 대상이 아닙니까? 아닙니다. 동물병원에 데리고 가서 치료받아 다시 깨끗한 피부를 갖도록 해야 합니다.

이처럼 하나님의 선하신 창조세계가 병들어 있습니다. 하나님의 뜻에서 벗어나 죄 아래서 신음하고 있습니다. 그렇다면 우리 믿음의 사람들이 해야 할 일은 무엇입니까? 더럽다고 오염되었다고 버리고 세상에서 도피합니까?

아닙니다. 그 하나님의 창조세계를 바르게 고쳐가야 합니다. 본래 하나님이 뜻하신 바대로, 가정과 국가와 자연환경을 치유해 가는 것입니다.

여기에 말씀이 중요합니다. 말씀을 먼저 받은 우리의 중요한 역할이 있습니다.

먼저 가정을 바르게 세우는 것입니다. 부부간에 결혼의 원리를 회복해야 합니다. 부모 공경과 자녀 교육에 있어서 세상 풍조를 좇지 않고, 하나님의 선하시고 기뻐하시고 온전하신 뜻이 무엇인지를 분별하여 그 뜻에 합당한 가정을 이루는 것입니다.

직장에서 주어진 일을 충실하게 하되, 사람에게 하듯 하지 말고 그 앞에 서신 주께 하듯 하고, 이웃에게 주의 사랑을 실천하는 것입니다. 세상 풍조를 좇아 거짓과 부정에 타협하거나 불의한 재물을 탐하지 말고, 주어진 것에 만족하면서 사는 것입니다.

국가에 정의가 물같이 공법이 하수같이 흐르도록 하고, 인간의 욕심으로부터 자연환경을 보존하는 것입니다.

그러나 아직 죄가 관영하는 세상 속에서 이것을 우리의 힘으로는 할 수 없습니다. 그러므로 말씀 외에 기도가 중요합니다. 기도할 때에 하나님이 역사하시는 것입니다. 우리는 하나님의 능력으로 그와 함께 세상을 변혁해 가야 합니다.

이렇게 해서 하나님의 모든 창조물은 말씀과 기도로 거룩해져 가는 것입니다. 이것이 바로 우주적인 성화입니다. 이 성화의 과정에서 하나님의 창조세계가 그의 뜻에 합당한 모습으로 변하고 그의 다스림을 받게 됩니다. 이것이 바로 하나님나라 사역입니다.

주께서 다시 오시는 그날, 이 모든 것은 완성될 것입니다. 그 날까지 모든 삶의 자리에서 하나님의 통치를 선포하며, 세상을 말씀과 기도로 거룩하게 세워가는 우리 모두가 되기를 바랍니다!

(2016년 2월 21일)

우리가 돌보아야 할 것

"여호와께서 시내 산에서 모세에게 말씀하여 이르시되 이스라엘 자손에게 말하여 이르라 너희는 내가 너희에게 주는 땅에 들어간 후에 그 땅으로 여호와 앞에 안식하게 하라 너는 육 년 동안 그 밭에 파종하며 육 년 동안 그 포도원을 가꾸어 그 소출을 거둘 것이나 일곱째 해에는 그 땅이 쉬어 안식하게 할지니 여호와께 대한 안식이라 너는 그 밭에 파종하거나 포도원을 가꾸지 말며 네가 거둔 후에 자라난 것을 거두지 말고 가꾸지 아니한 포도나무가 맺은 열매를 거두지 말라 이는 땅의 안식년임이니라 안식년의 소출은 너희가 먹을 것이니 너와 네 남종과 네 여종과 네 품꾼과 너와 함께 거류하는 자들과 네 가축과 네 땅에 있는 들짐승들이 다 그 소출로 먹을 것을 삼을지니라 너는 일곱 안식년을 계수할지니 이는 칠 년이 일곱 번인즉 안식년 일곱 번 동안 곧 사십구 년이라 일곱째 달 열흘날은 속죄일이니 너는 뿔나팔 소리를 내되 전국에서 뿔나팔을 크게 불지며 너희는 오십 년째 해를 거룩하게 하여 그 땅에 있는 모든 주민을 위하여 자유를 공포하라 이 해는 너희에게 희년이니 너희는 각각 자기의 소유지로 돌아가며 각각 자기의 가족에게로 돌아갈지며 그 오십 년째 해는 너희의 희년이니 너희는 파종하지 말며 스스로 난 것을 거두지 말며 가꾸지 아니한 포도를 거두지 말라 이는 희년이니 너희에게 거룩함이니라 너희는 밭의 소출을 먹으리라 이 희년에는 너희가 각기 자기의 소유지로 돌아갈지라 네 이웃에게 팔든지 네 이웃의 손에서 사거든 너희 각 사람은 그의 형제를 속이지 말라 그 희년 후의 연수를 따라서 너는 이웃에게서 살 것이요 그도 소출을 얻을 연수를 따라서 네게 팔 것인즉 연수가 많으면 너는 그것의 값을 많이 매기고 연수가 적으면 너는 그것의 값을 적게 매길지니 곧 그가 소출의 다소를 따라서 네게 팔 것이라 너희 각 사람은 자기 이웃을 속이지 말고 네 하나님을 경외하라 나는 너희의 하나님 여호와이니라 너희는 내 규례를 행하며 내 법도를 지켜 행하라 그리하면 너희가 그 땅에 안전하게 거주할 것이라 땅은 그 것의 열매를 내리니 너희가 배불리 먹고 거기 안전하게 거주하리라 만일 너희가 말하기를 우리가 만일 일곱째 해에 심지도 못하고 소출을 거두지도 못하면 우리가 무엇을 먹으리요 하겠으나 내가 명령하여 여섯째 해에 내 복을 너희에게 주어 그 소출이 삼 년 동안 쓰기에 족하게 하리라 너희가 여덟째 해에는 파종하려니와 묵은 소출을 먹을 것이며 아홉째 해에 그 땅에 소출이 들어오기까지 너희는 묵은 것을 먹으리라 토지를 영구히 팔지 말 것은 토지는 다 내 것임이니라 너희는 거류민이요 동거하는 자로서 나와 함께 있느니라"(레 25:1-23)

하나님께서 우리를 세상에 보내시면서 부탁하신 일들이 있습니다. 우리는 그것을 나의 일로 여기고 신실하게 그 책임을 다해야 합니다. 그 첫 번째가 복음을 전하는 것입니다. 그리고 주님의 몸 된 교회를 잘 섬기면서 건강한 교회를 세우는 것입니다.

그러나 그것이 다 가 아닙니다. 오늘의 말씀을 통해서 우리는 우리에게 주어진 또 다른 거룩한 책임감을 깨달아야 합니다. 레위기는 다음과 같이 시작됩니다. "여호와께서 시내 산에서 모세에게 말씀하여 이르시되 이스라엘 자손에게 말하여 이르라"(1-2a)

하나님께서 이스라엘에게 주신 이 말씀을 집사 스데반은 이렇게 바꾸어 표현합니다. "시내 산에서 말하던 그 천사와 우리 조상들과 함께 광야교회에 있었고 또 살아 있는 말씀을 받아 우리에게 주던 자가 이 사람이라"(행 7:38) 스데반은 이스라엘을 가리켜 '광야교회'라고 했습니다. 구약의 이스라엘이 교회인 것처럼, 신약의 교회 역시 영적인 이스라엘입니다. 그러므로 구약의 '광야교회'에 주신 말씀 역시 이 시대에 교회가 들어야 할 말씀입니다.

이 말씀은 7년마다 돌아오는 안식년과 50년마다 돌아오는 희년 규례입니다. 2-7절까지는 안식년 규례이고, 8-17절까지는 희년 규례이고, 그 이후는 이 명령을 순종할 때에 하나님께서 모든 것을 책임져 주신다는 약속입니다.

사실 이 안식년과 희년 규례는 이스라엘에서도 제대로 지켜지지 못했습니다. 신정국가에서조차 실현되기 어려웠던 것을 오늘날 세속사회에서 문자 그대로 적용하는 것은 합당치 않습니다.

그러나 적어도 이 명령에 담긴 하나님의 뜻과 의도는 불변의 원리라고 할 수 있습니다. 이것을 현실에 맞게 적용하는 것이 합당할 것입니다. 이 안식년과 희년에 담긴 하나님의 근본적인 뜻은 무엇입니까?

첫째는 강도만난 자를 돌보라는 것입니다.

우리가 사는 세상에는, 사마리아인의 비유에 등장하는 강도만난 사람처럼, 어려움을 당한 사람들이 많이 있습니다. 아무리 과학이 발달하고, 세상이 좋아져도 마찬가지입니다. 경제적으로 몰락해서 가난하게 된 사람, 깊은 병에 걸린 사람, 가족을 잃고 외로운 사람, 나라를 잃고 난민이 된 사람 등등, 불행을 만난 사람들이 얼마나 많습니까? 우리 주위에도 있지만, 조금만 눈을 들어보면 지구촌 구석구석 극심한 고통 속에 신음하는 사람들이 너무도 많습니다.

강도만난 사람이 쓰러져 죽어가는 그곳을 제사장과 레위인이 지나갔습니다. 이들은 가장 믿음이 좋은 경건한 자를 상징하는 사람들입니다. 그러나 그들은 무정하게도 이 사람을 피해 다른 길로 돌아가 버렸습니다. '이것은 내 일이 아니다'라고 생각한 것입니다.

그러나 믿음과 경건에서 별로 인정받지 못하던 사마리아인은 그를 보고는 불쌍히 여겨 정성껏 치료해주었고 주막주인에게 자기 돈 전부를 주면서 치료를 부탁했습니다. 그는 "이것은 내 일이다"라고 생각한 것입니다.

이 비유 마지막에 예수님은 명하십니다. "가서 너도 이와 같이 하라" 그 속에 숨겨진 메시지는 이것입니다. "강도만난 자에게 자비를 베푸는 그 일이 바로 네 일이야!"(눅 10:37)

하나님께서 이스라엘에 주신 이 안식년, 희년 계명도 그것입니다. 살다보면 몰락하는 가정이 있기 마련입니다. 농사 망치고 병들고 그러면서 빚을 지게 됩니다. 빚이 얼마나 무서운지, 한번 채무자의 길에 들어서면 좀처럼 거기서 벗어나지 못합니다.

이들을 위해 하나님께서는 7년마다 면제를 명하십니다. "매 칠 년 끝에는 면제하라 면제의 규례는 이러하니라 그의 이웃에게 꾸어준 모든 채주는 그것을 면제하고 그의 이웃에게나 그 형제에게 독촉하지 말지니 이는 여호와를 위하여 면제를 선포하였음이라"(신 15:1-2) 채권자는 채무자에게 독촉하지 말고, 그 빚을 탕감하라 하십니다. 즉 안식년은 면제년입니다. 돈을 빌려준 사람에게는 손해지만, 빚진 사람에게는 그야말로 복음인 것입니다.

희년은 해방과 자유의 해입니다. 50년이라는 긴 세월이 지나면서 땅도 잃고, 몸도 팔아 온 가족이 종으로 전락한 가정이 생겨나게 됩니다. 그야말로 완전히 몰락해버린 비참한 가정의 모습입니다. 누군가 몸값을 지불하지 않는 한 결코 자유인이 될 수 없습니다. 설혹 자유인이 된다

하더라도, 경작할 땅이 없으면 결국은 종으로 되돌아갈 수밖에 없습니다. 그야말로 빈곤의 악순환이라는 사이클에 들어간 것입니다.

희년이 되면 이런 빈곤의 악순환에 빠진 사람을 건져줍니다. 종에서 해방시켜 자유인의 신분으로 회복시킵니다. 원래 자기 땅도 되돌려 주어 다시 시작할 수 있게 해줍니다.

자, 이 모든 규례에 담긴 하나님의 뜻은 무엇입니까? 어떤 이유에서건 강도만난 자를 절대 내버려두지 말라는 말씀입니다. 이것을 위해는 조금 더 가진 자의 헌신이 요구됩니다.

사람은 누구나 이기적입니다. 그것이 바로 죄의 본성입니다. 그나마 좀 이타적인 될 수 있는 것이 가족이라는 울타리입니다. 내 남편, 내 아내, 내 자식이나 부모 형제는 피로 맺어진 혈연 즉 철저한 유기적 관계입니다. 자식의 기쁨이 내 기쁨이고, 부모의 고통이 내 고통입니다. 이처럼 가족들의 문제는 곧 내 문제이고, 가정은 철저히 내 책임 영역입니다.

그러나 이 가족이라는 울타리를 벗어나면, 더 이상 내 책임 영역이 아니라고 생각합니다. 나와는 상관없는 남이 되고 맙니다. 그들의 불행은 나와는 무관하고, 그들의 문제는 내 문제가 아닙니다. 내 책임영역이 아닙니다.

이것은 하나님이 기뻐하시는 사랑이 아닙니다. 아무리 우리가 자녀에게 헌신적이고, 부모에게 효를 다한다고 해도, 우리는 여전히 이기적인 죄의 속성에서 벗어나지 못하고 있습니다.

그러기에 성경은 이 울타리를 넘으라고 명합니다. 나라는 울타리, 가족이라는 울타리를 넘어 이웃에 대한 책임의식을 가지라는 것입니다. 그들의 헐벗음, 불행, 아픔과 고통을 나의 것으로 여기고 같이 아파하라는 것입니다. 그리고 이것이 곧 긍휼입니다.

주님께서는 당신의 울타리를 뛰어넘어 하늘 영광을 버리고 우리의 불행을 끌어안으셨습니다. 그리고 우리를 살리기 위해 모든 것을 내어 주셨습니다. 그러므로 이제는 그 지고한 사랑을 받은 우리 또한 우리의 울타리를 넘어 강도만난 자에게 자비를 베풀기를 명하십니다.

그러므로 강도만난 자를 돕는 것은 곧 나를 이기심이라는 죄의 울타리에서 해방시키는 것입니다. 내 삶의 자리에 1%만이라도 어려운 이웃을 돕는 공간을 가지고 있으면, 결국은 모든 삶의 공간이 자유로워지고 풍요로워집니다.

사역훈련생들이 공휴일에 거제도 애광원을 방문해서 장애자들을 섬긴 적이 있습니다. 그곳에는 경증 또는 중증의 장애를 가진 정신지체들이 있었습니다. 사실 하루 봉사하는 것이 무슨 도움이 될까지만, 그곳 사역자들은 정말 큰 도움이 된다고 말합니다. 하루 종일 무료하게 살아가는 그들에게는 바깥사람들을 만나고, 같이 작업하고 산보하는 것 자체가 커다란 기쁨이라는 것입니다.

그러나 더 많은 도움 받은 것은 오히려 그들을 섬기는 우리들이었습니다. 고통을 당한 자를 돕는 것이 얼마나 우리를 복되게 하는가요? 그 자리는 "이기적"이라는 단어가 패배하는 곳입니다. 위를 쳐다보며 살아온 우리가 아래를 바라보며, 사회의 약자들과 강도만난 자들을 생각하게 됩니다. 이것이 그리스도의 마음입니다.

영성가 헨리 나우엔은 하버드 대학의 교수직을 내려놓고 캐나다 토론토의 라르쉬 데이브레이크 공동체에 가서 중증정신장애인 아담을 섬겼습니다. 아담을 섬기면서 보다 깊은 영성을 경험하게 된 나우엔은 "아담이야말로 나의 영혼을 치유하는 진정한 스승이다." 라는 말을 했습니다.

우리 주위를 돌아보아야 합니다. 좀 더 멀리 저 지구촌을 바라보아야합니다. 강도만난 불행한 이웃을 돌아보는 우리 모두가 되기를 바랍니다.

둘째는 환경을 돌보라는 것입니다.

안식년에 무엇을 안식하게 하는지 자세히 들여다봅시다. "너는 육 년 동안 그 밭에 파종하며 육 년 동안 그 포도원을 가꾸어 그 소출을 거둘 것이나 일곱째 해에는 그 땅이 쉬어 안식하게 할지니 여호와께 대한 안식이라 너는 그 밭에 파종하거나 포도원을 가꾸지 말며 네가 거둔 후에 자라난 것을 거두지 말고 가꾸지 아니한 포도나무가 맺은 열매를 거두지 말라 이는 땅의 안식년임이니라"(3-5)

안식년은 땅의 안식년입니다. 7년에 한 번 땅을 쉬게 하는 것입니다. 또 십계명 중 안식일 계명은 사람뿐 아니라, 가축도 쉬게 하도록 명하고 있습니다.

하나님께서는 그의 창조세계에 쉼이 필요함을 강조하셨습니다. 그래서 먼저 친히 안식하셨습니다. 안식일은 단순히 무노동의 시간이 아니라, 엿새 동안 일할 수 있는 힘을 얻는 시간입니다. 인간을 비롯한 자연만물은 이런 사이클을 갖도록 창조되었습니다. 이것이 창조의 원리이고 질서입니다.

그러나 유감스럽게도 이 창조질서는 경시되었습니다. 자연을 대하는 인간의 자세는 하나님의 뜻보다도 자신의 편리와 탐욕을 앞세웠습니다. 더 편해지고, 더 많이 누리기 위해 자연을 쉬지 못하게 하고, 마구 부려 먹으며 학대했습니다.

그 결과 어떻게 되었습니까? 땅과 바다 그리고 하늘이 신음하고 있습니다. 쉬지 못한 땅은 산성화되어 더 많은 화학비료와 고농도 농약을 필요로 합니다. 온갖 쓰레기들이 차곡차곡 쌓이면서 땅과 지하수를 오염시키고 있습니다. 바다에도 거대한 쓰레기 섬이 떠다니고, 하늘은 유해가스로 오염되면서 오존층이 파괴되어 가고 있습니다. 가축들은 아주 비좁은 공간에서 꼼짝도 못한 채, 인간에게 고기와 달걀을 제공하도록 학대받고 있습니다.

이처럼 하나님의 창조세계가 병들면서 그 결과는 고스란히 우리와 우리 자손들에게 돌아갑니다. 오존층이 파괴되어 자외선과 같은 유해한 빛이 차단되지 못합니다. 대기 중의 미세먼지는 심각한 사회문제가 되고 있습니다. 지구온난화로 인해 이상기후가 나타나고, 얼음이 녹아 해수면이 높아집니다. 가축병이 유행하여 먹거리가 오염되고 각종 바이러스를 퍼뜨리고 있습니다.

쓰레기 문제가 심각하다는 것을 우리 모두는 이번에 체험했습니다. 중국이 쓰레기수입을 중단하자, 전 세계가 들썩였습니다. 우리 역시 잠시 쓰레기 대란을 겪었습니다.

우리는 하나님의 안식 계명에 나타난 자연에 대한 책임을 돌아보아야 합니다. 안식일, 안식년 모두 우리가 돌아보아야 할 것이 무엇인가를 가르쳐줍니다.

환경을 위해 아주 작은 것부터 실천하는 것입니다. 쓰레기 분리를 철저히 하는 것입니다. 일회용물품의 사용을 줄이고, 포장을 간소화하는 등 가급적 쓰레기의 양을 줄이는 것입니다.

유럽에서처럼 벼룩시장이나 바자회를 일상화하여 쓰던 것을 버리지 않고 다른 사람이 쓰게 하는 것입니다. 물을 아끼고, 휘발유나 전기등

에너지 소비를 줄이는 것입니다. 장기적으로 국가가 친환경에너지의 비율을 높여 가도록 장려하는 것입니다.

마지막으로 하나님은 이 모든 것을 명하시면서 이런 말씀을 결론으로 주십니다. "토지는 다 내 것임이니라"(23) 땅의 원주인은 사람이 아닌 하나님이십니다.

그러므로 그의 뜻대로 순종하여 행하면, 우리가 살 수 있는 길을 얼마든지 열어주실 것을 약속하십니다. 일곱째 해에 땅을 경작하지 않으면 어떻게 되겠습니까? 추수하지 못하니 굶어죽을 것 같지만, 그렇지 않습니다. "내가 명령하여 여섯째 해에 내 복을 너희에게 주어 그 소출이 삼 년 동안 쓰기에 족하게 하리라"(21) 2년치도 아니고 3년치의 양식을 미리 주시겠다는 말씀입니다.

우리가 하나님의 뜻에 순종하여 강도만난 이웃을 돌보고 그의 창조 세계를 돌보면, 하나님께서는 우리의 일을 돌보시겠다고 약속하십니다. 이 약속을 믿어야 합니다.

그리고 이런 일들을 나의 일로 여기고 거룩한 책임감을 가져야 합니다. 그래서 이런 일을 즐겨하는 신실한 그리스도인이 되기를 바랍니다.

(2018년 6월 10일)

공의로운 세상을 꿈꾸는 신앙

"보라 장차 한 왕이 공의로 통치할 것이요 방백들이 정의로 다스릴 것이며 또 그 사람은 광풍을 피하는 곳, 폭우를 가리는 곳 같을 것이며 마른 땅에 냇물 같을 것이며 곤비한 땅에 큰 바위 그늘 같으리니 보는 자의 눈이 감기지 아니할 것이요 듣는 자가 귀를 기울일 것이며 조급한 자의 마음이 지식을 깨닫고 어눌한 자의 혀가 민첩하여 말을 분명히 할 것이라 어리석은 자를 다시 존귀하다 부르지 아니하겠고 우둔한 자를 다시 존귀한 자라 말하지 아니하리니 이는 어리석은 자는 어리석은 것을 말하며 그 마음에 불의를 품어 간사를 행하며 패역한 말로 여호와를 거스르며 주린 자의 속을 비게 하며 목마른 자에게서 마실 것을 없어지게 함이며 악한 자는 그 그릇이 악하여 악한 계획을 세워 거짓말로 가련한 자를 멸하며 가난한 자가 말을 바르게 할지라도 그리함이거니와 존귀한 자는 존귀한 일을 계획하나니 그는 항상 존귀한 일에 서리라 너희 안일한 여인들아 일어나 내 목소리를 들을지어다 너희 염려 없는 딸들아 내 말에 귀를 기울일지어다 너희 염려 없는 여자들아 일 년 남짓 지나면 너희가 당황하리니 포도 수확이 없으며 열매 거두는 일이 이르지 않을 것임이라 너희 안일한 여자들아 떨지어다 너희 염려 없는 자들아 당황할지어다 옷을 벗어 몸을 드러내고 베로 허리를 동일지어다 그들은 좋은 밭으로 인하여 열매 많은 포도나무로 인하여 가슴을 치게 될 것이니라 내 백성의 땅에 가시와 찔레가 나며 희락의 성읍, 기뻐하는 모든 집에 나리니 대저 궁전이 폐한 바 되며 인구 많던 성읍이 적막하며 오벨과 망대가 영원히 굴혈이 되며 들나귀가 즐기는 곳과 양 떼의 초장이 되려니와 마침내 위에서부터 영을 우리에게 부어 주시리니 광야가 아름다운 밭이 되며 아름다운 밭을 숲으로 여기게 되리라 그 때에 정의가 광야에 거하며 공의가 아름다운 밭에 거하리니 공의의 열매는 화평이요 공의의 결과는 영원한 평안과 안전이라 내 백성이 화평한 집과 안전한 거처와 조용히 쉬는 곳에 있으려니와 그 숲은 우박에 상하고 성읍은 파괴되리라 모든 물 가에 씨를 뿌리고 소와 나귀를 그리로 모는 너희는 복이 있느니라"(사 32:1-20)

독일의 신학자 본회퍼는 1943년 히틀러 암살음모에 가담했다는 이유로 붙잡혀 구속되었습니다. 감옥에서 본회퍼는 깊은 말씀묵상과 기도의 시간을 가지며 지내다가 1945년 전쟁이 끝나기 바로 직전에 사형되었습니다.

그곳에 함께 수감된 자 중에 라트 미랄이라는 이탈리아인이 있었습니다. 그동안 본회퍼의 삶의 모습을 지켜보았던 그가 하루는 질문을 했습니다. "도대체 당신 같은 경건한 목사가 어떻게 사람을 암살하는 일에 가담하게 되었습니까?"

그때에 본회퍼가 이런 유명한 비유를 들었습니다. 만약에 한 미친 운전수가 트럭을 몰면서 여기 저기 사람들을 치면서 달린다고 합시다. 그리스도인은 무엇을 해야겠습니까? 트럭에 치어 죽은 사람을 위한 장례예배를 드리기도 해야 할 것입니다. 다친 사람들을 빨리 병원으로 후송하여 치료받게 하는 일도 필요합니다. 갑자기 이런 불행을 당한 가족들을 위로해야 할 것입니다. 이들에게 이 고난의 의미를 신앙적으로 설명해주고, 부활의 소망을 갖도록 하는 것도 필요할 것입니다.

그러나 그 못지않게 중요한 일이 있습니다. 그것은 그 미친 운전수가 더 이상 무고한 사람들을 해치지 못하도록 운전대에서 끌어내리는 일입니다. 나는 그 일을 한 것입니다.

본회퍼는 히틀러라는 미친 운전수가 독일이라는 트럭을 몰면서 수많은 사람들을 불행으로 내모는 것을 그냥보고 있을 수 없었습니다. 이것이 그의 신앙양심이었습니다.

그러나 모두가 그렇게 생각한 것은 아닙니다. 당시 교회에는 예배와 교회사역에 적극적인 경건한 사람들이 많았습니다. 그들은 가정에서는 하나님을 경외하는 자상한 아버지요, 직장에서는 성실한 직장인이었습니다. 또한 어려운 이웃을 돌아보아 구제도 열심히 하고, 고아원이나 양로원에서 봉사하기도 했습니다. 이정도면 훌륭한 신자 아닙니까!

그러면서 동시에 히틀러와 나치에 대해는 전혀 무비판적으로 맹종적인 사람이 많았습니다. 당시 통계에 의하면 오히려 기독교인들 중에 히틀러를 추종하는 자들이 많았습니다. 히틀러가 불법적으로 긴급조치령을 내려 의회를 해산하면서 권력을 독점하려 했을 때, 그들은 그에게 찬성표를 던졌습니다. 그는 국민들 속에 있는 유대인에 대한 혐오감을 정치에 이용했고, 민족주의 감정을 부추겨서 전쟁으로 몰아갔습니다. 1차 대전의 패배로 눌려있던 독일인들은 이 히틀러의 단호한 정치에 매료되어 적극 지지했습니다.

그래서 결국 미친 운전수는 2차 세계대전과 아울러 600만명의 유대인들을 학살하는 대참극을 일으켰습니다. 아무리 유대인을 미워한다고 해도, 경건한 그리스도인들이 아우스비치의 대학살을 동조했겠습니까? 그렇지는 않습니다. 대부분은 이런 끔찍한 일이 일어난 것을 몰랐습니다. 그러나 몰랐다고 해서 무죄한 것이 아닙니다.

이런 미친 독재자에게 국가의 운전대를 허락한 것은 누구입니까? 독일국민입니다. 그를 끌어내리지 못한 것은 그들의 책임입니다. 미국 하버드대학의 골드버그는 이것을 가리켜 집단범죄(collective sin)라고 했습니다. 독일국민 전체가 홀로코스트의 간접적인 공범자가 된 것입니다. 그리고 그 가운데는 수많은 경건한 그리스도인들이 있었습니다.

어쩌다가 그들은 이런 범죄자들이 되었습니까? 그들의 신앙 속에 정치적인 책임을 담지 않았기 때문입니다. 정치에 무관심하고 무지했습니다. 정치적인 분별력을 갖지 못했습니다.

우리 한국의 그리스도인들 역시 과거 역사 속에서 이와 유사한 잘못을 범했습니다. 이제는 그런 전철을 다시 밟아서는 안 됩니다. 우리에게는 올바른 정치적 분별력이 필요합니다. 그것은 다른 어느 곳이 아닌 성경에서 배울 수 있습니다.

이사야서가 바로 그러한 성경입니다. 이사야서는 먼저 이렇게 시작됩니다. "보라 장차 한 왕이 공의로 통치할 것이요 방백들이 정의로 다스릴 것이며"(1) – 미래의 왕에 대한 갈망과 꿈입니다.

이 왕이 누구입니까? 메시아 곧 그리스도입니다. 구약은 이 메시아에 대한 기다림으로 가득 차 있습니다. 마침내 그가 오셨습니다. 하나님 나라가 도래했습니다. 그리고 그리스도는 대속의 죽음을 죽으셨습니다. 이것은 거대한 전쟁이었습니다. 모든 불의의 원흉인 죄라는 견고한 진지를 십자가와 부활로 폭파시키고, 포로된 우리를 구해내신 것입니다. 그리고 하늘과 땅의 권세를 받아 만왕의 왕이 되셨습니다.

이로써 주님은 교회의 머리이면서 동시에 세상의 왕이 되신 것입니다. 이 만왕의 왕이신 주님께서 열방 나라들 가운데 세우신 종들은 모두 그의 뜻에 합당한 통치를 해야 합니다. 그리고 교회는 그것을 국가에 가르쳐주어야 합니다.

그렇다면 그의 뜻은 무엇입니까? 한마디로 '공의'입니다. "보라 장차

한 왕이 공의로 통치할 것이요 방백들이 정의로 다스릴 것이며"(1) 그는 공의로 통치하시는 분이요, 그와 함께 하는 방백들 모두가 정의로 다스리길 원하십니다.

공의가 열쇠입니다. 성경을 보면 공의와 정의라는 단어가 얼마나 많이 나옵니까! "그는 공의와 정의를 사랑하심이여 세상에는 여호와의 인자하심이 충만하도다"(시 33:5) "오직 정의를 물 같이, 공의를 마르지 않는 강 같이 흐르게 할지어다"(암 5:24)

이것은 성경만의 이야기는 아닙니다. 현대사회가 세분화되고, 정치 경제에 전문적인 지식들이 팽창하게 되면서 이해할 수 없는 것이 많지만, 그럼에도 불구하고 예나 지금이나 변하지 않는 것은 좋은 나라에 대한 정의입니다. 법과 시스템이 잘 갖춰진 나라, 경제가 호황을 누리는 나라가 좋은 나라가 아닙니다. 정의가 시행되는 나라가 좋은 나라입니다.

그리고 이것은 무엇보다도 정의로운 왕과 방백에 의해서 이루어지는 것입니다. 오늘날로 표현한다면, 공의로운 대통령 그리고 정의로운 각료와 국회의원들입니다. 권력의 핵심원 안에 있는 자들에게 있어 가장 중요한 자질은 정의로움입니다. 지식과 경륜, 순발력이나 대담함도 필요하고, 자기 정당의 이익을 앞세우는 헌신도 필요합니다. 그러나 이 모든 것보다 우선해야 할 것은 바로 정의로움입니다.

그러한 정의로운 통치자는 어떤 자입니까?

첫째, 국민과 소통하는 사람입니다.

"보는 자의 눈이 감기지 아니할 것이요 듣는 자가 귀를 기울일 것이며 조급한 자의 마음이 지식을 깨닫고 어눌한 자의 혀가 민첩하여 말을 분명히 할 것이라"(3-4) 표준새번역성경에는 다음과 같이 번역되어 있습니다. "백성을 돌보는 통치자의 눈이 멀지 않을 것이며, 백성의 요구를 듣는 통치자의 귀가 막히지 않을 것이다. 그들은 경솔하지 않을 것이며, 사려 깊게 행동할 것이며, 그들이 의도한 것을 분명하게 말할 것이다."

이사야는 정의로운 통치자의 모습을 아주 구체적으로 표현했습니다. 눈을 크게 뜨고 백성들의 삶을 돌아보고, 그들의 생각에 귀를 기울이는 사람입니다. 그리고 경솔하지 않고 사려 깊게 행동하면서 자신의 뜻한 바를 잘 전달하는 사람입니다. 한마디로 권위적이지 않은 정치인, 국민과 소통할 수 있는 사람을 가리키는 것입니다.

사실 이것이 민주주의의 근본이 아닙니까? 언론기관을 장악해서 자기 뜻과 생각을 경솔하게 관철하려 하는 것은 민주주의에 대한 배신입니다. 이것은 비성경적인 통치입니다.

이미 수 천 년 전에 하나님은 공의로운 통치의 핵심을 말씀하셨습니다. 그것은 국민의 사정을 정확히 헤아리고 그들의 뜻을 듣고 존중하는 것입니다. 한마디로 국민의 뜻을 헤아리는 것이 하나님의 뜻을 헤아리는 것입니다.

둘째, 서민의 편에 서는 사람입니다.

"어리석은 자를 다시 존귀하다 부르지 아니하겠고 우둔한 자를 다시 존귀한 자라 말하지 아니하리니 이는 어리석은 자는 어리석은 것을 말하며 그 마음에 불의를 품어 간사를 행하며 패역한 말로 여호와를 거스르며 주린 자의 속을 비게 하며 목마른 자에게서 마실 것을 없어지게 함이며 악한 자는 그 그릇이 악하여 악한 계획을 세워 거짓말로 가련한 자를 멸하며 가난한 자가 말을 바르게 할지라도 그리함이거니와 존귀한 자는 존귀한 일을 계획하나니 그는 항상 존귀한 일에 서리라"(5-8)

어리석은 통치자는 그 마음 깊은 곳에 불의가 있습니다. 그 불의의 핵심은 무엇입니까? 주린 자의 속을 비게 하고 목마른 자에게 마실 것이 없어지게 하면서, 가련한 자와 가난한 자를 멸시합니다. 그 마음속에는 없는 자와 약한 자에 대한 멸시가 있습니다. 이러한 불의를 내면에 은폐하면서 거짓말하고 간사하게 행동하지만, 그 펼쳐지는 정책 속에 곧 드러나기 마련입니다.

그러나 존귀한 통치자는 어떤 자입니까? 가진 자나 힘 있는 자의 이익을 대변하지 않습니다. 대변하지 않습니다. 도리어 그들의 억압으로부터 가련한 백성들을 보호하는 자리에 섭니다. 그들이 억울한 일을 당하지 않도록 지켜줍니다. 그러므로 정의로운 통치자는 백성들의 피난처가 됩니다. "또 그 사람은 광풍을 피하는 곳, 폭우를 가리는 곳 같을 것이며 마른 땅에 냇물 같을 것이며 곤비한 땅에 큰 바위 그늘 같으리니"(2)

셋째, 평화를 지향하는 사람입니다.
"그 때에 정의가 광야에 거하며 공의가 아름다운 밭에 거하리니 공의의 열매는 화평이요 공의의 결과는 영원한 평안과 안전이라"(16-17)
불의한 통치자는 자신의 권력을 위해서 평화를 희생시키려 합니다. 지역감정을 부추기고 이념이나 색깔논쟁을 일으켜서 내분을 조장합니다. 지지율이 떨어지면 민족주의 감정을 자극해 이웃나라와의 갈등을 부각시킵니다. 그러면서 국민들 속에서 인기를 만회하려고 합니다. 이웃나라를 자극하는 행동을 통해 자신이 용기 있는 통치자라는 인상을 주고 싶어 합니다. 그러다가 크고 작은 분쟁의 소용돌이에 휘말려 들어가는 것입니다.

그러나 공의로운 통치자는 항상 평화를 지향합니다. 소탐대실하지 않습니다. 진정한 정의는 이웃나라와 함께 평화를 이루겠다는 신념으로 나타납니다. 끊임없는 대화와 관계회복을 위해 지속적인 노력을 기울이는 것입니다. 무엇보다도 국민들과 어린 자녀들에게 평화를 교육시킵니다. 그리고 이 평화야 말로 국가의 가장 확실한 안전보장입니다.

이것이 성경이 지향하는 공의로운 통치자의 모습입니다. 진정한 정의로움을 배운 사람, 그것을 실천하여 몸에 배어있는 사람, 정의를 정의라고 말하고 불의를 불의라고 말할 수 있는 사람, 그런 사람이 주님의 마음을 담은 통치자입니다.

마지막으로 중요한 경고를 우리에게 하고 있습니다. "너희 안일한 여인들아 일어나 내 목소리를 들을지어다 너희 염려 없는 딸들아 내 말에 귀를 기울일지어다 너희 염려 없는 여자들아 일 년 남짓 지나면 너희가 당황하리니 포도 수확이 없으며 열매 거두는 일이 이르지 않을 것임이라"(9-10)

안일함 - 여기 여인들은 한 해를 내다보지 못하고 있습니다. 이들은 당장에는 염려가 없는 사람들입니다. 눈앞의 일이 문제없으면 괜찮다고 생각합니다. 일 년 남짓 지나면 당황하는 일이 펼쳐지는 것을 괘념치 않습니다.

정치는 사회구조적인 문제이기에 금방 눈앞에 변화가 일어나는 것은 아닙니다. 당장 내 호주머니가 털리는 것이 아닙니다. 당장 나 개인이 어떤 불이익을 당하는 것이 아닙니다. 그러므로 사람들은 무관심하기 쉽습니다. 자기 일이 아닌 것으로 생각합니다.

그러나 아닙니다. 히틀러의 나치가 다수당이 되었을 때에, 그때는 홀로코스트나 2차 대전 같은 일이 일어나지 않았습니다. 아무도 그런 것을 상상하지 않았습니다. 그러나 1년, 2년이 지나면서 그 불의한 통치는 통제하기 어렵게 되었습니다.

우리는 가정의 당면한 문제에 골몰합니다. 직장의 일에 에너지를 쏟아 붓습니다. 교회사역에 힘을 기울입니다. 그러나 그 못지않게 나라를 생각해야 합니다. 이 나라에 정의와 평화가 서기 위해 힘써야 합니다. 때로는 미친 운전수를 끌어내리거나, 그러한 자가 운전대를 잡지 못하도록 해야 합니다. 공의로운 세상을 꿈꾸고 이것을 실천하면서 균형 잡힌 경건을 이루는 성도들이 되기를 바랍니다.

(2012년 12월 16일)

재물의 청지기

돈과 행복, 참된 행복의 길

"네가 이 세대에서 부한 자들을 명하여 마음을 높이지 말고 정함이 없는 재물에 소망을 두지 말고 오직 우리에게 모든 것을 후히 주사 누리게 하시는 하나님께 두며선을 행하고 선한 사업을 많이 하고 나누어 주기를 좋아하며 너 그러운 자가 되게 하라 이것이 장래에 자기를 위하여 좋은 터를 쌓아 참된 생명을 취하는 것이니라" (딤전 6:17-19)

사람들은 누구나 행복해지고 싶고, 또 행복할 권리가 있습니다. 우리 헌법 10조는 '모든 국민은 인간으로서의 존엄과 가치를 가지며, 행복을 추구할 권리가 있다'라고 명시하고 있습니다. 소위 행복추구권입니다. 때문에 국가는 이러한 국민의 권리를 보장하기 위해 행복하게 살수 있는 환경과 조건을 마련해야 할 책임이 있습니다.

그러나 행복이 반드시 환경을 통해서 주어지는 것은 아닙니다. 우리 주변에는 열악한 환경에서도 행복하게 살아가는 사람이 있는가 하면, 훨씬 좋은 환경에서도 행복을 느끼지 못하고 살아가는 사람도 있습니다. 이런 것을 보면 환경이 행복의 절대 조건이 아님을 깨닫게 됩니다. 예수님은 산상수훈을 통해서 우리들에게 행복하게 살 수 있는 여덟 가지 길을 가르쳐 주셨습니다. 그것은 행복은 바로 우리 마음에서 온다는 것입니다. 수많은 불행이 묻힌 지뢰밭이지만, 그래도 거기에 행복하게 사는 좁은 길이 있습니다. 오늘 그 중요한 길을 하나 찾기를 바랍니다.

한 신문사에서 새해를 맞이하여 흥미로운 연재물을 실었습니다. 행복을 주제로, 국내외 학자들을 구성해서 여러 나라와 우리나라 사람들의 의식을 비교 조사한 것입니다. 그 결과를 통해 우리 국민 속에 잠재되어 있는 문제를 점검할 수 있었다는 점에서 그 조사는 의미가 있었다고 할 수 있습니다.

먼저 '당신은 행복한가?'라는 문항으로 10개 나라에서 여론 조사를 했습니다. 브라질 사람은 '나는 매우 행복하다'라는 항목에 10명 중 6명이 '예'라고 답했는데, '약간 행복하다'라는 답까지 포함하면 브라질 국민의 90%가 행복한 사람들이었습니다. 행복한 국가 2위는 베트남으로 49.1%이고, 미국과 캐나다가 그 뒤를 이었습니다. 이에 비해 한국은 7.1%로 행복도가 세계 최하위였습니다. 다른 나라와 비교할 수준이 되지 못하는 충격적인 결과였습니다.

도대체 우리를 그렇게 불행하게 만드는 요인은 무엇입니까? 조사 결과는 바로 돈이었습니다. 돈이 행복의 결정적인 요소라는 것입니다. 그렇다면 정말로 돈이 많으면 행복하고, 돈이 없으면 불행한 것입니까? 그렇지 않습니다. 미국 정치학자 로널드 잉글하트에 의하면, 가난한 나라에서는 돈이 행복에 아주 중요한 요소로 작용한다고 합니다. 그러나 1인당 국내 총생산이 1만5천 달러에 도달하면 '수확 체감'이 발생하면서 더 이상 돈이 행복에 큰 영향을 주지 않는다는 것입니다.

그런데 여기에 아주 예외가 있었는데, 바로 우리나라였습니다. GDP가 2만 달러를 넘어섰음에도 '돈과 행복이 무관하다'고 답한 사람은 7.2%에 불과했습니다. 이에 비해 우리보다 못하는 나라임에도 불구하고 인도네시아는 44.2%, 베트남은 20.8%가 '행복은 돈과 상관없는 것'이라고 답했습니다. 다시 말해 우리나라는 이전보다 훨씬 여유 있게 살게 되었음에도 불구하고 여전히 돈에 행복을 걸고 있다는 것입니다.

　그 원인이 무엇일까요? 무엇보다도 우리 가운데 팽배한 물질주의적 가치관이 그 원인입니다. 잉글하트의 '세계 가치관 조사'에 따르면, 한국인의 물질에 대한 집착은 미국인의 3배, 일본인의 2배에 달한다고 합니다. 한때 일본을 경제 동물(economic animal)이라고 냉소했지만, 사실 지금은 우리가 그 점에서 일본을 훨씬 능가하고 있습니다. 대한민국의 모든 문제가 돈과 연결되어 있습니다. 저출산의 원인도 돈 때문이고, 미래 세대를 위협하는 요인도 돈입니다. 돈 때문에 부정부패가 줄어들지 않고, 돈에 대한 탐욕 때문에 명예와 직장을 잃는 사건사고가 끊이지 않습니다. 모든 것의 중심에 돈이 있습니다.

　일각에서는 이러한 물질에 대한 집착은 급속한 경제 성장의 산물이라고 추측하기도 합니다. 실제로 우리나라는 1960년대에 비해 소득이 250배 이상 증가했습니다. 이 급속한 성장 과정에서 벼락부자가 발생하면서 일확천금에 대한 기대심리가 형성되고, 빈부 격차와 극심한 경쟁, 그리고 남과의 비교가 일상화 되어버렸습니다. 또 과중한 업무로 인해 가정을 소홀히 하고 친구와 멀어지면서, 관계와 내면에서 오는 행복을 희생당한 면도 적지 않습니다. 그 결과 OECD국가들 중 가장 급속한 경제 성장을 이루고도 삶의 만족감은 가장 밑바닥을 벗어나지 못하고 있는 것입니다.

　이것이 우리 개개인과 우리 사회가 안고 있는 문제입니다. 영적으로 표현한다면 우리는 강한 맘모니즘(배금주의)의 영향력 가운데서 살아가고 있는 것입니다. 아마 조사를 한다면, 우리나라의 그리스도인들 역시 다른 나라의 그리스도인들에 비해 돈에 더 많이 집착하고 맘몬에 더 많이 눌려있을 것입니다. 목회자들도 예외가 아니어서 많은 목회자들이 돈 문제로 넘어지고 있습니다. 한국교회에 미치고 있는 이 맘몬의 힘이 얼마나 집요하고 강력한지 모릅니다.

우리는 이 시대 속에서 정신을 바짝 차려야 합니다. 이 세대를 본받지 말고, 성경의 가르침으로 돌아가야 합니다. 성경은 무엇을 가르칩니까? 성경은 부와 물질을 정죄하지 않습니다. 만물의 주권은 하나님께 있고 그에게서 부귀가 나온다는 것이 성경의 관점이기 때문입니다.

"부와 귀가 주께로 말미암고 또 주는 만물의 주재가 되사 손에 권세와 능력이 있사오니 모든 사람을 크게 하심과 강하게 하심이 주의 손에 있나이다"(대상 29:12)

하나님은 우리에게 모든 것을 후히 주시고 누리게 하십니다. 열심히 일해서 좋은 보수를 받고, 장사나 사업을 잘해서 돈을 많이 버는 것은 건강한 삶입니다. 이것이 막스 베버가 지적한 프로테스탄트 정신입니다. 그러나 동시에 재물은 가장 경계해야 할 대상이기도 합니다. 주님은 하나님과 재물을 겸하여 섬길 수 없다고 하셨습니다. 많은 사람들이 재물 때문에 하나님을 멀리하고, 심지어는 믿음을 떠나기까지 합니다. 그렇다면 어떻게 해야 합니까? 여기 재물에 관해 성경이 주는 두 가지 지침을 새겨둘 필요가 있습니다.

첫째, 재물에 소망을 두지 말라는 것입니다.

"네가 이 세대에서 부한 자들을 명하여 마음을 높이지 말고 정함이 없는 재물에 소망을 두지 말고 오직 우리에게 모든 것을 후히 주사 누리게 하시는 하나님께 두며"(17)

세상을 살기 위해서는 돈이 꼭 필요합니다. 누구도 부인할 수 없습니다. 그러므로 하나님은 우리에게 돈이 필요한 것을 아시고 그 필요한 것을 채워 주십니다. 하지만 우리 속에는 언제나 만족하지 못하는 욕망이 있습니다. 더 많이, 더 높게, 더 크게 목표를 세우고 거기에 오아시스가 있을 것이라는 착각을 갖고 달려갑니다. 그것이 결코 만족을 줄 수 없는 신기루에 불과하다는 것을 깨닫지 못한 채로 말입니다.

다시 한 번 곰곰이 돌아봅시다. 우리나라는 1960년도부터 경제가 점점 나아지기 시작해서 지금은 250배나 잘 살게 되었습니다. 그러나 유감스럽게도 대부분의 우리 국민들은 아직도 부족하다고 생각합니다. 더 나은 삶의 질이 필요하다고 생각합니다. GDP가 4만 달러, 5만 달러인 스위스나 덴마크와 같은 수준으로 올라가야 한다고 생각합니다. '그렇다. 여기 만족하지 말고 이제부터 지금보다 두 배의 소득을 목표로 달려가야 한다. 그러면 저들처럼 행복해질 수 있을 것이다.'라는 허상에 붙잡혀 있습니다.

하지만 그것은 사실이 아닙니다. 지금 시점에서 우리에게 필요한 것은 더 나은 삶의 질이 아니라 자족함입니다. 우리가 배워야 할 것도 자족할 줄 아는 삶입니다. "우리가 세상에 아무 것도 가지고 온 것이 없으매 또한 아무 것도 가지고 가지 못하리니 우리가 먹을 것과 입을 것이 있은즉 족한 줄로 알 것이니라"(딤전 6:7~8)

자족하는 것은 본능으로 되지 않습니다. 오히려 그것은 본능을 거스르는 것입니다. 우리의 욕망은 본래 만족도 끝도 없습니다. 이것은 성령의 은혜 안에서 훈련할 때에만 넘어설 수 있게 됩니다. 바로 영으로써 몸의 욕망을 죽이는 것입니다. 그에 발맞춰 우리의 기도 제목도 이제 '한 단계 좀 더 높은 곳, 더 많은 재물'이 아니라 '자족하는 마음'으로 바꾸어야 합니다. "주여 당신의 은혜가 족합니다. 저는 만족합니다."라는 고백을 연습해야 합니다.

오늘날 많은 그리스도인들은 예수님이 사단에게 시험받으실 때 하셨던 말씀과는 반대되는 고백을 붙잡고 살아갑니다. 마치 "사람이 하나님의 말씀으로만 사는 것이 아니요, 세상이 주는 떡으로 사는 것이다." 라는 믿음을 가진 듯합니다. 그래서 가급적 시간을 늘려서 돈 버는데 투자하려고 합니다. 너무 바빠서 하나님의 말씀을 읽거나 훈련을 받거나, 선하고 거룩한 일에 헌신할 여유도 없습니다. 이런 때에 우리는 더더욱 정신을 차리고 깨어있어야 합니다. 허황된 욕망을 부추기는 마귀의 소리에 단호히 대응하십시오. "사단아 물러가라! 사람이 떡으로만 사는 것이 아니다. 하나님의 입에서 나오는 말씀으로 사는 것이다."

돈은 우리의 내면을 채울 수 없습니다. 우리의 행복의 근원은 오직 하나님입니다. 우리의 소망은 오직 하나님 바로 그 분입니다.

둘째, 선한 사업에 부해야 한다는 것입니다.

세상은 돈에 대한 지혜를 이렇게 가르칩니다. "돈을 잘 모으고, 그것을 재투자해서 늘리는 사람이 지혜로운 사람이다." 그래서 부동산, 주식, 펀드 같은 재테크의 귀재들이 각광을 받고 있으며, 사람들은 이들의 이야기에 귀를 기울입니다. 누군가 땅을 사서 두 배로 올랐다는 말을 들으면 믿음이 좋은 분들도 "아, 난 뭐했나?!"라고 한탄합니다.

그러나 우리는 성경의 지혜에 귀를 기울여야 합니다. 재물을 모으지 말고 쌓아두지 말아야 합니다. 돈을 쌓아두면 그것은 내게 독이 됩니다. 내 신앙에 걸림돌이 됩니다. 돈을 신뢰하게 되고, 나아가 돈이 우상이 됩니다. 그리고 얼마 안 가 그 재물은 녹이 쓸고, 도둑이 들어 다 잃어버리게 됩니다. 혹은 어느 날 어리석은 부자와 같이 하나님으로부터

"오늘밤 네 영혼을 내가 취하리니 그러면 이 모든 것이 뉘 것이 되겠느냐?"라는 최후통첩을 받고 땅을 치며 후회하게 될 지도 모릅니다.

그러므로 우리는 가진 재물을 잘 써야 합니다. 우리의 창고를 자주 비워야 합니다. 창고는 비워야 또 들어오는 법입니다. 때문에 우리의 신앙은 어떻게 돈을 버느냐 못지않게 어떻게 쓰느냐가 중요합니다. 이 돈을 바르게 쓰는 것에 대한 지침이 이것입니다.

"선을 행하고 선한 사업을 많이 하고 나누어 주기를 좋아하며 너그러운 자가 되게 하라"(18)

한마디로 나누기를 좋아하는 것입니다. 참된 그리스도인은 나누어 주기를 좋아하고 물질에 너그러운 사람입니다. 누군가로부터 궁핍한 사람의 이야기를 들으면 크건 작건 나누어 주십시오. 저 멀리 잘 모르는 아프리카 사람들 이전에 먼저 가까이 있는 이웃을 돌아 볼 수 있어야 합니다. 자기 부모, 형제, 친족을 외면하지 말고 나누고 돌보아야 합니다. 우리 교우들 중에도 어려운 사람이 많이 있습니다. '교회가 돕겠지'라고 모른척하지 말고 내가 힘써 도와야 합니다. 하나님께서 우리 그리스도인들 곁에 일부러 가난한 형제를 둔다는 사실을 잊지 말아야 합니다.

나아가 개인이 도울 수 없는 영역이 있습니다. 그런 경우 개인을 대신해서 그 일을 하는 교회나 기관에 기부할 수 있습니다. 되도록 선한 사업을 많이 할 수 있게끔 지원하는 것입니다. 이것을 소비나 낭비로 생각하지 말고 투자로 생각하면서 즐겁게 쓰십시오. 그렇게 쓸 때 하나님이 채우실 것입니다. 이것은 하나님의 약속입니다. 내가 선한 사업에 부요하면 하나님은 안심하고 내게 재물을 맡겨주십니다. 왜냐하면 그 재물이 내 신앙에 독이 되지 않기 때문이고, 그것으로 하나님의 기뻐하시는 일을 하기 때문입니다.

이렇게 살아가는 삶에는 축복이 있습니다.

"이것이 장래에 자기를 위하여 좋은 터를 쌓아 참된 생명을 취하는 것이니라"(19)

이 말씀을 '표준새번역'은 이렇게 번역하고 있습니다. "그렇게 하여, 앞날을 위하여 든든한 기초를 스스로 쌓아서, 참된 생명을 얻으라고 하십시오."

좋은 터와 든든한 기초가 무엇입니까? 그것은 말하자면 보험과 같습니다. 우리의 미래를 위한 확실한 보험입니다. 어떤 어려움이 와도 흔들리지 않습니다. 바람이 불고 창수가 나도 하나님이 지켜주시기에 끄떡없는 보장입니다. 선한 사업으로 다져진 기초는 우리의 미래를 단단하게 만들고 참된 생명을 얻게 하는 것입니다. 이 세상뿐 아니라 하나님 앞에 갔을 때 몇 배로 되돌려 받는 것, 그 어떤 것보다 확실한 투자가 바로 이것입니다.

반면 자기를 위해서 많은 재물을 쌓은 사람은 겉으로는 튼튼해 보이지만 그 밑바닥은 기초가 부실해서, 그야말로 한순간에 날아가 버립니다. 뿐만 아니라 그 재물로 인해서 영원한 생명까지 잃어버릴 수 있습니다.

행복을 연구하는 학자들은 우리나라 사람들이 러닝머신을 달리고 있는 것과 유사하다고 말합니다. 아무리 뛰어도 늘 제자리입니다. 아무리 돈을 많이 벌어도, 더 큰 만족감을 위해선 더욱 더 많은 물질을 필요로 하게 된다는 것입니다. 행복을 얻으려면 이제 이 '물질의 러닝머신'에서 내려와 숨을 고를 필요가 있습니다.

바로 여기에 답이 있습니다. 물질의 러닝머신에서 내려와서 만족하십시오. 그리고 없어질 그 재물을 선한 사업에 부지런히 투자해서 미래의 든든한 기초를 쌓으십시오. 이처럼 돈으로 행복을 사는 지혜로운 청지기가 되기를 바랍니다.

(2011년 1월 30일)

평균케 하시는 하나님

"이 일에 관하여 나의 뜻을 알리노니 이 일은 너희에게 유익함이라 너희가 일 년 전에 행하기를 먼저 시작할 뿐 아니라 원하기도 하였은즉 이제는 하던 일을 성취할지니 마음에 원하던 것과 같이 완성하되 있는 대로 하라 할 마음만 있으면 있는 대로 받으실 터이요 없는 것은 받지 아니하시리라 이는 다른 사람들은 평안하게 하고 너희는 곤고하게 하려는 것이 아니요 균등하게 하려 함이니 이제 너희의 넉넉한 것으로 그들의 부족한 것을 보충함은 후에 그들의 넉넉한 것으로 너희의 부족한 것을 보충하여 균등하게 하려 함이라 기록된 것 같이 많이 거둔 자도 남지 아니하였고 적게 거둔 자도 모자라지 아니하였느니라"(고후 8:10-15)

돈보다 더 매력적인 것이 있을까요? 돈의 위력이 얼마나 큽니까? 돈은 사람을 웃게도 하고 울게도 하고, 살리기도 하고 죽이기도 합니다. 인간이 가장 오래 전부터 섬긴 신은 재물의 신, 즉 맘몬이라고 합니다. 예수님 역시 이 맘몬을 하나님의 가장 강력한 라이벌로 지목하셨습니다. 바울은 돈을 사랑하는 것이 일만 악의 뿌리라고 했습니다. 돈은 확실히 경계해야할 대상입니다.

그래서 경건한 사람들 중에는 돈 자체를 부정한 것으로 보고, 아예 가난하게 사는 것이 신앙의 미덕이라고 말합니다. 2000년 기독교 역사에서 아류에 속하는 많은 그룹들이, 개인소유를 부정하고 재산을 공유하는 공동체생활을 추구했습니다.

그러나 다른 한편으로 보면, 재물만큼 하나님에 대한 사랑을 정직하게 표현할 수 있는 것이 있을까요? 예수님은 헌금궤 앞에 서셔서 그들 안에 숨겨져 있는 내면의 헌신을 판단하셨습니다.

또 재물만큼 이웃에 대한 사랑을 분명하게 표현할 수 있는 것이 있을까요?

2차 세계대전 당시 실존인물이었던 쉰들러는, 자신이 가진 그 많은 재물을 멋있게 사용해서 1,100명의 유대인들을 나치로부터 구해내었습니다. 만약 돈이 없었다면 그것은 불가능했을 것입니다. 이처럼 육신을 가지고 살아가는 이 세상에서, 재물은 사람을 구하고, 돕고, 사랑하고, 세우는 가장 귀한 도구입니다.

우리는 재물에 대해 쓸데없는 부정적인 이미지를 벗어버려야 합니다. 재물은 분명 신앙에 큰 장애물이 될 수 있습니다. 하지만, 반면에 우리의 신앙을 빛낼 수도 있습니다. 그런 점에서 이 8장과 9장의 말씀을 통해 우리는 진지하게 우리의 재물관을 돌아보고 교정 받아야 합니다.

바로 앞 절에서 구제의 당위성은 그리스도의 은혜 위에 있다고 배웠습니다. "우리 주 예수 그리스도의 은혜를 너희가 알거니와 부요하신 자로서 너희를 위하여 가난하게 되심은 그의 가난함을 인하여 너희로 부요케 하려 하심이니라"(9)

오늘 우리는 구제의 또 다른 당위성을 배우게 됩니다. 그것은 바로 평균케 하시는 하나님의 뜻입니다. "이는 다른 사람들은 평안하게 하고 너희는 곤고하게 하려는 것이 아니요 평균케 하려 함이니 이제 너희의 유여한 것으로 저희 부족한 것을 보충함은 후에 저희 유여한 것으로 너희 부족한 것을 보충하여 평균하게 하려 함이라"(13-14)

이 세상은 평등하지 못합니다. 가난한 자가 있는가 하면, 부자가 있습니다. 그리고 빈익빈 부익부는 보편적인 현상입니다.

뉴욕타임스가 '세계에서 가장 중요한 경제학자'로 선정한 제프리 삭스에 따르면 오늘날 세계인의 상태는 네 단계로 나뉘어져 있다고 합니다. 전체 세계 인구의 6분의 1에 해당하는 10억 명은 절대 빈곤 상태에 있습니다. 하루 소득이 1달러 미만인 대다수 아프리카 국가들이 여기에 해당합니다. 그 다음으로, 생존을 겨우 해결하고 있는 약 15억 명의 빈곤한 사람들이 있습니다. 절대적으로 빈곤한 사람들, 그리고 빈곤한 사람들은 모두 합해 인류의 40%를 차지합니다. 한 단계 더 올라가면 중소득 국가들이 있습니다. 약 25억 명이 되는 이들은 연간 수천 달러의 소득을 얻으며 아이들을 학교에 보냅니다. 맨 꼭대기에는 10억 명쯤 되는 부유한 사람들의 세계가 있습니다. "우리 세대의 가장 큰 비극은, 인류의 6분의 1에 해당하는 절대빈곤의 사람들이 발전의 사다리에 아직 발도 올려놓지 못하고 있다는 것입니다" 완전한 구속이 이루어질 때까지는 이러한 피조물의 탄식과 부조리함은 그치지 않을 것입니다.

이러한 현실 속에서 하나님은 그의 형상을 입은 인간들이 평균케 되기를 원하십니다. 그것은 하나님의 말씀 속에서 아주 명확하게 나타납니다. 안식년이나 희년제도가 그 대표적인 것입니다. 하나님의 공의란 다른 무엇이 아닙니다. 그 사회의 과부와 고아를 돌아보고, 가난한 자가 살 수 있도록 하는 것입니다. 지금으로 말한다면, 사회보장제도를 잘 이행하는 것입니다.

한 예로, 여러 아들을 둔 부모를 생각해 보겠습니다. 모두가 다 잘 살면 문제가 없는데, 세상은 그렇지 않습니다. 큰 아들은 아주 잘 살고, 작은 아들은 아주 가난하다고 생각해보십시오. 그러면 부모의 마음은 어떠하겠습니까? 평균케 해주고 싶은 마음이 듭니다. 큰 아들이 작은 아들을 도와줘서 함께 더불어 살기를 간절히 바랍니다. 또한 이것이 하나님의 마음입니다.

우리는 오늘 이 하나님 아버지의 마음을 가슴에 담아야 합니다. 예루살렘의 성도들이 극한 가난 속에 있는 것을 왜 하나님께서 직접 돕지 않으실까요? 광야에서 그들의 조상에게 만나를 내려주셨던 것같이, 하나님은 기적적인 방법으로 양식을 공급하실 능력이 있습니다. 그러나 그것은 주님의 방법이 아닙니다. 주님은 주변에 여유 있는 형제들을 통해서 그들의 부족한 것을 채우기 원하십니다.

지금도 마찬가지입니다. 우리 주위에 가난한 자들을 놓아두신 것은, 우리가 가진 물질의 여유를 나누게 하기 위해서입니다. 또 후에 우리가 궁핍해질 때, 그들의 여유를 가지고 우리를 도와 평균케 하려고 하실 것입니다.

다시 말하면, 지금 세상에 가난한 자들이 존재함은 바로 우리들의 책임입니다. 우리가 그들을 위해서 기도할 때, 하나님은 그 응답으로 "네가 그들을 도우라"라고 말씀하십니다. 그러므로 평균케 하는 통로가 되는 구제는 예배와 기도, 전도와 같이 우리가 반드시 실천해야 하는 신앙의 본질입니다. 이 구제에 있어서 오늘 말씀은 세 가지의 중요한 원리를 가르칩니다.

첫째, 우리의 나눔은 먼저 마음의 소원에서 시작되는 것입니다.

"이 일에 내가 뜻만 보이노니 이것은 너희에게 유익함이라 너희가 일 년 전에 행하기를 먼저 시작할 뿐 아니라 원하기도 하였은즉"(10)

바울은 1년 전 고린도교회에 있었던 일을 상기시켜 줍니다. 예루살렘 성도들이 겪고 있는 궁핍에 대해서 소식을 듣자, 고린도교회의 교인들의 마음이 움직였습니다. 그들을 불쌍히 여기면서 돕고 싶은 마음이 그들 속에서 강하게 일어났습니다. 그래서 그들은 돕기로 작정했습니다. 각 사람이 형편에 따라 목표액을 정했을지도 모릅니다.

또는 매주일 모일 때마다 구제함을 따로 설치하고 구제금을 모았는지도 모릅니다. 중요한 것은 이 모든 것이 강제로 한 것이 아니라, 자발적인 마음에서 그것을 원하고 계획했다는 것입니다.

헌금이나 구제에 있어서는 바로 이것이 중요합니다. 모든 것이 먼저 마음의 소원에서 시작해야 합니다. 억지나 강요, 또는 체면치레, 사람의 눈치를 보고 해서는 안 됩니다. 평균케 하시는 하나님의 사역은 위협이나 억압, 또는 강요를 통해서 이루어지는 것이 아닙니다.

이것이 우리 기독교와 공산주의의 차이점입니다. 공산주의는 모두가 평등하게 되는 지상 유토피아를 꿈꾸고 있습니다. 이것을 이루기 위해서 국가 권력을 확대하고 그 힘으로 가진 자의 것을 강제로 빼앗습니다. 이것은 강제적인 평등입니다. 이것은 결코 성공할 수가 없습니다. 민중은 함께 가난해지고, 국가권력을 손에 쥔 일부 공산당원만이 잘사는 불의한 나라가 되고 만 것입니다.

하나님은 그렇게 역사하시지 않습니다. 우리 안에 오신 성령은 먼저 우리 속에 기꺼이 자신의 것을 드리고자 하는 마음을 불러일으키셨습니다. "무리가 큰 은혜를 얻어 그 중에 핍절한 사람이 없으니 이는 밭과 집 있는 자는 팔아 그 판 것의 값을 가져다가 사도들의 발 앞에 두매 저희가 각 사람의 필요를 따라 나눠 줌이러라"(행 4:34-35)

이것이 성령의 사역입니다. 성령은 평균케 하시려고 하는 하나님의 뜻을 따라, 나누고자 하는 열망을 우리 속에 불러일으키십니다. 이 성령의 소리에 겸손히 귀를 기울이기를 바랍니다.

둘째, 구제는 실행되어야 하는 것입니다.

고린도 교회는 분명 1년 전에 열정을 가지고 구제 사업을 계획하고 시작했습니다. 그러나 유감스럽게도 이것을 실천하지 못했습니다. 작정한 사람들은 이런저런 이유를 대면서 뒤로 물러섰고, 교회는 이 사업을 지속하지 못하고 중단하고 말았습니다.

이런 그들에게 바울은 이렇게 권합니다. "이제는 행하기를 성취할지니 마음에 원하던 것과 같이 성취하되 있는 대로 하라"(11) "이제 그 일을 마무리 하도록 하십시오. 여러분이 처음에 품었던 의욕을 실천에 옮겨 자기 힘이 자라는 대로 그 일을 완성하라는 말입니다."(공동번역)

온 몸이 정상적인 건강한 사람은 자기가 생각하는 대로 몸이 움직입니다. 그런데 파킨슨병이나 중풍에 걸린 사람들을 보면, 머리로는 가야 한다 생각하는데 몸이 말을 듣지 않습니다.

우리 신앙인들 중에는 파킨슨병에 걸린 사람들이 많습니다. 무엇이 옳은가는 잘 알고 있고 말하는 데, 그대로 행하지는 않습니다.

최근 한목협에서 목사·장로·일반 교인 등 1500명을 대상으로 설문 조사를 실시한 적이 있었습니다. "한국교회가 타 종교에 비해 호감을 덜 받는 이유가 무엇이라고 생각하는가?"라는 질문에 대하여, 가장 많은 57.5%가 '신앙과 삶의 불일치'라고 답했습니다.

왜 그렇습니까? 그것은 옳다고 생각하는 바를 실천에 옮기는 데는 힘이 들기 때문입니다. 아멘이라고 대답하는 데는 힘이 들지 않습니다. 그러나 그대로 삶에서 실천하는 데는 결단과 희생이 요구되기 때문에 힘이 드는 것입니다.

이것은 특별히 재물을 다루는 데 있어서 그러합니다. 하나님의 뜻이 평균케 하는 것임을 말씀 속에서는 확신합니다. 그렇다면 그 확신이 손끝으로 가서 내 주머니를 열어 나눔을 실천해야 합니다. "만일 형제나 자매가 헐벗고 일용할 양식이 없는데 너희 중에 누구든지 그에게 이르되 평안히 가라, 더웁게 하라, 배부르게 하라 하며 그 몸에 쓸 것을 주지 아니하면 무슨 이익이 있으리요"(약 2:15-16)

그렇습니다! 실천되지 않은 믿음은 죽은 믿음입니다. 행위로 옮겨지지 않은 말씀은, 내 속에서 유산된 말씀, 흘러 떠내려간 말씀에 불과합니다. 그러므로 배우고 확신한 것을 반드시 실천하기를 바랍니다.

셋째로 구제는 형편에 맞게 하는 것입니다.

"할 마음만 있으면 있는 대로 받으실 터이요 없는 것을 받지 아니하시리라"(12)

신앙인의 물질관에 대해 말할 때, 항상 극단적 생각을 가지고 말하는 사람들이 있습니다. "1%가 뭡니까? 겨우! 정말 우리가 믿음이 있다면 다 내 줘야 해요." 이런 분들이 즐겨 인용하는 성경이 있습니다. 영생을 얻겠다고 나온 부자청년에게 예수님께서 네 소유를 다 팔아 가난한 자들에게 나누어주고 나를 좇으라고 한 말씀이나, 부자와 나사로이야기, 그리고 초대예루살렘공동체를 소개하는 말씀 등입니다. 그러면서 하나님은 우리가 재물을 소유하는 것을 싫어하시고 모든 것을 다 바치기를 원하시는 분인 것으로 오해합니다.

물론 우리는 자기 재산을 다 팔아 가난한 자들에게 나누어 주어야 하는 특별한 명령을 받을 수도 있습니다. 예루살렘교회와 같이 재물을 공유하는 특별한 공동체도 있을 수 있습니다. 그러나 이것은 성경이 가르치는 보편적인 윤리는 아닙니다. 보편적인 교회의 모습도 아닙니다.

하나님은 소유를 다 팔아 구제하면서 내가 가난하게 되는 것을 요구하시는 것이 아닙니다. "이는 다른 사람들은 평안하게 하고 너희는 곤고하게 하려는 것이 아니요 평균케 하려 함이니"(13)

그러므로 하나님은 과도한 구제를 강요하지 않으십니다. 때로는 마케도냐에 있는 교회들처럼, 자발적으로 힘에 지나도록 헌금할 수도 있습니다. 그러나 바울은 동일한 것을 고린도교회에 요구하지 않습니다. 그것은 어디까지나 자발에 의해서 이루어져야지 모든 이에게 명령할 수 있는 것은 아니기 때문입니다.

무엇이든지 이상적이고 극단적인 교훈은 오래가지 못합니다. 모두가 4000원짜리 칼국수를 먹는 것이 청빈한 삶을 실천하는 것은 아닐 것입니다. 자신이 각자 처한 위치와 수준에서 한자리 낮은 곳으로 내려와 가난한 자를 생각하는 것, 자신이 누릴 수 있는 것의 일부를 떼어 이웃을 위한 사랑으로 베푸는 것 — 이것이 구제의 시작입니다.

결론적으로 돈은 더러운 것이 아닙니다. 재물은 분명 우리의 신앙에 무서운 장애물이고 적이 될 수 있습니다. 그러나 한편으로 재물은 도리어 하나님과 이웃에 대한 사랑을 실천하는 아주 좋은 도구입니다. 그것을 선한 일에 사용해야 합니다. 당신에게 주어진 재물이 언젠가 주님 앞에 설 때에 당신의 면류관이 되게 해야 합니다.

(2007년 6월 24일)

재물을 다스리는 신앙

"또한 제자들에게 이르시되 어떤 부자에게 청지기가 있는데 그가 주인의 소유를 낭비한다는 말이 그 주인에게 들린지라 주인이 그를 불러 이르되 내가 네게 대하여 들은 이 말이 어찌 됨이냐 네가 보던 일을 셈하라 청지기 직무를 계속하지 못하리라 하니 청지기가 속으로 이르되 주인이 내 직분을 빼앗으니 내가 무엇을 할까 땅을 파자니 힘이 없고 빌어 먹자니 부끄럽구나 내가 할 일을 알았도다 이렇게 하면 직분을 빼앗긴 후에 사람들이 나를 자기 집으로 영접하리라 하고 주인에게 빚진 자를 일일이 불러다가 먼저 온 자에게 이르되 네가 내 주인에게 얼마나 빚졌느냐 말하되 기름 백 말이니이다 이르되 여기 네 증서를 가지고 빨리 앉아 오십이라 쓰라 하고 또 다른 이에게 이르되 너는 얼마나 빚졌느냐 이르되 밀 백 석이니이다 이르되 여기 네 증서를 가지고 팔십이라 쓰라 하였는지라 주인이 이 옳지 않은 청지기가 일을 지혜 있게 하였으므로 칭찬하였으니 이 세대의 아들들이 자기 시대에 있어서는 빛의 아들들보다 더 지혜로움이니라 내가 너희에게 말하노니 불의의 재물로 친구를 사귀라 그리하면 그 재물이 없어질 때에 그들이 너희를 영주할 처소로 영접하리라 지극히 작은 것에 충성된 자는 큰 것에도 충성되고 지극히 작은 것에 불의한 자는 큰 것에도 불의하니라 너희가 만일 불의한 재물에도 충성하지 아니하면 누가 참된 것으로 너희에게 맡기겠느냐 너희가 만일 남의 것에 충성하지 아니하면 누가 너희의 것을 너희에게 주겠느냐 집 하인이 두 주인을 섬길 수 없나니 혹 이를 미워하고 저를 사랑하거나 혹 이를 중히 여기고 저를 경히 여길 것임이니라 너희는 하나님과 재물을 겸하여 섬길 수 없느니라" (눅16:1~13)

우리가 꿈꾸는 그리스도인은 어떤 모습일까요? 이 시대에 과연 우리가 되어야 할 건강한 그리스도인의 모습은 무엇일까요? 그것은 바로 재물을 다스리는 신앙인입니다.

오늘날 사람들의 마음을 사로잡고 지배하는 가장 강력한 힘이 있다면, 그것은 바로 돈입니다. 맘몬입니다. 이 맘몬은 동서고금을 막론하고 언제 어디서나 막강한 힘을 발휘했지만, 우리나라에서 더욱 그러합니다.

우리나라 사람은 유달리 재물에 대한 집착에 시달리고 있습니다. 국민소득이 만오천 달러에 도달하면, '수확체감'이 발생하면서 돈이 행복감에 거의 영향을 주지 않는다고 합니다. 그런데 우리나라는 소득이 2만 달러를 훌쩍 넘어섰음에도 불구하고 10명 중 9명이 여전히 돈을 행복의 필수조건으로 여기고 있습니다.

한국사회에 돈의 지배력이 이처럼 강력할진대, 한국교회라고 해서 어떻게 여기서 빗겨갈 수 있겠습니까? 몇 년 전 우리나라를 방문한 예수전도단의 로렌커닝햄은 한국교회에 대해서 충격적인 말을 했습니다. 한국교회와 목회자들이 너무 돈을 사랑한다는 것이었습니다.

주님은 분명히 선언하셨습니다. "집 하인이 두 주인을 섬길 수 없나니 혹 이를 미워하고 저를 사랑하거나 혹 이를 중히 여기고 저를 경히 여길 것임이니라 너희는 하나님과 재물을 겸하여 섬길 수 없느니라"(13) 주님을 사랑하는 마음과 돈을 사랑하는 마음은 병행할 수 없습니다. 그러나 우리는 이 말씀을 무의식적으로 밀어냅니다. 둘을 같이 안고 싶은 것입니다. 많은 교인들이 둘 사이에서 갈팡질팡하며 혼란을 겪고 있습니다.

〈하프타임〉의 저자 밥 버포드는, IBM, Xerox 의 경영전략 책임자이

자 뛰어난 컨설턴트인 마이크 카미를 통해 자기 자신을 위한 경영 전략 수립에 도움을 받고 싶었습니다. 무신론자인 카미는 많은 대화 끝에 이런 말을 했습니다. "여러 시간 동안 사장님의 말을 들어보았습니다. 이제 사장님께 묻고 싶은 것이 있습니다. 사장님이 가장 귀중하게 생각하는 것이 무엇입니까? 아마 돈 아니면 예수 그리스도이겠지요. 그 중에 어느 것인지 분명히 말씀해 주시면 저도 그 선택에 따라 전략을 수립해 드리지요. 그러나 그것을 말해 주실 수 없다면, 아마 사장님은 두 가치 사이에서 갈피를 잡지 못하고 혼란스러워할 것입니다."

우리는 오늘 재물의 문제가 신앙의 중심 문제임을 공감합시다. '얼마나 기도하고 성경을 보는가, 어떻게 봉사하고 교회생활을 성실히 하는가에 있어서는 아직 삶의 실체가 드러나지 않았습니다. '재물을 어떻게 대하는가?' 여기에 삶의 실체가 담겨있습니다.

오늘 성경에 나오는 예수님의 비유의 궁극적인 핵심은 재물의 문제입니다. 특별히 어떻게 버는가의 문제보다는 주어진 재물을 어떻게 사용하고 관리하는가의 문제입니다. 예수님의 뜻은 이 비유를 통해서 그 지혜를 배워 재물을 잘 다스리는 사람이 되라는 것입니다.

청지기가 있습니다. 주인의 눈밖에 벗어나 직업을 잃게 되었습니다. 이제 어떻게 할까요? 막노동 하자니 힘이 없고, 빌어먹자니 부끄럽습니다. 그러다가 묘안이 떠올랐습니다. "아직은 내 손에 주인의 재물이 있으니 이것으로 사람들의 마음을 사자." 그러면서 이들의 빚을 탕감해주었습니다. 퇴직 후 저들의 환대를 받겠다는 것이었습니다. 참 상식적으로 볼 때에 옳지 못한 행위입니다. 그러나 주인은 그 지혜로움을 도리어 칭찬하였습니다.

비유는 잘 해석해야 합니다. 말하려는 핵심을 놓치고 주변의 것, 표피적인 것을 적용하려고 하다보면 엉뚱하게 해석할 수 있습니다. 예를 들어, '밭에 묻힌 보물'이라는 비유를 봅시다. 예수님은 밭에 보물이 묻힌 것을 알고 자기 전 재산을 팔아 그 밭을 산 사람을 지혜로운 자로 칭하셨습니다. 그런데 이것을 가지고 "예수님이 부동산투기를 옹호하셨다. 미래에 돈이 될 땅을 사라! 재산을 팔아서 우량주식을 사라!"고 해석한다면 얼마나 왜곡된 것입니까?

예수님은 이 비유에 나오는 청지기를 분명 '옳지 못한 청지기'라고 칭하셨습니다. 그가 한 일을 문자 그대로 적용한다면 어떤 결과가 되겠습니까? 공무원이 나랏돈을 유용해서 인심 쓰고 사람들로부터 접대를 받는 것을 지혜롭다 말하는 것이 될 것입니다. 그는 부정공무원이고 부패공직자요, 해서는 안 되는 불의한 일을 한 사람입니다.

그러나 다른 한편으로 주님은 그를 '지혜로운 청지기'라고 말씀하셨습니다. 어떤 점에서 지혜롭습니까? 어떤 것을 배워야 합니까? 이것을 찾아야 합니다. 이 비유가 우리에게 주는 교훈을 몇 가지 점에서 살펴봅시다.

첫째, 재물에 있어서 우리는 청지기입니다.

이 비유에 대한 이해는 여기서 시작합니다. 청지기(오이코노모스)란 주인의 재물을 맡아서 관리하는 자를 가리킵니다. 이것은 재물에 대한 우리의 근본적인 의식과 자세가 어떠해야하는가를 말해줍니다.

우리에게는 재물에 대한 소유의식이 강합니다. "이것은 내 것이다." "내가 이 물건의 주인이다." 그래서 십일조를 드리는 사람 중에 이런 생각을 가질 수 있습니다. 10의 1은 하나님의 것이므로 하나님께 돌리고, 나머지 10의 9는 내 것이므로 내 맘대로 사용한다는 것입니다. 어찌 보면 지금까지 교회는 10의 1을 드리는 것을 강조하면서 나머지 10의 9를 사용하는 것에 대한 교육을 소홀히 했다고도 볼 수 있습니다.

그러나 이 세상의 모든 것의 주인은 오직 한 분 하나님입니다. 10의 1뿐 아니라 나머지 아홉의 주인도 주님입니다. 우리는 청지기에 불과합니다. "각각 은사를 받은 대로 하나님의 각양 은혜를 맡은 선한 청지기 같이 서로 봉사하라"(벧전4:10) 재물뿐 아니라 은사도 내 것이 아닙니다. 잠깐 돌보도록 내게 맡겨진 것뿐입니다.

오늘 우리에게 꼭 필요한 것은 바로 청지기 의식입니다. 내 것이 아닙니다. 주님의 것입니다. 여기서 모든 물질로부터의 자유함을 얻게 됩니다.

그런데 청지기는 종과는 다릅니다. 주인이 종에게 돈 십만 원을 주면서 이런 저런 물건을 사오라고 명령하면 종은 그대로 사옵니다. 그런데 청지기는 그런 종과는 다릅니다. 오히려 주인은 그 재물을 전적으로 맡겼습니다. 그래서 청지기는 이것이 자기 것인 양 예산을 짜서 관리하고 투자하고 또 종들에게 월급도 줍니다.(눅12:42) "주께서 가라사대 지혜 있고 진실한 청지기가 되어 주 안에서 그 집 종들을 맡아 때를 따라 양식을 나누어 줄 자가 누구냐" 이 말씀대로 청지기에게는 많은 권한과 책임이 주어지는 것입니다.

그러나 그는 자기 뜻대로 이것을 사용하는 것이 아니라, 궁극적으로 주인의 뜻을 따라 주님에게 유익이 되도록 사용해야 합니다. 이 비유에 등장하는 청지기는 처음에 어땠습니까? "어떤 부자에게 청지기가 있는데 그가 주인의 소유를 낭비한다는 말이 그 주인에게 들린지라"(1) 주인의 소유를 낭비했습니다. 이것은 징계감입니다. 그래서 해고 명을 받았습니다. 주인이 재물을 회수하는 것입니다.

하나님이 우리에게 재물을 맡기시지만, 그것을 잘못 써서 낭비하면 회수해 가십니다. 반대로 잘 쓰면 더 많이 맡기실 것입니다. 어떻게 써야할까요? 두 번째로 넘어갑시다!

둘째, 그 재물로 사람들의 마음을 사는 것입니다.

해임통고를 받은 청지기는 마음을 고쳐먹었습니다. 주인에게 지혜롭다고 칭찬받을 곳에 사용합니다. 어떻게 할까요? 사람들의 마음을 사는 일에 쓰는 것입니다.

어떤 식으로 하는가를 보십시오! 그는 주인에게 빚진 사람들의 빚을 탕감해 주었습니다. 이천만원 빚진 사람에게 이렇게 말했습니다. "흠, 형편이 어렵단 말이지. 그러면 내가 반을 탕감해 주리다. 장부에 천만 원으로 기재하시오." 이 채무자는 단숨에 천만 원을 탕감 받았습니다. 얼마나 고마운 일입니까? 언젠가 은혜를 갚고 싶을 것입니다. 그 마음을 사는 것입니다.

이런 것을 생각해봅시다! 만일 청지기가 자기 돈을 꿔준 것이라면 이렇게 할 수 있겠습니까? 아마 어려웠을 것입니다. 내 돈이 아니라 주인의 돈이라고 생각하니 쉬웠습니다. "내 돈도 아닌데, 까짓 인심 쓰지뭐" 이런 것입니다. 바이어를 룸싸롱으로 데려가는 사람도 회삿돈이니까 수백만 원씩 접대비로 사용하는 것이지, 자기 돈으로는 그렇게 못할 것입니다.

여기서 생각의 전환을 가집시다. 자, 내 주머니에 있는 이 돈을 내 것이라 생각하면 아까워서 남에게 주지 못할 것입니다. 손해 보는 일을 성큼 하지 못할 것입니다. 그런데 이것이 내 것이 아니라 주님의 것이라 생각해봅시다. 아까울 것 없습니다. 우리 주님은 돈이 많습니다. 창고에 가득 차고 넘치도록 있습니다.

여기 비유에서 주인은 이 청지기가 자기 소유로 인심 쓰면서 재물을 축내는 데도 분노하기는커녕, 도리어 그 지혜로움에 흐뭇해합니다. 그 주인은 하나님의 마음을 대변하는 것입니다. 다시 말하면 하나님은 이처럼 그가 맡긴 재물로 우리가 사람들의 마음을 사기를 원하시는 것입니다.

어떻게 합니까? 그들을 위해서 사용하는 것입니다. 제일 먼저 가까이 있는 사람들부터 사귀십시오. 당신에게 맡겨진 재물로 가족, 친족들의 마음을 사라는 것입니다. 그리스도인들이 멀리 있는 사람들의 마음은 사려고 하면서도, 정작 가까이 있는 사람들로부터 원망을 듣는 일이 많습니다. 왜 그렇습니까? 인색해서 그렇습니까?

믿음의 자매들은 시집 식구들에 잘하십시오. 예수 믿는 며느리가 시부모에게 인색하다라는 말을 듣지 마십시오. 당신의 후한 마음이 인정을 받게 하십시오. 믿음의 형제들이여 처가댁에 잘하십시오. 형제들의 마음을 사십시오. 어려운 문제 적극적으로 도와주십시오.

경제적으로 어려운 형제가 있을 때에 많은 교인은 이렇게 말합니다. "힘들지? 내가 늘 기도하고 있어요. 잘 될 거야" 이런 말은 어렵지 않습니다. 왜냐하면 기도에는 돈이 들지 않기 때문입니다. 아닙니다. 돈이 안 가는 곳에는 마음이 안 갑니다. 마음이 안가는 기도는 힘이 없습니다. 야고보서와 요한일서에서 공통적으로 하는 말씀이 무엇입니까? "더웁게 하라. 배불리 하라하면서 도와줄 마음을 막는다면 그것이 어찌 사랑이냐!"

여러분이 고용한 사람들에게 월급은 너무 적게 주면서 일은 많이 시키는 사람이 되지 마십시오. 적어도 같은 직종의 다른 회사이나 가게보다는 조금 많이 받게 하십시오. 여러분의 양심에 가책이 안 되는 선에서 이윤을 남기십시오. 시장에 가서 가난해 보이는 장사꾼의 물건을 살 때 너무 깎지 마십시오.

무엇보다 여러분의 재물로 가난한 자들의 마음을 사십시오. 구제하는 일에 게을리 하지 마십시오. 선한 일에 많이 투자하십시오. 주변의 선한 사역에 적극적으로 동참하십시오.

혹시 마음에 누군가를 도와주고 싶다는 생각이 들 때에 그 마음을 막지 마십시오. 사용하십시오! 투자하십시오! 그런 습관을 가지십시오!

사람들의 마음을 사는데 인색하면서 재물을 자기 것인 양, 자기와 자기 가족의 풍요로운 삶에만 쏟아 버릴 때, 그것은 주인의 소유를 낭비하는 것입니다. 어느 순간 그 재물을 쓸 권한이 날라 갈 것입니다. 재물을 관리할 능력이 없다고 하여 주께서 그것을 빼앗아 가실 것입니다. 지금 여러분의 재물이 어디에 사용되는지 돌아보십시오. 재물로 사람의 마음을 사는데 사용하기를 바랍니다.

셋째, 재물을 통해서 영원한 것을 준비하는 것입니다.

"불의한 재물로 친구를 사귀라 그리하면 없어질 때에 저희가 영원한 처소로 너희를 영접하리라."(9) 우리 손에 맡겨진 재물이 다 없어질 때, 즉 우리가 세상을 떠날 때에 불의한 재물로 사귄 친구들 즉 세상에서 우리가 재물로 섬긴 사람들이 하늘에서 우리를 기다리고 있습니다. 우리의 면류관이 되어서 말입니다.

이런 것을 상상해봅시다. 우리교회 김권사의 시누이가 사업이 망해 갑자기 궁핍해졌습니다. 이때 김권사는 힘을 다해 재물로 도와주었습니다. 이 과정에서 과거 교인에게 사기당해 기독교에 마음이 닫혔던 시누이 부부의 마음이 열렸습니다. 그 일이 계기가 되어 교회를 나가게 되었고 결국 주님을 만났습니다.

천국에 갔을 때, 이런 사람들이 여러분을 기다릴 것입니다. 재물로 그 마음을 사서 예수를 믿게 한 사람들. 그들은 여러분을 데리고 주님께 나아가서 자랑할 것입니다. "바로 이 사람 때문에 주님을 믿게 되었노라" 이렇게 여러분을 영원한 처소로 영접할 것입니다.

그러면 주님은 여러분에게 "너야말로 내게 네게 맡긴 재물을 가장 잘 사용했구나" 하시면서 칭찬하실 것입니다. 상상만 해도 얼마나 신나는 일입니까!

이 비유의 마지막 부분에 바리새인들의 반응이 소개됩니다. "바리새인들은 돈을 좋아하는 자들이라 이 모든 것을 듣고 비웃거늘"(눅 16:14) 그 경건하고 거룩해 보이는 사람들이, 실은 속으로 돈을 매우 좋아하는 사람들이었던 것입니다.

만일 교회 안에 믿음이 좋다고 하는 사람들이 돈을 좋아하는 것이 아니라 그것을 다스린다면, 우리의 가정과 사회는 어떻게 될까요? 이 시대의 그리스도인들이 주님이 맡기신 재물을 낭비하지 않고 그것으로 사람의 마음을 사려고 한다면, 세상은 어떤 모양으로 변화될까요? 이것이 우리가 꿈꾸는 그리스도인의 모습입니다.

우리 모두 이런 선한 청지기가 되기를 바랍니다!

(2012년 7월 21일)

하늘 통장을 가득 채우라

"금식할 때에 너희는 외식하는 자들과 같이 슬픈 기색을 보이지 말라 그들은 금식하는 것을 사람에게 보이려고 얼굴을 흉하게 하느니라 내가 진실로 너희에게 이르노니 그들은 자기 상을 이미 받았느니라 너는 금식할 때에 머리에 기름을 바르고 얼굴을 씻으라 이는 금식하는 자로 사람에게 보이지 않고 오직 은밀한 중에 계신 네 아버지께 보이게 하려 함이라 은밀한 중에 보시는 네 아버지께서 갚으시리라 너희를 위하여 보물을 땅에 쌓아 두지 말라 거기는 좀과 동록이 해하며 도둑이 구멍을 뚫고 도둑질하느니라 오직 너희를 위하여 보물을 하늘에 쌓아 두라 거기는 좀이나 동록이 해하지 못하며 도둑이 구멍을 뚫지도 못하고 도둑질도 못하느니라 네 보물 있는 그 곳에는 네 마음도 있느니라"(마 6:16-21)

세상에는 참 착한 사람들, 우리에게 감동을 줄만큼 착한 사람들이 있습니다.

2007년 30대의 아주 젊은 나이에 고 모씨는 이미 유언장을 쓰고 그것을 공증 받았습니다. 유언장에는 현재 자신이 살고 있는 7평짜리 원룸 전세 계약금인 1500만원을 유엔아동기금인 유니세프에 기증한다는 내용이 담겨 있었습니다. 그는 이미 매년 자신의 연봉의 80퍼센트인 2300여만 원을 형편이 어려운 사람들의 병원비와 등록금 등으로 도와주면서 살고 있었습니다. 고씨는 이런 착한 삶의 이유를 이렇게 말합니다. "나 자신을 인정해 준 세상에 다시 값없이 되돌릴 수 있게 돼 기쁘다."

　세상이 그의 어떤 점을 그렇게 인정해주었는지는 모르지만, 특별하지도 않은 이유를 가지고도 이렇게 큰 희생을 실천한다고 생각하니 저절로 머리가 숙여집니다.

　사실 우리들이야말로 착한 삶을 살아야 할 이유가 분명한 사람들입니다. "우리는 그가 만드신 바라 그리스도 예수 안에서 선한 일을 위하여 지으심을 받은 자니"(엡 2:10) "그가 우리를 대신하여 자신을 주심은 모든 불법에서 우리를 속량하시고 우리를 깨끗하게 하사 선한 일을 열심히 하는 자기 백성이 되게 하려 하심이라"(딛 2:14)

　그러나 오늘날 우리 사회에서 기독교인들의 삶을 솔직히 돌아보면 별로 착하지 않은 것 같습니다. 삶의 구체적인 자리로 들어가면, 안 믿는 사람과 무슨 차이가 있습니까? 이해관계에 부딪히면 양보하지 않고, 손해 보지 않고, 자기 실속만 차리려 합니다. 세상이 얻고 싶어 하는 칭찬과 영광 그리고 부귀영화를 다 좇으며 살아갑니다. 때로는 본성의 바닥을 드러내, 욕하고 싸우고 짓밟으며 할 짓 못할 짓 다 보여줍니다.

　분명 주일에 성경을 들고 교회에 와서 예배드리는 것을 보면 경건한 교인인데, 시장터에서 물건 사고파는 것, 직장생활과 가정생활 하는 것을 보면 교인이 아닙니다. 우리는 그리스도인이면서도 그리스도인이 아닙니다.

　예수님은 이렇게 명하셨습니다. "이같이 너희 빛이 사람 앞에 비치게 하여 그들로 너희 착한 행실을 보고 하늘에 계신 너희 아버지께 영광을 돌리게 하라"(마 5:16) 소위 하나님의 자녀라는 우리가 좀 착한 사람이라는 평을 받아야 하지 않겠습니까? 삶의 구체적인 자리에서 우리의 착한 행실이 이 사회에 좀 감동을 주어야 하지 않을까요?

그런데 말은 쉬울지 모르지만, 이 악한 세대에서 양심을 좇아 선하게 착한행실을 실천하며 사는 것이란 결코 쉬운 일은 아닙니다. 그 길은 좁은 길이고, 때로 희생과 인내를 요구하는 고난의 길이기도 합니다. 그러므로 이런 삶에는 분명하고 확고한 동기가 있어야 합니다.

그리스도인에게 선행의 동기로 세 가지를 생각할 수 있습니다.

하나는 선한 일 자체를 즐기는 것입니다. "범사에 여러분에게 모본을 보여준 바와 같이 수고하여 약한 사람들을 돕고 또 주 예수께서 친히 말씀하신 바 주는 것이 받는 것보다 복이 있습니다 하심을 기억하여야 할지니라"(행 20:35)

다른 하나는 십자가의 사랑을 빚으로 여겨 그것을 이웃에게 갚으려고 하는 것입니다. 자신이 하나님으로부터 일만 달란트 빚을 탕감 받았다고 깨닫는 사람이라면, 자신에게 백 데나리온 빚진 자를 탕감해주는 것이야 마땅한 일 아니겠습니까?

마지막은 지금의 고난이 하나님 앞에 설 때에 영광으로 나타날 것을 소망하면서 선을 행하는 것입니다.

이 세 가지가 다 중요한 동기들입니다. 그러나 오늘 예수님의 가르침은 이 중에서 세 번째 동기에 대한 것입니다.

16-18절에서 예수님은 먼저 금식을 예로 드셨습니다. 금식은 먹는 것을 내려놓고 하나님을 가까이 하려는 경건행위입니다. 이러한 수고는 쉽게 할 수 있는 것이 아닙니다. 기도, 금식, 봉사, 구제와 같은 훌륭하고 경건한 행위를 실천하면서 우리는 이 세상에서 보상을 받을 수 있습니다. 사람들이 칭찬하고 인정해주고 명예를 높여주는 것입니다. "참 경건한 사람이구나, 믿음이 좋은 사람이구나"

그러다보니 어떤 이는 일부러 사람들에게 보이고 싶어 합니다. 하지만 예수님은 이렇게 땅에서 보상을 받은 사람은 하늘에서 받을 상이 없다고 하십니다. 만일 하늘에서의 상을 기대하는 사람이라면 아무도 모르게 은밀히 하라고 하십니다. 누가 알고 칭찬하지 못하도록 말입니다.

그러면서 정말 하시고 싶은 말씀의 핵심으로 나아가십니다. "너희를 위하여 보물을 땅에 쌓아 두지 말라 거기는 좀과 동록이 해하며 도둑이 구멍을 뚫고 도둑질하느니라 오직 너희를 위하여 보물을 하늘에 쌓아 두라 거기는 좀이나 동록이 해하지 못하며 도둑이 구멍을 뚫지도 못하고 도둑질도 못하느니라"(19-20)

많은 사람들은 여전히 이 땅의 것에 마음이 가 있습니다. 이 땅에서 누릴 것을 다 누리고 싶어 합니다. 부귀영화, 존귀와 영광을 누리며 멋진 삶을 살고 싶어 합니다. 그런데 이러한 것들을 예수님은 땅에 보물을 쌓아두는 것이라고 하셨습니다. 이것은 당장 쓸 수 있고 누릴 수 있습니다. 그런데 유감스럽게도 오래가진 못합니다. 인생의 좀과 동록, 도둑이 노리고 있습니다. 일시적입니다.

그러므로 지혜 있는 자는 보물을 하늘에 쌓습니다. 현대식으로 표현한다면, 하늘 은행에 통장을 개설하고 거기에 저축하는 것입니다. 그곳에 쌓은 돈은, 내가 지금 여기서 쓸 수 있는 것이 아닙니다. 그러나 그곳은 안전합니다. 영원합니다. 그뿐 아니라, 훨씬 크고 영광스러운 것입니다.

그러므로 죽은 뒤의 영생을 믿는 자는 하늘 통장에 저축을 하라는 것입니다. 지금 여기서의 즐거움은 유보하고, 그 나라에서 누릴 영광을 쌓아두라는 것입니다.

어떻게 하늘 통장에 저축합니까? "너희 소유를 팔아 구제하여 낡아지지 아니하는 배낭을 만들라 곧 하늘에 둔 바 다함이 없는 보물이니 거기는 도

둑도 가까이 하는 일이 없고 좀도 먹는 일이 없느니라"(눅 12:33)

우리의 소유로 가난한 이를 구제하는 것입니다. 그것은 내 소유를 잃어버리는 것이 아니라, 하늘 통장에 적립시키는 것입니다.

하늘 통장을 채우기 위한 또 다른 비법을 주님은 가르치십니다. 부자나 힘 있는 자를 식사에 초대하지 말고, 가난한 자를 초대하라는 것입니다. 부자에게 호의를 베풀면, 그는 되갚으려고 할 것이고, 그러면 호의를 베푼 자는 하늘의 상 받을 기회를 놓쳐버리게 된다는 것입니다.

그러니 차라리 가난한 장애인들을 초청해 섬기라는 것입니다. "그리하면 그들이 갚을 것이 없으므로 네게 복이 되리니 이는 의인들의 부활 시에 네가 갚음을 받겠음이라"(눅 14:14)

내가 일방적으로 주기만 해야 하는 이들은, 세상에서 나의 수고에 보상을 줄 것이 별로 없는 이들입니다. 그러나, 그렇기 때문에 하늘 통장에는 보화가 적립됩니다.

예수님의 가르침을 좀 단순화시키면 이런 것입니다. "너 지금 여기서 박수갈채 한 번 받을래, 아니면 한 30년 뒤에 면류관 받고 왕좌에 앉을래? 여기서 밥 한 그릇 배터지게 먹고 평생 거지같이 살래, 아니면 지금 참고 조금 뒤에 황금으로 지은 집에서 매일 호의호식하면서 살래?"와 같은 말씀입니다.

이런 예를 들어봅시다. 여러분의 회사가 주식상장을 하게 되었습니다. 그리고 여러분은 이러한 제안을 받습니다. "사원 여러분, 이번에 여러분께 드릴 특별 보너스가 30만원입니다. 그런데 그 돈 대신에 주당 3만원에 상장하는 회사 주식 10장을 받을수도 있습니다. 우리는 이 주식이 10년 뒤 100배로 뛰어 3천만 원이 될 것을 보장합니다." 여러분 같으면 무엇을 받겠습니까? 당장 쓸 수 있는 돈 30만원을 받겠습니까? 주식 10주를 받겠습니까?

우리는 하늘 보화가 구체적으로 어떤 것인지는 잘 모릅니다. 그러나 하늘 보화에 대한 약속의 말씀을 진정 믿는다면, 무엇을 선택해야 하는가는 자명한 일입니다.

그런데 '이 땅에서 착한 일을 하면, 천국에 보물을 쌓는 것입니다'라고 말하면, 참 막연하게 들립니다. 막연하면 실천이 어렵습니다. 그래서 이렇게 구체적으로 적용해보았습니다.

여러분 명의로 된 하늘 통장이 개설되었습니다. 그리고 이번 주간 여러분이 어려운 이웃을 위해 10만원을 구제비로 지출했습니다. 그러면 하늘 통장에 그것의 백배에 해당되는 천만 원이 저축됩니다. 우리로서는 감히 헤아릴 수 없겠지만 하여간 이런 식으로 생각해봅시다.

여러분이 가난한 이에게 꿔준 돈 100만원을 탕감해준다면, 세상에서는 100만원 손해 보는 것 같지만, 그 백배인 1억이 하늘 통장에 모아지는 것입니다. 이것은 정말이지 신나는 일입니다.

돈만이 아닙니다. 만일 가난하고 몸이 불편한 장애인을 섬기는 일을 한 번 씩 할 때마다 오백만원씩 저축이 된다고 합시다. 이번 주에 밀알봉사로 장애인을 섬기러 가는 사람들은 신날 것입니다.

그렇다면 이렇게 생각하는 것이 마땅할 것입니다. 만일 여러분에게 장애가 있는 자녀가 있는데, 그를 평생 그리스도의 사랑과 인내로 잘 보살핀다면 얼마의 돈을 저축하는 것일까요? 아마도 그런 사람은 평생 수백억을 저축하게 될 것입니다.

혹은 강도 만난 이웃을 만났습니다. 큰 불행의 파도에 휩쓸려 삶의 의욕을 잃은 그를 사마리아인 같이 찾아가서 격려해주고, 정성을 다해 돌봐주었습니다. 그것을 위해서 며칠간 고생도 하고, 주머니에서 수 십만원을 지출했습니다. 그러나 없어지는 것이 아닙니다. 손해 보는 것이 아닙니다. 여러분은 벌써 수 천 만원을 저축해둔 것입니다.

　나에게 손해를 끼치고 억울하게 한 사람에게 악을 악으로 갚지 않고 용서하고 선대했습니다. 왼뺨을 치는 자에게 오른뺨을 돌려대었습니다. 억지로 오리를 가자는 자에게 십리를 가주었습니다. 나를 밟고 가려는 사람에게 디딤돌이 되어주고, 내게 주어진 좋은 기회를 양보했습니다. 내가 마땅히 받아야할 칭찬과 영광을 다른 사람에게 돌렸습니다.

　교회에서도 보이지 않는 곳에서 힘들고 궂은일을 맡아서 합니다. 소중한 재물을 아낌없이 쓰면서 즐거이 섬깁니다. 보통 사람들은 상석에 앉고 싶어 하고, 높은 호칭을 좋아하며 은근히 장이 되려고 하는데, 거꾸로 그런 자리를 피하려고 합니다. 빛도 없이 이름도 없이 주님만을 바라보며 살아갑니다. 때로는 의의 편에 서서 고난도 당하고, 핍박도 받는다면 더할 나위없을 것입니다.

　이런 일을 하나하나 할 때마다 세상에서는 손해가 막심합니다. 계산기를 두드린다면, 얻은 것 하나 없이, 재물과 명예 그리고 자존심만 잃은 결과가 나오게 될 것입니다. 사람들은 어리석다고 말할 것입니다. 그러나 여러분은 어리석은 사람이 결코 아닙니다. 하늘 은행에 백배의 보상들이 차곡차곡 쌓여지고 있기 때문입니다. 억울하고 속상하는 일이 아니라, 신나는 일입니다. 이런 사람이 지혜로운 사람입니다.

　이런 일은 우리가 세상 은행에 적금을 넣을 때 경험합니다. 매월 돈을 넣기 위해 쓸 것 쓰지 않고 허리띠를 졸라매야 합니다. 그러나 시간이 지난 뒤 이자가 붙은 큰 목돈을 손에 쥐게 됩니다.

　하늘 통장도 마찬가지입니다. 거기에 저금을 부지런히 하려면, 이 땅에서는 고난이 따릅니다. 손해를 봅니다. 그러나 이 땅을 떠나 주님 앞에 설 때, 그 통장에 쌓인 보화를 받아 누리게 될 영광, 그것을 어떻게 세상 고난과 비교하겠습니까? "생각하건대 현재의 고난은 장차 우리에게 나타날 영광과 비교할 수 없도다"(롬 8:18)

예수님은 지금 우리를 이런 신나는 일에 초대하십니다. 더 이상 이 세상 은행에 보물을 쌓으려하지 말고, 은행을 바꿉시다! 하늘 은행으로 말입니다. 그리고 거기에 매년 한 10억 정도씩 저금 해보는 게 어떨까요?

나는 우리 교인들이 합쳐서 매년 한 1조원씩 하늘 은행에 저축했으면 좋겠습니다. 그래서 부산중앙교회가 하늘 은행 저축 왕이 되었으면 좋겠습니다. 이것이 무엇을 의미합니까? 우리 교인들이 세상에서 선한 행실을 부지런히 하고 있다는 것을 의미합니다.

지난 주 서울 갔다가 오면서 부산역에서 택시를 탔습니다. 자신은 무교라고 하는 나이 드신 기사분에게 전도하면서 교회를 소개했더니, 대뜸 우리교회를 안다는 것입니다. "그 교회 교인들 몇 번 태우고 교회 앞에서 내려드렸는데, 사람들이 참 점잖습디다." 점잖다(gentle), 그 얘기를 듣는데 기분이 참 좋았습니다.

부산중앙교회 사람들 "교회에 모이기 잘합니다, 신앙열정이 있습니다." 이런 얘기도 좋겠지만, "참 착합니다. 좋은 일 많이 합니다. 선한 이웃입니다. 교인답습니다" 이런 이야기를 듣는다면, 목회자로서 저는 더욱 행복할 것입니다.

주님께서 마지막으로 말씀하십니다. "네 보물 있는 그 곳에는 네 마음도 있느니라"(21)

여러분의 마음은 어디에 있습니까? 어디를 소망하며 살아갑니까? 주님이 던지시는 질문입니다. 진정 하나님나라를 갈망하고 영생의 소망이 있다면, 이 세상에서는 누리는 자가 아니라 섬기는 자로, 착하고 선한 사업에 부요한 자로 살아가야 합니다. 그런 삶을 살기로 결단하기를 바랍니다.

(2013년 6월 2일)

신실하고 지혜로운 청지기

"허리에 띠를 띠고 등불을 켜고 서 있으라 너희는 마치 그 주인이 혼인 집에서 돌아와 문을 두드리면 곧 열어 주려고 기다리는 사람과 같이 되라 주인이 와서 깨어 있는 것을 보면 그 종들은 복이 있으리로다 내가 진실로 너희에게 이르노니 주인이 띠를 띠고 그 종들을 자리에 앉히고 나아와 수종들리라 주인이 혹 이경에나 혹 삼경에 이르러서도 종들이 그같이 하고 있는 것을 보면 그 종들은 복이 있으리로다 너희도 아는 바니 집 주인이 만일 도둑이 어느 때에 이를 줄 알았더라면 그 집을 뚫지 못하게 하였으리라 그러므로 너희도 준비하고 있으라 생각하지 않은 때에 인자가 오리라 하시니라 베드로가 여짜오되 주께서 이 비유를 우리에게 하심이니이까 모든 사람에게 하심이니이까 주께서 이르시되 지혜 있고 진실한 청지기가 되어 주인에게 그 집 종들을 맡아 때를 따라 양식을 나누어 줄 자가 누구냐 주인이 이를 때에 그 종이 그렇게 하는 것을 보면 그 종은 복이 있으리로다 내가 참으로 너희에게 이르노니 주인이 그 모든 소유를 그에게 맡기리라 만일 그 종이 마음에 생각하기를 주인이 더디 오리라 하여 남녀 종들을 때리며 먹고 마시고 취하게 되면 생각하지 않은 날 알지 못하는 시각에 그 종의 주인이 이르러 엄히 때리고 신실하지 아니한 자의 받는 벌에 처하리니 주인의 뜻을 알고도 준비하지 아니하고 그 뜻대로 행하지 아니한 종은 많이 맞을 것이요 알지 못하고 맞을 일을 행한 종은 적게 맞으리라 무릇 많이 받은 자에게는 많이 요구할 것이요 많이 맡은 자에게는 많이 달라 할 것이니라" (눅12:35~48)

오늘은 우리 교회 설립기념일이면서, 첫 번째 강림절입니다. 강림절은 기다릴 대(待)자를 써서 대림절이라고도 합니다. 주님의 첫 번째 오심을 축하하는 성탄절을 기다리면서, 동시에 다시 오실 주님을 기다리는 것입니다.

진정 다시 오실 주님을 기다리는 교회는 어떤 모습이어야 하는가를 생각하기에 앞서 먼저 이런 스토리를 머릿속에 그려봅시다.

부모님이 결혼식에 참석차 서울에 가면서 며칠 머물다 오시기로 했습니다. 출발하면서 엄마가 고등학생 아들에게 부탁합니다. "우리 사흘 뒤에 올 테니 그동안 동생들 식사 제때 챙겨주고 강아지 밥도 주고 집 잘 지켜. 엄마 아빠 없다고 제멋대로 하지 말고, 공부도 열심히 하고!" "알았어요. 여기 걱정 말고 편히 갔다 오세요" 꽤 어른스럽게 대답했지만, 부모가 떠나자 말자 이 아들은 완전 제 세상을 만났습니다. 매일 늦잠 자고, 친구들 불러다가 먹고 마시고 게임하고 놀면서 온 집안을 난장판을 만듭니다. 동생들과 강아지는 신경도 쓰지 않습니다.

그러면서 오시기 바로 전에 집 정리하려고 했는데, 갑자기 벨이 울립니다. 아뿔싸! 사흘 뒤 오겠다던 부모님이 하루 일찍 오신 것입니다. 그 뒤의 일은 여러분의 상상에 맞기겠습니다. 오늘 설교는 "그러지 말자."라는 말씀입니다.

자, 주님은 세상에 오셔서 사도를 통해 교회를 세우셨습니다. 교회는 사도와 선지자들의 터 위에 세워졌습니다. 그리고 그 교회에 전권을 부여하시면서 세상을 책임지는 사명을 맡기셨습니다. "내가 이 반석 위에 내 교회를 세우리니 음부의 권세가 이기지 못하리라 내가 천국 열쇠를 네게 주리니 네가 땅에서 무엇이든지 매면 하늘에서도 매일 것이요 네가 땅에서 무엇이든지 풀면 하늘에서도 풀리리라"(마 16:18-19)

그리고 세상을 떠나 승천하시면서 다시 오신다고 약속하셨습니다. 그러나 언제 오실지는 아무도 모릅니다. 앞으로 몇 백 년 뒤에 오실 수도 있고, 당장 내일 오실 수도 있습니다.

주님은 그 날이 언제일지 모르니 항상 깨어 있어야 한다는 메시지를 여러 가지 비유를 들어 하셨습니다. 먼저는 결혼잔치에 간 주인을 기다리는 종의 비유입니다.(35-38) 종은 무조건 허리띠를 졸라 매고 깨어 정신 차리고 등불 들고 있다가 한밤중에라도 주인이 문을 두드리면 지체 없이 열어드려야 합니다.

또 도둑 비유입니다.(39) 도둑이 언제 올지 안다면 주인은 깨어 경계할 것입니다. 그러나 도둑은 예고 없이 몰래옵니다. 그러면서 주님의 결론은 이것입니다. "그러므로 너희도 준비하고 있으라 생각하지 않은 때에 인자가 오리라 하시니라"(40)

여러분, 우리는 항상 깨어있어야 합니다. 졸거나 깊은 잠에 빠지기 쉬운 세상에서 깨어 곧 오실 주님을 기다려야 합니다.

그렇다면 '깨어있음'은 어떤 것입니까? 먼저, 이 시대의 죄에 오염되지 않고 거룩한 삶을 사는 것입니다. 이를 위해 말씀과 기도에 깨어있고, 성령께 항상 순종해야 합니다.

그러나 그것이 다가 아닙니다. 오늘 주님의 가르침은 거기에 포인트를 두지 않습니다. 주님께서 세상을 떠나시면서 부탁하신 일이 있고 맡기신 달란트가 있습니다. 이것을 성실하게 감당하는 것이 깨어있는 것입니다.

베드로는 이 비유가 누구에게 한 것이냐 묻습니다. 주님은 대답하십니다. "지혜 있고 진실한 청지기가 되어 주인에게 그 집 종들을 맡아 때를 따라 양식을 나누어 줄 자가 누구냐"(42)

청지기라는 말이 나옵니다. 청지기는 어떤 이를 가리킵니까? 주석가들은 사도나 목회자로 해석했습니다. 교인들을 목양하고 교회를 돌보는 것이 그들의 역할이라고 생각했기 때문입니다.

그러나 그것은 너무 좁은 해석입니다. 우리는 예수님이 제자들에게 직접 하신 말씀과 바울이 에베소 교인들에게 쓴 서신을 읽으면서, 당연히 이것을 이 시대의 우리 자신과 우리교회에게 주신 말씀으로 받습니다.

이처럼 청지기는 사도나 목회자만이 아니라 모든 그리스도인, 그리고 교회를 가리키는 것입니다. 그러므로 교회는 세상 속에서 주님으로부터 특별한 역할과 책임을 맡은 청지기입니다.

청지기를 잘 이해하려면, 창세기에 등장하는 요셉을 연상하면 됩니다. 요셉은 애굽으로 팔려가 바로의 시위대장 보디발의 종이 되었습니다. 그러나 시간이 흐르면서 주인 보디발이 그를 신뢰하고 청지기로 임명하였습니다. "주인이 그의 소유를 다 요셉의 손에 위탁하고 자기가 먹는 음식 외에는 간섭하지 아니하였더라"(창 39:6)

바로 이것입니다. 청지기는 "주인이 자신의 소유를 다 맡기고 전권을 주어 자기 집을 관리하게 하는 사람"입니다. 요셉은 청지기로서 어떤 일을 했을까요? 쓸 만한 종을 선별해서 사고 이들을 적재적소에 배치하는 등 사람들을 관리 감독했을 것입니다. 수많은 식솔들에게 필요한 음식과 집안에 소요되는 다양한 물건들을 사들이고 배분했을 것입니다. 집을 고치고 건축하고, 정원을 가꾸고 보살피는 일을 했을 것입니다. 집안의 모든 재정은 그의 손을 통해 들어가고 나가며 모아졌을 것입니다.

그는 아침부터 저녁까지 자기 집을 돌보듯이 집안전체를 돌아보았습니다. 주인 보디발은 그에게 모든 것을 맡기고 일절 간섭하지 않았습니다. 그러나 요셉은 지혜롭게 주인의 뜻을 잘 살피며 그 뜻에 맞추어 충성되게 했을 것입니다.

자, 이것입니다. 주께서 교회를 청지기로 세워서 전권을 주시며 그의 창조세계를 맡기셨습니다. 그러면서 "지혜 있고 진실한 청지기"(42)가 되기를 원하셨습니다. 보다 정확한 번역은 신실하고 지혜로운 청지기입니다. 그러므로 지혜 있고 진실한 청지기가 된다는 것은 "지혜를 갖고 주님의 뜻을 잘 헤아리고, 그것을 받들어 신실하고 충성되게 책임을 다하는 것"입니다. 이것이 깨어서 오실 주님을 기다리는 신앙입니다. 그렇다면 청지기로서 교회가 해야 할 일은 무엇이겠습니까?

첫째, 하늘의 양식을 먹이는 것입니다.

주님은 이렇게 물으셨습니다. "그 집 종들을 맡아 때를 따라 양식을 나누어 줄 자가 누구냐"(42b)

사람은 떡이라는 양식을 먹고 삽니다. 그러나 떡으로만 사는 것이 아닙니다. 우리에게는 하나님의 입에서 나오는 말씀이 꼭 필요합니다. 왜 그렇습니까? 그것이 영혼을 살리는 생명의 양식이기 때문입니다.

이 양식을 세상에 줄 수 있는 것은 교회밖에 없습니다. 하늘로부터 오는 양식은 교회를 통해서만이 세상에 나눠집니다. 지상의 교회가 불완전해서 때로 세상으로부터 비난을 받기도 하지만, 그럼에도 불구하고 교회는 세상의 소망입니다. 교회만이 세상을 살릴 수 있습니다. 세상은 교회를 통해서만 생명의 말씀을 들을 수 있습니다. 이것이 교회의 거룩한 사명입니다.

우리는 이 사명을 충실히 감당해야 합니다. 우리가 성찬식에서 읽는 말씀이 있습니다. "너희가 이 떡을 먹으며 이 잔을 마실 때마다 주의 죽으심을 그가 오실 때까지 전하는 것이니라"(고전 11:26) 가족에게 친구와 이웃에게, 더 나아가 모든 민족에게 복음을 전해야 합니다. 그것이 올바른 재림신앙입니다.

전도와 선교에 게으른 교회는 잠자는 교회입니다. 전도하지 않는 교인은 오실 주님을 기다리지 않는 교인입니다. 복음 전하는 일을 지혜롭고 신실하게 감당하는 교회와 교인되길 바랍니다.

둘째, 떡을 나누는 것입니다.

육신을 가진 사람에게는 떡이 필요합니다. 먹을 양식 없이 살 사람은 아무도 없습니다. 최초의 교회인 예루살렘교회는 이런 필요에 민감했습니다. 말씀과 기도 못지않게 양식과 의복을 나누는 구제사역을 중요시했습니다. 이를 위해 가진 교인들은 구제금을 기꺼이 드렸고, 모아진 구제금을 나누기 위해 성령 충만한 사람 일곱을 집사로 세워 이 일에 전념하게 했습니다.

최초의 이방인 교회인 안디옥교회는 예루살렘에 기근이 들자 재빨리 구제금을 모아 바울과 바나바를 통해서 전달했습니다. 유럽의 어린 교회들 역시 힘에 지나도록 많은 구제금을 모아 바울을 통해 전달했습니다. 바울은 이 일이 너무 중요했기에 위험을 무릅쓰고 예루살렘에 갔고, 결국은 거기서 붙잡혔습니다.

이런 전통은 2천년 기독교 역사를 통해서 계속 이어져 내려왔습니다. 지금도 교회는 영의 양식과 아울러 육신의 양식으로 세상을 섬기고 있습니다. 선교사들도 복음만 전하지 않습니다.

우리 교회 역시 가난한 나라의 현지인들에게 생활비와 장학금을 지원하고, 집을 지어주고 우물을 파고 수도를 놔주고, 병을 치료하고 장애인들을 돌아보기도 합니다.

우리 교회가 이런 선교지의 구제와 국내의 이웃 섬김을 위해 매 년 2억 원 정도를 사용합니다. 이것은 전체 예산의 10%를 차지하는 비중입니다. 참으로 귀한 일입니다.

좀 더 잘하기 위해서 내년에는 더 많은 교우들이 다양한 사회선교사역에 동참해 몸으로 직접 섬길 수 있기를 바랍니다.

이러한 일들이 주께서 교회에 맡기신 사명입니다. 이런 일을 지혜롭고 신실하게 감당하는 교회되길 바랍니다!

셋째, 하나님의 창조세계를 돌아보는 것입니다.

우리는 이 세상이 저절로 된 자연물이 아니라 창조주 하나님의 창조세계임을 믿습니다. 이것은 사도신경에서 가장 먼저 나오는 고백입니다. 하나님은 자신의 형상을 따라 인간을 만드시고 자신의 창조세계를 돌보고 다스리도록 위탁하셨습니다.

유감스럽게도 인간은 자기책임을 다 하지 못했습니다. 도리어 창조세계를 죄로 오염시켰고, 그 죄를 근거로 마귀가 세상임금이 되었습니다.

그러나 때가 되었을 때에 하나님은 이 왜곡된 세계를 회복하시기 위해 예수 그리스도를 보내셨습니다. 그는 십자가에서 죄를 없이하시고, 부활하심으로 마귀의 권세를 깨뜨리셨습니다. 그리고 이제 하늘과 땅의 권세를 가지신 참 주권자가 되셨습니다.

하나님 아버지가 만드신 이 세상은 이제 예수 그리스도가 주가 되어 다스리십니다. 주께서 다시 오셔서 완전한 회복을 이루실 때까지, 교회는 왕의 위임을 받아 이 이그러진 세상을 바르게 세워가야 할 책임이 있습니다.

그 책임은 세계개혁주의 연맹이 제창한 JPIC 즉 정의(Justice)와 평화(Peace)와 창조세계의 보전(Integrity of Creation)으로 요약됩니다.

하나님 아버지는 정의와 공의를 사랑하시는 분입니다. 그리고 믿는 우리는 그의 정의가 강물처럼 흘러가는 세상을 만들어가야 할 책임이 있습니다. 아울러 평화의 왕으로 오신 예수님의 제자로서 세계의 평화를 위해 노력해야 합니다. 당연히 한반도에 전쟁이 일어나는 것을 막고 평화를 정착시키는 데 교회가 앞장서야 합니다. 이것은 세상 일이 아니라 하나님의 일입니다.

아울러 하나님 아버지의 집인 이 창조세계를 잘 보전해가야 합니다. 자원을 아끼고 쓰레기를 줄이고 자연환경을 잘 지켜가는 것은 우리의 책임입니다. 창조주를 모르는 세상 사람보다도 교회와 교인들이 더 앞장서서 해야 할 일입니다. 정의와 평화와 창조세계의 보전을 위한 사명을 지혜롭고 신실하게 감당하는 교회되길 바랍니다.

사랑하는 성도 여러분, 우리는 다시 오실 주님을 기다립니다. "주여 어서 오소서!" 이렇게 갈망합니다. 그러나 그 재림신앙은 세상과 담을 쌓거나 세상으로부터 도피해서 기도처에 모여 하늘을 바라보는 신앙이 아닙니다. 세상과 유리된 신비한 세계에 몰두하는 것이 아닙니다.

오히려 세상 속에서 신실하고 지혜로운 청지기가 되어 그가 맡기신 일들을 충실하게 해나가는 것이 재림신앙입니다.

교회는 이 재림신앙 위에 서서 세상을 바르게 섬겨야 합니다. 우리 교회가 이 시대의 신실하고 지혜로운 청지기로 늘 깨어 다시 오실 주님을 기다리는 교회되길 바랍니다.

(2018년 12월 2일)

사랑의 공동체

사랑하십니까?

"피차 사랑의 빚 외에는 아무에게든지 아무 빚도 지지 말라 남을 사랑하는 자는 율법을 다 이루었느니라 간음하지 말라, 살인하지 말라, 도둑질하지 말라, 탐내지 말라 한 것과 그 외에 다른 계명이 있을지라도 네 이웃을 네 자신과 같이 사랑하라 하신 그 말씀 가운데 다 들었느니라 사랑은 이웃에게 악을 행하지 아니하나니 그러므로 사랑은 율법의 완성이니라" (롬 13:8~10)

이 시간은 올 한해를 마감하는 마지막 예배이면서, 새해를 시작하는 첫 예배입니다. 우리의 심령이 하나님의 은혜로 촉촉이 적셔진 가운데 한 해를 보내고 새해를 맞이하기를 바랍니다.

저는 몇 년 전 성탄절 즈음해서 소포를 하나 받은 기억이 납니다. 멀리 유럽에서 비행기를 타고 날라 온 소포입니다. 크지는 않았지만, 커피와 차 등등을 꼬깃꼬깃 채워 넣어서 보낸 성탄선물이었습니다. 선물 받는 것은 즐겁지 않습니까? 더구나 비행기를 타고 온 선물은 더욱 반갑습니다.

발송한 사람이 누군가를 보고 가슴이 뭉클했습니다. 옛날 교인이었습니다. 독일을 떠나온 지 10년이 넘다보니, 교류가 끊기는 교인도 많습니다. 세상을 떠나신 분도 있고, 다른 도시로 가거나 연락이 안 되는 분들도 있습니다.

그런데 명절이나 제 생일이 음력인데도 생일이 되면 잊지 않고 전화하고, 또 종종 이렇게 선물을 보내는 분들이 있습니다. 어떤 분일까요?

생각해보면 믿음이 좋은 분도 아니고, 기도 많이 하는 분도 아니고, 남보다 잘사는 그런 분도 아닙니다. 사랑을 많이 나눈 사람입니다. 제가 많이 사랑해준 사람입니다.

이 선물을 보낸 집사님부부도 우리가 마음을 많이 주었습니다. 마음을 많이 준 것은 이들이 다른 여타의 교인들보다 어려운 가정이었기 때문입니다. 지금도 다른 가정에 비하면 경제적으로 어려운 분들인데 이렇게 선물을 부쳐왔습니다.

돌아보니 그런 것 같습니다. 저도 어려서부터 교회 주일학교를 다녔기에 많은 선생님들을 만났습니다. 그런데 가장 강렬하게 기억에 남는 분은, 잘 가르치거나 잘 생긴 선생님이 아니라 저를 사랑해주신 선생님입니다. 놀랍습니다. 참 어린 나이였는데도 이분은 나를 사랑해주고 있음을 느끼고 있었던 것입니다. 그런 선생님은 두고두고 제 가슴에 남아 있습니다. 사랑의 힘이 얼마나 큰지 모릅니다.

성도들에게 오래 기억에 남는 목사는 설교 잘하는 목사, 이름 있는 목사가 아니라 '나'를 사랑해주신 목사님입니다. 목회자에게도 마찬가지일 것입니다. 믿음이 좋은 사람, 능력 있는 사람이 아니라 목회자를 사랑해준 교인을 오래 기억하게 됩니다.

한 해의 마지막이 오듯, 우리의 생을 마감하는 날이 올 것입니다. 더 살고 싶어도 살 수 없고 무엇인가 더 하고 싶어도 할 수 없을 때, 나에게는 무엇이 가장 아쉬움으로 남을까요? 무엇이 가장 후회스러울까요?

무엇인가를 좀 더 이루지 못하고, 좀 더 소유하고 누리지 못한 것을 후회할까요? 그런 것을 아쉬워하는 것은 아직 삶의 시간이 남아있을 때입니다.

정말 모든 것을 내려놓는 마지막 순간이 오면 우리가 후회하는 것은 이것일 것입니다. '좀 더 사랑하지 못한 것!' 하나님이 내게 주신 이 소중한 미션을 게을리 한 것일 것입니다. 내게 보내셨던 수많은 사람들을 사랑해주지 못하고, 용서해주지 못하고, 품어주지 못한 것이 너무도 후회가 될 것입니다.

내 몸과 같은 남편을, 아내를 내 몸처럼 사랑하지 못한 것, 나를 세상에 낳고 길러주신 부모님을 좀 더 사랑으로 섬기지 못한 것, 내게 주신 가장 소중한 선물인 자녀를 좀 더 사랑과 인내로 돌보지 못한 것이 얼마나 후회스러울까요? 한 교회에서 한 지체로 만나게 해주셨던 교인들에게 무심했던 것이 얼마나 죄스러울까요! 나의 소중한 친구들, 그 많은 시간을 함께 보낸 직장동료들과 다양한 이웃을 좀 더 사랑하지 못한 것이 너무도 아쉬울 겁니다.

아직 이렇게 쉽게 만나고 늘 볼 수 있다고 생각할 때는, 서로에 대한 섭섭한 마음, 나아가서는 미워하고 원망하는 마음을 떨치지 않은 채 그냥 살아갑니다. 그러다가 갑자기 다시 만날 수 없는 사람이 되면 후회하게 됩니다.

독일의 교인들을 생각할 때 그렇습니다. 참 속 썩이는 사람들이 있었습니다. 때로는 정말 이해할 수 없는 행동을 보이기도 했습니다. 이런 이들에 대해서 분노를 느끼기도 했고 이런 사람들과 좀 떨어져 지냈으면, 안 만나고 안 보았으면 좋겠다고 생각하기도 했습니다.

그러나 막상 독일을 떠나오면서 다시는 같이 지낼 수 없다고 생각할 때, 이런 사람들을 좀 더 감싸고 사랑해주지 못한 저 자신이 너무 부끄러웠습니다.

며칠 전 "국제시장"이라는 영화를 보았습니다. 보름 만에 500만을 돌파했습니다. 영화 전체가 참 슬프고 감동적이다 보니 많은 눈물을 흘리면서 보게 되었습니다. 그 중 저에게는 특별히 주인공이 독일에 광부로 가는 과정, 그리고 거기서 광부로 간호사로서 고생하는 장면들 하나하나가 가슴 깊이 다가왔습니다. 배설물로 범벅이 된 노인의 몸을 닦아주고 시체를 씻어내는 간호사, 깊은 탄광에 들어가서 석탄먼지를 뒤집어쓰면서 하루 종일 작업하는 광부들, 말도 안 통하는 낯선 오지에서 외롭고 힘들어하는 장면을 보면서 독일 교인들의 모습이 오버랩이 되었습니다. "그래 저렇게 힘들었겠구나! 그래 저렇게 고생했겠구나!"

그들이 살아왔을 그 고된 삶을 생생한 장면으로 보면서 제가 그들의 아픔을 제대로 이해한 것이 아니었다는 생각이 들었습니다. 그들이 자신들의 과거를 많이 이야기할 때, 귀로 듣고 머리로는 인식했는데 가슴으로 이해하지 못했던 것입니다. "좀 더 깊이 이해했다면 그들 마음의 깊은 상처와 아픔을 좀 더 따뜻하게 보듬었을 텐데, 좀 더 끌어안고 품어주었을 텐데..." 이런 후회가 들었습니다.

알면서도 우리는 잘 못하고 그래서 또 후회합니다. 서로를 가슴으로 이해한다는 것이 얼마나 귀합니까? 우리가 서로에게 조금만 더 마음을 열고 조금만 더 가슴으로 이해하려고 노력한다면, 우리는 지금보다 훨씬 더 서로를 받고 용서하고 사랑하게 될 것입니다. 그러면 누구보다도 우리 스스로가 행복하고 풍요로운 영적생활을 누리게 될 것입니다. 더 나아가 그것은 가정과 사회를 더욱 살맛나고 따뜻한 공동체로 만들 것입니다.

그렇습니다. 우리 그리스도인은 많은 일로 부름 받은 것이 아니라 한 가지 일로 부름 받았습니다. 그것은 지금 내가 관계하는 모든 사람을 사랑으로 섬기는 것입니다.

이것이 우리 안에 거하시는 성령의 강렬한 소욕입니다. 아울러 예수 그리스도의 가르침입니다. 그 가르침의 핵심이 무엇입니까? 내가 너희를 사랑한 것 같이 너희도 서로 사랑하라! 성부 하나님은 어떤 분입니까? 하나님은 사랑이시라! 삼위일체 하나님은 모두 사랑을 최고의 계명으로 가르치셨습니다.

한 해를 돌아볼 때, 이 주님의 마음을 순종하지 못한 것이 부끄럽습니다. 왜 조금 더 참아주지 못했을까? 왜 별거 아닌 것으로 그렇게 미워하고 마음을 닫고 돌아섰을까? 왜 좀 더 끌어안지 못했을까? 왜 좀 더 용서하지 못했을까?

예수님의 가르침을 생각해보십시오! 베드로가 '몇 번을 용서해야 합니까? 일곱 번까지 해야 합니까?'라고 했을 때 주님은 무엇이라고 말씀하셨습니까? 일곱 번에 일흔 번까지도 용서하라고 하셨습니다. 주님은 이러한 분이셨습니다. "남에게 대접을 받고자 하는 대로 남을 대접하라 이것이 율법이요 선지자니라!" 사랑을 몸소 실천하셨고, 그리고 그 사랑을 우리에게 요청하셨습니다.

주님을 대변해서 요한은 더 강하게 말했습니다. "그 형제를 사랑하지 아니하는 자는 하나님께 속하지 아니하니라"(요일 3:10) "누구든지 하나님을 사랑하노라 하고 그 형제를 미워하면 이는 거짓말하는 자니 보는 바 그 형제를 사랑하지 아니하는 자는 보지 못하는바 하나님을 사랑할 수 없느니라"(요일 4:20)

바울은 사랑을 율법의 완성이라고 했습니다. '간음하지 말라', '도적질하지 말라'는 모든 계명이 결국 네 이웃을 네 몸과 같이 사랑하라는 말씀 안에 다 들어있다는 것입니다.

이웃을 사랑하려고 하는 사람이 간음할 수 없습니다. 사기 치거나 도적질 하지 않습니다. 말이나 주먹으로 폭력을 행사하지 않습니다. 남에게 손해를 끼치거나 원망들을 일을 하지 않습니다. 그러므로 사랑하려고 하면 모든 율법을 다 지키게 되는 것입니다.

한 해가 저물어갑니다. 우리의 묵은 땅을 기경하고 새로운 마음 밭을 일구어갑시다. 우리 영혼의 촉수를 뻗어 좌우 주위로 살펴봅시다. 용서하지 못한 사람 사랑해주지 못한 사람이 있는지, 또는 원망 들을만한 일이 있는지를 돌아보고 또 크고 작은 불편한 관계를 정리하고 사랑의 관계로 회복합시다.

이 시간 성령께서 우리의 마음을 만지시고 새롭게 해주시기를 바랍니다. 그리고 새해에는 좀 더 많이 사랑할 줄 알고 그것을 실천하는 우리 모두가 되기를 바랍니다!

(2014년 12월 31일)

모든 사람과 더불어 화목하라

"아무에게도 악을 악으로 갚지 말고 모든 사람 앞에서 선한 일을 도모하라
할 수 있거든 너희로서는 모든 사람과 더불어 화목하라" (롬12:18~18)

우리가 세상을 살아가면서 가장 중요하면서도 어려운 것은 무엇일까
요? 사람과의 관계입니다. 이것이 행복과 불행의 가장 중요한 조건입니
다. 주위 사람들과 좋은 관계를 갖고 있는 사람은 그렇지 못한 사람에
비해 훨씬 평화롭고 안정된 심령으로 살아가게 됩니다. 반면에 주위 사
람들과 갈등이 많은 사람은 행복하기가 어렵습니다. 사람관계에서 큰
위로를 받기도 하지만, 또한 감당키 어려운 스트레스를 받기도 합니다.

2008년 취업포털 커리어의 직장인 1,500명을 상대로 설문조사를
했습니다. 그 질문은 '직무와 대인관계 중 어느 쪽이 더 큰 스트레스 요
인인가'였는데, 응답자의 60%가 대인관계에서 오는 스트레스가 더 크
다고 답했습니다.

교회 역시 다르지 않을 것입니다. 주방에서 100명분의 식사를 준비
할 경우, 마음이 맞는 사람 서너 명이 있으면 즐겁게 해치웁니다. 끝나
고도 에너지가 넘칩니다. 그러나 10명이 있어도 서로 마음이 맞지 않으
면 너무 힘듭니다. 하고 나서도 지쳐버립니다.

선교사들 역시 마찬가지입니다. 선교지에서 다양한 어려움이 있지
만, 가장 큰 어려움은 동료 선교사와의 갈등에서 오게 됩니다.

우리 속에는 사람들과 잘 지내지 못하게 하는 요소들이 많이 있습

니다. 죄는 우리 속에 미움과 질시와 거짓과 비방, 당 짓기와 원수맺음 등 사람들 사이를 분열시키는 온갖 못된 씨들을 심어놓았습니다. 그러나 성령은 오히려 전혀 반대의 일을 하십니다. 분열과 상처를 싸매시고 우리를 하나로 묶어주십니다.

우리 속에는 이 두 가지가 있습니다. 싸우려는 마음과 화목하려는 마음, 미워하는 마음과 용서하는 마음, 이 둘 사이에서 우리는 종종 방황합니다. 어느 쪽으로 기울어지느냐에 따라서 신앙생활하면서도 어둡고 불행하게 살 수도, 밝고 평화롭게 살 수도 있습니다.

우리의 신앙에서도 가장 중요한 일은 사람과 관계를 잘하는 것입니다. 그렇다면 이 사람과의 관계에서 승리하기 위해서 무엇을 해야 할까요?

첫째, 용서입니다.

누군가 나에게 악을 행합니다. 그것은 사실일수도 있고 내가 그렇게 착각할 수도 있습니다. 어쨌든 내가 당하고 느낀 그 악으로 인해서 내가 손해보고, 상처 입고, 심지어 고난의 구덩이에 떨어졌습니다. 그런 일이 없으면 좋은데 사람 사는 곳에서 없을 수가 없습니다.

이럴 때 누구에게나 일어나는 공통된 반응이 있습니다. 분노합니다. 미워하게 됩니다. 그리고 복수하고 싶어집니다.

복수의 형태는 다양합니다. 적극적으로 맞은 것만큼 그를 때릴 수 있습니다. 나의 편을 많이 만들어서 그를 곤경에 처하게 할 수도 있습니다. 그러나 소극적 복수도 많습니다. 만나도 인사하지 않습니다. 교인들로부터 가끔 그런 하소연을 듣습니다. 아무개는 자기를 보면 인사도 하지 않는다는 것입니다. 또 복수는 상대방을 은근히 소외시키는 것으로 행해질 수 있습니다. 그의 말을 무시하고 존재감을 인정하지 않습니다. 아예 대화 상대에서 제거해버립니다.

어느 것이건 결국 악을 악으로 갚는 것입니다. 우리는 하나님의 이 말씀에 귀를 기울여야 합니다. "아무에게도 악을 악으로 갚지 말고 모든 사람 앞에서 선한 일을 도모하라"(17)

용서는, 악을 만났지만 그 악을 악으로 갚지 않는 것입니다. 그리고 그것을 하나님께 맡기고 선으로써 이겨내는 것입니다. 이것이 그의 자녀를 향한 하나님의 명령입니다. 왜냐하면 그것은 결국 우리를 위한 것이기 때문입니다.

우리는 살아갈수록 이 문제가 얼마나 중요한 것인가를 깨닫게 됩니다. 나이가 들수록 상처를 주고받는 일이 많아지고, 그러한 것들이 소화되지 못한 채 우리 속에 차곡차곡 쌓여갑니다. 등을 지고 살고, 다시 보고 싶지 않은 사람들이 더 많아져 갑니다. 그 사람이 잘 되기를 결코 원하지 않습니다. 더 나아가서는 그가 불행해지기를 바랍니다.

우리의 마음속에는 아주 깊은 미움의 뿌리가 있습니다. 이 증오는 사람들을 서로 갈라놓는 치명적인 "내적폭력"입니다.

그러나 이 미움은 다른 누구보다도 자신을 불행하게 만듭니다. 미움은 상처를 입힌 상대방이 아니라 자신의 피를 빨아먹는 기생충입니다. 그 증오의 감정은 우리의 영혼을 아주 어둡고 축축한 감옥에 가두어 놓고 불행하게 만들어버립니다.

한 미국목사님의 고백이 있습니다. 그는 교회에서 자신을 괴롭히는 집사를 용서할 수 없었습니다. 교인을 미워하면서 목회하는 것이 위선적이라고 생각하면서 괴로웠고, 그래서 교회를 사임하였습니다. 그러고 난 뒤 그는 점차로 타락의 길을 갔습니다. 술을 마시고 도박을 하면서 피폐해져 갔습니다. 어느 날 술에 잔뜩 취해서 길에 쓰러져 있었습니다. 그때에 누군가 곁에 와서 그를 깨우다가 '목사님'하고 소리를 질렀습니다. 옛날 교회의 교인이었습니다. 그녀는 울음을 터뜨리며 말했습니다. "목사님 도대체 뭐하시는 거에요?" 이 말에 목사는 정신이 번쩍 들었습니다. 그는 집을 돌아와 울면서 깊은 회개를 했습니다. 그리고 다시 목회의 자리로 돌아가 목회를 잘하게 되었습니다.

미움이라는 것이 참 무섭습니다. 미움을 갖는 사람을 얼마든지 망가뜨릴 힘이 있습니다. 미움의 상처를 치료하는 치료제는 다른 무엇이 없습니다. 오직 용서입니다. 물론 그것이 쉽지 않습니다.

루이스 스머스의 〈용서의 기술〉이라는 책 서두에 '마법의 눈'이라는 동화 같은 얘기가 나옵니다. 네덜란드 프리슬란드 파켄이라는 마을에 푸케라는 빵 굽는 사내가 그 주인공입니다. 그는 완고하고 강직한 사람이었고 그의 아내 힐다는 작고 통통한 여인이었습니다. 어느 날 푸케는 아내 힐다가 남자와 간통하는 장면을 목격했습니다. 마을 사람들은 푸케가 틀림없이 힐다를 내쫓을 것이라고 생각했지만, 놀랍게도 그는 아내를 용서하고 계속 살겠다고 선언하여 사람들을 놀라게 했습니다. 그러나 사실 그는 자기 이름을 더럽힌 아내를 용서할 수 없었습니다. 분노와 수치에 사로잡히면서 그는 아내를 몸 파는 여자처럼 멸시했습니다. 겉으로는 용서하는 척 했지만 더 가혹하게 징벌한 것입니다.

그런데 푸케가 아내에게 증오심을 품을 때마다 천사가 내려와 푸케의 심장에 단추 크기만 한 조약돌을 하나씩 떨어뜨렸습니다. 그럴 때마다 푸케는 더 아픈 고통을 느꼈고, 그러면 그럴수록 그는 아내를 더욱 증오했습니다. 시간이 흐르면서 푸케의 심장은 조약돌의 무게로 점점 무거워졌습니다. 결국 상반신이 앞으로 구부정하게 휘었고 고개를 들어야만 정면을 응시할 수 있게 되었습니다. 고통에 지친 그는 죽기만 바랐습니다.

그러던 어느 날 천사가 찾아와 그에게 치료받을 수 있는 길을 가르쳐주었습니다. 마법의 눈의 기적이 필요하다고 말했습니다. 고통에 눌린 푸케가 물었습니다. "어떻게 해야 마법의 눈을 가질 수 있죠?" 천사가 대답했습니다. "그냥 달라고 구하면 된다. 구하면 네 것이 될 거야. 네가 마법의 눈으로 힐다를 바라볼 때마다 내가 심장을 찌르는 조약돌들을 하나씩 도로 가져 갈 것이다." 푸케가 달라고 요청하자 천사가 마법의 눈을 주었습니다..

마법의 눈으로 아내를 바라보자 힐다가 너무 멋지고 아름다운 여인으로 변하기 시작했습니다. 아내가 남편을 배신한 사악한 여인이 아니라 남편의 사랑과 관심, 도움이 필요한 여자로 보이기 시작했습니다. 이렇게 푸케가 아내를 마법의 눈으로 바라볼 때마다 천사는 그의 심장에서 조약돌을 하나씩 꺼내갔습니다. 그는 치료되고 아내와 다시 하나 되어 행복한 삶을 살았습니다. 마법의 눈은 바로 용서였습니다.

진정한 용서는 우리 죄인들 스스로에게서 나올 수 없습니다. 우리에게도 마법의 눈이 필요합니다. 상대방을 전혀 다르게 볼 수 있는 눈입니다. 그것은 어디서 옵니까? 우리 각 사람의 마음속에는 성령에 의해서 깊이 각인된 예수의 십자가가 있습니다. 그 십자가에서 예수님은 자신을 증오하는 자, 찌른 자, 비방하고 채찍질 한 자, 마침내 죽인 자들을 위해서 용서를 선포하시고 용서를 구하는 기도를 드리셨습니다. 그리고 그들을 진정으로 용서하시기 위해 자신의 몸을 화목제물로 드려 죽으셨고 십자가로 승리하셨습니다.

이 십자가의 하나님, 용서의 하나님이 말씀하십니다. "너희는 모든 악독과 노함과 분냄과 떠드는 것과 비방하는 것을 모든 악의와 함께 버리고 서로 친절하게 하며 불쌍히 여기며 서로 용서하기를 하나님이 그리스도 안에서 너희를 용서하심과 같이 하라"(엡 4:31-32) 먼저 하나님이 나를 용서하심 같이 나도 너를 용서하는 것입니다.

그러므로 용서는 십자가의 승리입니다. 그 용서는 우리를 미움의 뿌리로부터 해방시킵니다. 남을 용서할 때, 비로소 우리는 십자가의 의미를 이해하게 됩니다. 아니 거꾸로 십자가의 의미를 이해할 때, 우리는 비로소 남을 용서할 수 있습니다. 그럴 때 우리 자신이 치유되고 가정이 치유되고 사회가 치유되는 것입니다.

그리고 우리가 악을 스스로 악으로 갚지 않고 하나님께 맡기면서 선으로 악을 이기려고 한다면, 하나님은 가장 좋은 때에 가장 좋은 방법으로 악을 갚으시고 치유해주십니다. 용서의 사람이 됩시다.

둘째, 모든 사람과 더불어 화목하는 것입니다.

우리의 삶을 뒤돌아보면, 별것이 아닌 것이었는데 그렇게 심각하게 여기고, 분노하고 미워한 적이 많았습니다. 사실이 아니었는데 오해하기도 했습니다.

똑 같은 것을 보고도 정반대로 해석하기도 합니다.

컵에 물이 반 정도 차있는 것을 보고도 어떤 이는 '반밖에 없네'라고 말하지만, 어떤 이는 "반이나 있네"라고 말합니다. 뒤마가 쓴 〈몬테 크리스토 백작〉에 보면 그런 장면이 나옵니다. 두 어부가 바다에서 사람을 건졌습니다. 한 사람이 말합니다. "반쯤 죽었네!" 그러자 다른 사람이 말합니다. "반은 살아있네"

우리가 마음을 넓히고 이해와 긍휼의 마음을 갖는다면 우리는 훨씬 많은 사람들을 끌어안게 될 것입니다. 표면적으로는 충분히 분노할 일이지만, 보다 깊은 이해의 과정을 지나게 되면 용납할 수 있게 됩니다. 그러므로 이해의 그릇을 넓히는 것이 꼭 필요합니다.

독일에 있을 때의 일입니다. 마트에 식기세척기가 할인가로 나와 있어 구입을 했습니다. 며칠 후 배달이 되었습니다. 보통 독일 사람은 부엌에 내려만 주고 가는데, 이 독일인은 자기가 직접 연결해주겠다고 했습니다. 그리고 땀을 흘리며 호수를 연결해주고 돌아갔습니다. 배달된 세척기를 바라보며 기대에 부풀어서 작동을 시켰습니다. 요란한 물소리가 들리더니 더 이상 아무 소리도 들리지도 않고 모든 것이 조용했습니다. 문을 열수도 없었습니다. 고장 난 것이었습니다. 고장신고를 하자, 기술자가 와서 상세히 보더니 우리에게 비닐을 꺼내어 보여주었습니다. 그 비닐이 배출구를 막았다는 것입니다. 기계 자체가 고장 난 것이 아니어서 우리는 기사의 출장비까지 지불해야 했습니다. 아무리 생각해도 그 비닐이 있을 이유를 찾아낼 수가 없었습니다. 우리는 점차로 배달한 독일인을 의심했습니다. 우리가 외국인 것을 알고 골탕 먹이기 위해 그곳에 비닐을 넣은 것이라는 결론에 도달하자 우리의 분노는 극에 달했습니다. 그래서 마트로 달려가서 사실을 알리고 그 기사를 불러 조사해줄 것을 요구했습니다. 그러나 매니저 되는 사람이 한참을 갸우뚱거리더니, 그 기사는 절대로 그런 일을 할 사람이 아니라고 말했습니다. 그러면서 이렇게 설명해주었습니다. "나도 확신은 없습니다. 그러나 어쩌면 당신들 이전에 살던 사람들이 이사를 가면서 물이 나오지 않도록 호수를 잠그고 또 그 호수 끝에 비닐을 덮었을지 모릅니다. 처음 작동을 시켰을 때에 물의 압력에 못 이겨 그 비닐이 벗겨져 세척기로 들어간 것일지 모르겠습니다." 순간 저는 망치로 머리를 얻어맞은 것 같았습니다.

그의 추론이 옳다는 생각이 들자 아까 그 기사에게 너무도 미안했습니다. 그는 우리를 위해 수고하였는데, 우리는 그를 나치로 생각하고 분개했던 것입니다.

우리에게는 이런 일들이 무수히 많을 것입니다. 무엇이든지 이해하려고만 하면 이해됩니다. 그리고 좀 더 넓은 마음을 갖는다면 품지 못할 사람은 거의 없을 것입니다. 그것이 예수님의 마음입니다. 한없이 넓은 마음입니다.

하루는 제자 요한이 예수님에게 이렇게 말했습니다. "주여 어떤 사람이 주의 이름으로 귀신을 내쫓는 것을 우리가 보고 우리와 함께 따르지 아니하므로 금하였나이다"(눅 9:49) 예수님이 귀신을 내어 쫓는 것을 본 어떤 사람들이 그의 이름을 빙자해서 귀신 쫓는 사역을 했습니다. 요한은 주의 이름을 사용한다면 당연히 주를 따라야한다고 말했습니다. 그러나 그들은 예수의 제자는 되고 싶지 않았습니다. 그러자 요한은 그러면 우리 선생님의 이름을 쓰지 말라고 금지시켰습니다.

이 말에 예수님은 NO! 라고 반응하셨습니다. "예수께서 이르시되 금하지 말라 내 이름을 의탁하여 능한 일을 행하고 즉시로 나를 비방할 자가 없느니라 우리를 반대하지 않는 자는 우리를 위하는 자니라"(39-40) '물론 그들은 나를 열렬히 따르는 추종자도 아니고, 적극적으로 나의 편이 되려고 하지도 않는다. 그러나 내 이름을 의지해서 능력을 행했으니 또한 나를 반대하거나 대적하는 사람들도 아니다. 그렇다면 그들은 우리를 위하는 우리 편이다' - 이것이 사람을 대하는 예수님의 태도입니다.

요한의 시각은 "나를 100% 따르지 않으면 내 편이 아니다"였습니다. 그 반면에 예수님의 시각은 "나를 100% 반대하지 않으면 내편이다."였습니다.

예수님과 요한의 시각이 대조되는 점을 로마의 철학자 키케로의 말로 잘 정리할 수 있습니다. 그는 가이사를 칭송하면서 이렇게 말했습니다. "우리는 우리와 함께하지 않은 모든 자를 우리의 적으로 여기지만, 당신은 당신을 반대하지 않는 모든 자를 당신의 친구로 여깁니다."

요한의 시각은 결국은 "나와 함께 하지 않는 자"를 모두 나의 적으로 만들게 됩니다. 10명 중 1명이 동지가 되지만 나머지 9명이 적이 되고 맙니다. 반면 "나를 반대하지 않는 자는 모두 나의 친구이다."라는 예수님의 시각에서는 10명 중 1명이 적이 되고 9명이 동지가 되는 것입니다. 물론 그 9명 중에는 나의 어떤 점을 못마땅하게 여기고 비판하는 사람도 있고, 무슨 일이나 계획을 세울 때에 소극적이고 동참하지 않는 사람도 있을 것입니다. 그러나 이들도 동지고 친구입니다.

이것이 열린 마음입니다. 예수님의 제자들은 바로 이러한 열린 마음을 가져야 합니다. 열린 마음은 적이 될 수 있는 사람을 친구로 만들 수 있습니다.

아울러 예수를 따르는 제자들은 남이 베푼 작은 호의에도 감사하고 기억할 줄 알아야 합니다. "누구든지 너희가 그리스도에게 속한 자라 하여 물 한 그릇이라도 주면 내가 진실로 너희에게 이르노니 그가 결코 상을 잃지 않으리라"(41)

우리 말 중에 이런 말이 있습니다. "아홉 번 잘하다가도 한 번 잘못하면 원수된다." 정말 그렇습니다. 한때 자신에게 친절과 사랑을 표하고 큰 힘과 도움이 된 사람들이 있었습니다. 그러다가 불편한 일을 만난 뒤에는 그와의 관계가 소원해지고, 사소한 일에 서운함을 느끼거나 심지어 상처와 손해를 입게 되기도 합니다. 그러면 사람들은 과거 그가 베풀었던 친절과 사랑을 싹 잊어버리고, 자신에게 상처준 것만을 뱃속 깊이 간직하면서 그를 미워하게 됩니다.

그러나 예수님의 말씀은 무엇입니까? 누군가 과거에 내가 목사나, 집사나, 그리스도인이라는 이유로 물 한 그릇이라도 준 것은 잊지 말아야 합니다. 도리어 반드시 하나님으로부터 상을 받으리라고 축복하고 감사하라는 것입니다.

우리는 지금까지 살아오면서 얼마나 많은 사람들로부터 은혜를 입었습니까? 부모는 말할 나위도 없고, 아내와 남편, 형제와 친족들, 선생님들, 친구들로부터 많은 은혜를 입었습니다.

더구나 교회에서도 그렇습니다. 내게 조금이라도 은혜를 베푼 사람들은 다 나의 친구요 동역자요, 귀한 사람들입니다.

그러므로 교회 안에 적이 될 사람은 한 사람도 없습니다. 아니 가정에서도 직장에서도 마찬가지입니다. 어떤 이는 나에 대해서 반신반의할 수 있고, 내가 하고자 하는 일에 60% 반대하는 사람이 있을지 모릅니다. 이들은 적이 아닙니다. 나를 100% 반대하지 않는다면 모두 나의 동역자요 나의 편입니다.

저는 행복한 목사입니다. 교인 중에는 저의 추종자들이 있습니다. 저를 100% 좋아합니다. 저를 90%정도만 좋아하는 사람도 있습니다. 70%, 60%... 그런데 50% 이상 저를 반대하는 사람은 아마도 없는 것 같습니다. 그러므로 모두 저의 동역자들입니다.

어느 날 한 교인이 저에게 이런 이야기를 했습니다. "목사님 그 집사가 목사님에 대해 은근히 비판적인 얘기 하는 것 들었습니다." 순간 저는 '은근히'라는 말이 귀에 들어왔습니다. "음 대놓고 안한단 말이지, 그러면 70%쯤 반대하는 사람이네! OK! 내편이다!" 꼴 보기 싫은 사람 없습니다. 이렇게 생각하고 끌어안으니 제가 행복해집니다.

얼마 전 돌아가신 재야 교육자 채철규 씨로부터 저는 큰 도전을 받았습니다. 그는 청년시절 교통사고로 전신에 3도 화상을 입었습니다. 승용차에 실어뒀던 시너통이 터져버린 것입니다. 생전에 채씨는 "병원에 누워 있는데, 울고 싶어도 눈물샘까지 타버려서 울지 못했다"고 했습니다. 결국 30차례가 넘는 성형수술 끝에 그는 한쪽 눈을 잃고 손가락까지 오그라든 몸으로 살아가게 되었습니다. 아이들은 그를 ET할아버지라고 불렀습니다. 그러나 그는 이 모든 시련을 이겨내고 청십자운동, 농촌계몽운동 등을 일으켰습니다. 뿐만 아니라 두밀리 자연학교를 운영하는 등 2세 교육을 위해 힘쓰다가 타계했습니다. "우리 사는 데 'F'가 두 개 필요해. 'Forget(잊어버려라), Forgive(용서해라).' 사고 난 뒤 그 고통 잊지 않았으면 나 지금처럼 못 살았어. 잊어야 그 자리에 또 새 걸 채우지. 또 이미 지나간 일 누구 잘못이 어디 있어. 내가 용서해야 나도 용서 받는 거야."

잊고 용서하는 것! 바로 그것이 행복의 근원입니다. 가족 간에 받은 상처 잊으십시오! 교인들 간에 받은 상처 잊으십시오! 그리고 용서하십시오! 그리고 모든 사람과 더불어 평화하도록 하십시오!

그것이 내가 행복하게 되고, 이웃이 행복하게 되는 길입니다.

(2019년 6월 8일)

일치와 연합을 이루는 신앙

"그러므로 그리스도 안에 무슨 권면이나 사랑의 무슨 위로나 성령의 무슨 교제나 긍휼이나 자비가 있거든 마음을 같이하여 같은 사랑을 가지고 뜻을 합하며 한마음을 품어 아무 일에든지 다툼이나 허영으로 하지 말고 오직 겸손한 마음으로 각각 자기보다 남을 낫게 여기고 각각 자기 일을 돌볼뿐더러 또한 각각 다른 사람들의 일을 돌보아 나의 기쁨을 충만하게 하라 너희 안에 이 마음을 품으라 곧 그리스도 예수의 마음이니 그는 근본 하나님의 본체시나 하나님과 동등됨을 취할 것으로 여기지 아니하시고 오히려 자기를 비워 종의 형체를 가지사 사람들과 같이 되셨고 사람의 모양으로 나타나사 자기를 낮추시고 죽기까지 복종하셨으니 곧 십자가에 죽으심이라 이러므로 하나님이 그를 지극히 높여 모든 이름 위에 뛰어난 이름을 주사 하늘에 있는 자들과 땅에 있는 자들과 땅 아래에 있는 자들로 모든 무릎을 예수의 이름에 꿇게 하시고 모든 입으로 예수 그리스도를 주라 시인하여 하나님 아버지께 영광을 돌리게 하셨느니라" (빌2:1~11)

독일에서 공부할 때 저의 지도교수면서 논문의 주심인 링크교수님과 부심인 A교수님이 있었습니다. 두 사람은 다 조직신학에 있어서는 탁월한 신학자들이었습니다. 두 분의 강의는 되도록 빠지지 않고 참석해서 들었습니다. 그런데 재미있는 것은 부심이었던 A교수는 강의에서 자기의 견해를 말한 후 종종 이런 말을 했습니다. "나는 이런 점에서 링크교수와 의견을 달리하고 있다." 반면에 링크교수는 늘 이렇게 말했습니다. "나와 A교수는 같은 생각이다."

왜 교수 사이에 생각이나 주장의 차이가 없겠습니까? 그런데 A교수는 자신과 링크교수의 다른 점을 부각시키려고 했고, 반면에 링크교수는 서로가 같은 마인드라고 하는 것을 강조하려고 했던 것입니다.

그래서 그런지 링크교수 주위에는 사람들이 많았습니다. 어떤 신학자를 얘기하면 "아, 그 사람 내 친구다"라고 말하곤 했습니다. 적이 없는 것 같았습니다. 서로 다른 사람들을 연합하게 하는 능력이 있어서인지 조직신학계의 큰 학회 대표를 여러 해 하면서 잘 이끌어갔습니다.

우리가 꿈꾸는 그리스도인은 바로 이런 일치와 연합을 이룰 줄 아는 신앙인입니다. 왜 그렇습니까? 우리가 몸담고 있는 가정이나 교회, 사회 공동체에는 항상 다툼과 분열의 위기가 도사리고 있기 때문입니다.

지난 세기를 돌아보면 우리는 이것이 얼마나 중요한 것인지를 깨닫게 됩니다. 20세기 인류는 분열과 다툼의 비극이 어떤 것인지를 똑똑히 보여주었습니다. 전반기 두 차례의 세계대전이 일어나 각각 천만 명과 오천만 명이 넘는 사람들이 목숨을 잃었습니다. 유태인 6백만 명이 학살당하고, 히로시마와 나가사키에 원자폭탄이 투하되었습니다.

종전으로 평화가 온 것이 아니라 철의 장막이 쳐졌습니다. 그래서 20세기 후반 50년간 세계는 자본주의와 공산주의의 대결로 이어졌습니다. 그리고 그 첫 번째 대결의 장이 바로 우리 한반도였습니다. 6.25 전쟁으로 5백만 명이 넘는 사람들이 죽었습니다. 20세기 말 동구 공산권이 무너지면서 세계 곳곳이 평화와 안정을 얻고 있지만, 이 한반도에는 이념의 대결과 전쟁의 위협이 계속되고 있습니다. 이것은 아직 해결되지 않은 우리의 과제입니다. 우리 시대에 꼭 풀어야 할 우리의 숙제입니다.

그러나 이런 큰 과제를 풀기에는 우리 사회나 국민 한 사람 한 사람이 아직 성숙되지 못했습니다. 일치와 연합을 지향하기 보다는 오히려 대결과 분열에 더 익숙해 있습니다. 남북관계나 여야 정치권뿐만이 아닙니다. 우리 일상의 삶도 마찬가지입니다.

이전에 한번 말한 통계를 다시 생각해봅시다. 이웃나라 일본은 우리보다 인구가 2.5배나 많은 나라입니다. 그런데 1년에 고소고발 건수가 2만 건 정도에 불과합니다. 그러나 우리는 무려 50만 건이 넘습니다. 인구비례로 계산한다면 일본에 비해 우리 사회에 분쟁과 시비가 50배 이상 많다는 이야기입니다.

왜 그러겠습니까? 김진홍목사는 일제 식민지의 왜곡된 교육의 결과라고 말합니다. 이로 인해 우리도 모르게 자아상이 일그러지면서 서로 불신하고 다투고 시비를 일삼는 근성으로 자라게 되었다는 것입니다. 이 분석이 맞건 틀리건 어쨌든 우리는 잘 싸웁니다. 분쟁도 많고 갈라서기도 잘합니다. 불편한 진실입니다.

그러므로 우리 사회는 그야말로 평화의 사도들을 필요로 하고 있습니다. 가정에서부터 국가공동체에 이르기까지 일치와 연합을 만들어갈 줄 아는 사람들을 간절히 원하고 있습니다.

교회가 그 일을 해야 합니다. 그런데 그것을 해야 할 교회는 어떠합니까? 어느 날 지도교수가 독일에서 발간된 세계 교회 안내 책자를 가져와서 책자에 실린 내용이 사실이냐고 물었습니다. 그 책에는 150개가 넘는 한국 장로교단들의 실태와 거기에 속해 있는 여러 교단 이름이 열거되어 있었습니다. 장로교단이 이처럼 많은 나라가 한국밖에 없습니다. 교단에 내분이 일면서 분열에 분열을 거듭한 것입니다. 그 분열의 책임은 평신도가 아닙니다. 목사들에게 있습니다. 부끄러운 자화상입니다. 개교회가 분열할 때도 책임의 대부분은 교회 지도자들에게 있습니다.

이런 분열의 과정에서 얼마나 많은 성도들이 상처를 입고 교회를 떠났겠습니까! 하나님의 말씀을 가르치고 배우는 교인들의 수준이 우리 사회의 수준을 넘어서지 못하고 있습니다. 어떤 때는 오히려 신앙인들이 더 옹졸해서 더 잘 나뉘고 분열합니다.

우리가 복음을 잘못 이해하고 있는 것입니다. 너무 한쪽으로만 치우쳐서 이해하고 가르치는 것입니다. 머리를 붙잡지 못하는 것입니다.

오늘 이 복음의 핵심 진리가 담겨진 소중한 말씀을 통해서 우리를 돌아봅시다. 빌립보교회 역시 갈등이 있었습니다. "마음을 같이하여 같은 사랑을 가지고 뜻을 합하며 한마음을 품어"(2) 바울이 반복해서 강조하고 있는 말씀 속에 그러한 현실이 반영되어 있습니다. 분열의 주모자는 유오디아와 순두게라는 두 여성 지도자였습니다. 아마도 이들은 누구보다도 헌신적으로 주님과 교회를 섬기는 자들이었을 것입니다. 그러나 문제는 한마음 한뜻이 아니었고, 지도자의 그런 갈등은 고스란히 교회의 갈등이 되었던 것입니다.

바울은 간곡하게 해결점을 제시했습니다. "너희 안에 이 마음을 품으라 곧 그리스도 예수의 마음이니"(5) 그 마음이 어떤 것입니까? "그는 근본 하나님의 본체시나 하나님과 동등됨을 취할 것으로 여기지 아니하시고"(6)

이 구절은 성경에서 삼위일체를 가르쳐주는 유명한 말씀입니다. 그리스도는 근본 성부하나님의 본체이시고 그와 동등하신 분입니다. 성령도 마찬가지입니다. 즉 성부, 성자, 성령 하나님은 서로 구별되지만, 그 본질과 영광과 능력에 있어서 동일하신 한 하나님입니다. 이것이 삼위일체입니다.

이 삼위일체의 하나님은 서로 구별되는 인격으로 존재하지만 그 안에는 갈등이나 분열이 있을 수 없는 완전한 합일입니다. "아버지여, 아버지께서 내 안에, 내가 아버지 안에 있는 것 같이 그들도 다 하나가 되어 우리 안에 있게 하사 세상으로 아버지께서 나를 보내신 것을 믿게 하옵소서"(요 17:21)

이처럼 우리의 주 하나님은 삼위일체로서 그 존재 자체 속에 이미 이 거룩한 메시지를 담고 있습니다. "하나 됨" - 그 하나님은 그의 자녀들 역시 그와 같이 하나가 되기를 원하십니다. 나아가 죄로 오염되어 하나님과 분리된 모든 만물이 다시금 그 안에서 통일되기를 원하십니다.

이러한 하나님아버지의 간절한 뜻을 이루기 위해 성자하나님이 그 동등하신 영광의 자리에서 내려오셨습니다. 자기를 비워 종의 형제를 입고 사람과 같이 되셨습니다. 그리고 십자가에서 죽기까지 복종하셨습니다.

그러므로 하나님아버지가 그를 높이 드셔서 모든 이름 위에 뛰어나게 하시고 모든 만물이 그 앞에 무릎을 꿇게 하셨습니다. 이제 주께서 영광중에 다시 오시는 날 만물은 다시금 하나님과 완전한 통일을 이룰 것입니다. 모든 피조세계와 완전한 하나 됨을 이루시는 것이 우리 하나님의 경륜의 최종 목적입니다.

그런데 지금 우리 속에 이루어진 하나 됨은 우리가 만든 것이 아닙니다. 그리스도의 성육신과 대속의 죽음으로 우리 죄가 씻긴 뒤 우리 안에 오신 성령이 우리를 하나로 만드신 것입니다. 이제 우리는 그 성령의 하나 되게 하신 것을 지켜가야 합니다.

어떻게 지켜갑니까? 그리스도의 마음을 품는 것입니다. 그는 이 하나 됨과 연합을 이루기 위해서 몸소 겸손과 순종의 도를 보여주셨습니다. 즉, 일치와 연합을 위해 어떤 큰 대가라도 지불하겠다는 의지, 나아가 십자가를 지려고 하는 마음을 품는 것입니다.

교회는 먼저 일절 하나 됨의 모범이 되어야 합니다. 교회의 분열은 세상에서 그리스도의 영광을 가리는 것입니다. 교회공동체는 우리가 일치와 연합의 사람으로 세워져가는 훈련장입니다.

그 훈련지침은 이것입니다. "아무 일에든지 다툼이나 허영으로 하지 말고 오직 겸손한 마음으로 각각 자기보다 남을 낫게 여기고 각각 자기 일을 돌볼뿐더러 또한 각각 다른 사람들의 일을 돌보아 나의 기쁨을 충만하게 하라"(3-4)

예수님이 보이신 겸손의 마음이 중요합니다. 자신의 인격과 지식의 부족함을 늘 인정하는 것입니다. 그리고 다른 사람에 대해서 긍정적이고 열린 마음을 갖는 것입니다.

무엇보다 가장 무서운 것은 영적교만입니다. 좁고 깊게 파고드는 사람일수록, 조금 알면서 신념이 강한 사람일수록 대화가 어렵습니다. 그 속에 온갖 선입견으로 꽉 차서 다른 이론에 귀를 기울이지 못합니다. 편견과 자기 확신은 항상 분열의 원인이 되게 합니다.

물론 당연히 우리가 양보할 수 없는 진리가 있습니다. 그러나 조심해야 합니다. 내가 알고 있는 것을 유일한 진리로 주장하면서 그것을 보수하겠다고 하는 경우가 많습니다. 특별히 보수적인 신앙을 가진 사람들이 주의해야 합니다. 대부분 장로교회의 분열이 믿음이 좋다고 자처하는 보수교단에서 일어났다는 사실이 이것을 말해줍니다.

우리는 서로 다른 것, 서로에게 맞지 않는 것이 많은 사람들입니다. 이렇게 서로 다른 것만을 보면 모두가 이질적인 사람, 함께 할 수 없는 사람, 심지어는 적으로 느껴집니다.

요한이 그러했습니다. 그는 예수의 이름으로 귀신을 쫓는 사람들을 향해 자신들을 따르지 않으려면 그 이름을 사용하지 말라고 제지했습니다. 100% 나와 꼭 같이 하지 않는 사람과는 친구하지 않겠다는 말입니다. 이러한 요한의 시각은 항상 분열의 동기가 됩니다. 적이 많은 것입니다.

그러나 예수님은 이런 요한을 책망하셨습니다. "금하지 말라 너희를 반대하지 않는 자는 너희를 위하는 자니라."(50) 나를 정면으로 대적하는 자 외에는 다 내편입니다. 예수님의 시각에서는 나와 100% 다르지 않은 사람은 모두 내편입니다. 열에 일곱 여덟이 달라도 다 내편입니다. 나와 성격이 맞지 않고, 습관과 신앙 스타일이 다르고 사고방식이 달라도 다 내편입니다.

우리가 주님의 눈으로 교회를 둘러보면 모든 교인들이 다 내편이고 내 형제고 자매들입니다. 우리는 한 아버지, 한 주를 모시고 사는 같은 영을 받은 같은 성도들입니다. 얼마나 큰 공통점을 갖고 있습니까? 나와 원수 될 사람은 아무도 없습니다. 내가 배제하거나 등 돌릴 사람도 아무도 없습니다.

그러므로 목장에서나 기관에서나 모든 교회모임 속에서 우리는 항상 일치와 연합을 잘 이루는 성숙한 신앙인으로 훈련받고 성숙해가야 합니다.

그리고 이런 눈과 자세를 교회 밖에서 실천해야 합니다. 먼저 가정을 잘 지키십시오! 이미 이혼한 분들에게는 미안하지만, 저는 성경의 가르침으로 말합니다. 이혼하지 마십시오! 이혼을 쉽게 여기는 이 세대의 풍조를 좇지 마십시오! 남편이나 아내와 맞지 않는 것, 일치하지 않는 것을 자꾸 바라보지 마십시오! 도리어 함께 한 세월을 귀하게 여기고,

함께 낳고 키운 자녀를 생각하고, 서로 공통점을 찾아 그것을 소중히 여기십시오! 가족 간의 일치와 연합을 위해서 노력하십시오! 특히 믿는 우리가 이 일에 앞장섭시다!

직장도 공동체입니다. 내 삶의 절반이 이루어지는 곳입니다. 죄 짓는 것이 아닌 한 잘 맞추어주십시오! 사주의 입장을 이해해주고, 동료들을 돌아보고, 부하직원과 내가 고용한 사람들의 사정을 헤아리는 겸손한 마음이 필요하지 않습니까! 그들을 적으로 생각하면 우리 일상은 적과의 동침이 됩니다. 불행하지 않습니까! 그들은 적이 아니라, 동료요 친구요 가족입니다. 직장을 사랑하십시오! 직장을 위해 헌신하십시오! 행복한 곳으로 만들어야 합니다. 세상풍조를 좇아 돈 몇 푼 더 받겠다고 쉽게 직장을 옮기지 마십시오! 하나님께서 직장에서의 어려움을 이겨낼 힘을 주실 것입니다.

국가는 종교, 정치이념, 세대 간의 갈등을 비롯해서 훨씬 더 복잡하고 다양한 분쟁의 요소를 안고 있습니다. 그러므로 그리스도인들의 더욱 더 성숙한 사고가 요구되는 곳입니다. 우리는 예수 그리스도 이외에는 아무도 구원받을 수 없음을 확신하지만, 이 사회 속에서 다른 종교의 권리도 존중해야 합니다. 종교적인 충돌은 한번 일어나면 그것을 치유하기란 정말 힘든 것입니다.

이념의 갈등으로 찢겨진 이 사회 속에서 우리가 어떻게 일치와 연합을 이루어 갈지를 놓고 항상 고민해야 합니다. 어느 한쪽에 세뇌당해서 부하뇌동하지 않으면서, 사실을 객관적으로 보고 이해하고 비판하고 화해를 이루어가는 길이 무엇인가 고민해야 합니다. 그 길은 단순하지 않습니다. 그러나 노력해야 합니다. 우리 사회는 그런 사람이 많아져야 합니다.

말씀을 맺겠습니다. 바울은 분열의 위기에 있었던 로마교회에 이런 권면을 했습니다. "하나님의 나라는 먹는 것과 마시는 것이 아니요 오직 성령 안에 있는 의와 평강과 희락이라 이로써 그리스도를 섬기는 자는 하나님을 기쁘시게 하며 사람에게도 칭찬을 받느니라 그러므로 우리가 화평의 일과 서로 덕을 세우는 일을 힘쓰나니"(롬 14:17-19)

이 시대, 주님의 제자로 부름 받은 우리들 모두가 자신이 몸담고 있는 공동체 속에서 의와 화평을 이루는 평화의 사자들이 되기를 바랍니다.

(2012년 7월 29일)

힘이 아닌 섬김의 신앙

"말씀하실 때에 열둘 중의 하나인 유다가 왔는데 대제사장들과 백성의 장로들에게서 파송된 큰 무리가 칼과 몽치를 가지고 그와 함께 하였더라 예수를 파는 자가 그들에게 군호를 짜 이르되 내가 입맞추는 자가 그이니 그를 잡으라 한지라 곧 예수께 나아와 랍비여 안녕하시옵니까 하고 입을 맞추니 예수께서 이르시되 친구여 네가 무엇을 하려고 왔는지 행하라 하신대 이에 그들이 나아와 예수께 손을 대어 잡는지라 예수와 함께 있던 자 중의 하나가 손을 펴 칼을 빼어 대제사장의 종을 쳐 그 귀를 떨어뜨리니 이에 예수께서 이르시되 네 칼을 도로 칼집에 꽂으라 칼을 가지는 자는 다 칼로 망하느니라 너는 내가 내 아버지께 구하여 지금 열두 군단 더 되는 천사를 보내시게 할 수 없는 줄로 아느냐 내가 만일 그렇게 하면 이런 일이 있으리라 한 성경이 어떻게 이루어지겠느냐 하시더라 그 때에 예수께서 무리에게 말씀하시되 너희가 강도를 잡는 것 같이 칼과 몽치를 가지고 나를 잡으러 나왔느냐 내가 날마다 성전에 앉아 가르쳤으되 너희가 나를 잡지 아니하였도다 그러나 이렇게 된 것은 다 선지자들의 글을 이루려 함이니라 하시더라 이에 제자들이 다 예수를 버리고 도망하니라" (마26:47~56)

세상이 돌아가는 것을 보면 힘의 원리가 어디서나 작용합니다. 국제관계는 말할 나위도 없습니다. 공평하지 않습니다. 힘이 없는 국가가 밀리고 당하기 마련입니다. 생존경쟁이 치열한 직장이나 사회생활에서도 힘 있는 사람의 뜻이 관철됩니다.

이런 힘의 원리는 형제들 간에도, 부모 자식 간에도 심지어는 부부 간에도 보이지 않게 작용합니다. 초등학교 교장으로 있다가 퇴직한 임 모(62)씨의 가정을 들여다봅시다. 퇴직 전 가정에서의 최종 결재권자는 항상 임씨였습니다. 그는 집안의 어른으로 목소리가 컸고 아내는 늘상 고분고분했습니다. 그런데 퇴직 후 힘의 구도가 바뀌었습니다. 우선 임 씨는 '방콕 생활'에 매일 세끼 식사를 집에서 하다보니 가정에서 전혀 '존경' 받고 있지 못합니다. 흔히 일식님, 이식군, 삼식놈이라는 말이 있 는데, 그는 그야말로 삼식놈이 된 것입니다. 그러면서 아내의 목소리 '톤'이 점점 높아지더니 결국 가정에서의 최종 결재권이 아내에게 넘어 가고 말았습니다. 임씨는 '통보' 받고 '추인' 하는 일만 합니다. 최근 딸의 결혼식이 있었는데 혼수품부터 저축상품 들기까지 모두 아내가 결정했 습니다. 임씨는 "처음에는 저항하고 싶었지만 이제 마음을 고쳐먹었다" 고 말했습니다. 이제 위상변화를 실감하고 받아들이는 것입니다.

여러분은 어떻습니까? 지금 이런 힘의 원리를 민감하게 느끼는 어떤 상황 속에 있지 않습니까? 아니 우리 자신 역시 이런 힘의 원리가 몸에 깊이 배어있지 않습니까?

믿음이라는 것을 생각해봅시다. 우리는 예수를 믿는 사람들입니다. 그런데 예수를 믿는다는 것은 그를 신뢰하여 그의 길을 따르는 것입니 다. 그런데 우리는 머리로는 믿지만, 삶은 여전히 세상에서 교육 받고 몸에 배어있는 대로 살아가기 쉽습니다. 이 세대를 본받아 살던 옛사람 의 마음을 새롭게 변화시켜야 합니다. 이것을 위해서 먼저 하나님의 선 하시고 기뻐하신 온전하신 뜻이 무엇인지 분별해야 합니다.

오늘 이 세대가 추구하는 소위 힘의 원리에 대한 주님의 가르침에 귀를 기울여봅시다. 그 위대한 설교는 바로 여기 겟세마네 동산에서 선포되고 있습니다.

가룟 유다의 인도를 받은 유대인들이 예수를 잡으려고 칼과 몽둥이로 무장하고 왔습니다. 이처럼 무장하고 온 것은 예수님 주위에도 열명이 넘는 장정들이 있었기 때문입니다. 아니나 다를까, 제자들은 순순히 물러서지 않고 힘으로 맞서려 했습니다. 수제자 베드로가 먼저 검을 빼서 가장 앞에 달려드는 대제사장의 종 말고의 귀를 내리쳤습니다.

불의한 무력에 대해서 무력으로 저항하는 것입니다. 인간의 역사 속에서 이러한 무력저항이 필요할 때도 있습니다. 우리나라의 경우 3.1운동은 일제에 대한 비폭력 저항운동이었지만, 그 이후 독립군은 무력으로 대결하였습니다. 우리 국민 중에 안중근의사와 윤봉길의사가 총과 폭탄으로 적장을 살해한 것을 탓할 사람은 없을 것입니다. 그러나 대체로 무력은 또 다른 무력을 불러오기 마련입니다. 무력은 문제를 궁극적으로 해결하는 것이 아닙니다.

예수님은 제자들을 제지하면서 말씀하셨습니다. "너는 내가 내 아버지께 구하여 지금 열두 군단 더 되는 천사를 보내시게 할 수 없는 줄로 아느냐"(53)

예수님이 힘이 없는 것이 아닙니다. 수 천 수만의 천사들을 동원할 힘이 있습니다. 옛날 선지자 엘리사를 잡기위해 성을 포위한 아람군대가 성을 에워싼 천사들의 공격을 받으니 다 눈이 멀면서 고스란히 이스라엘의 포로가 되고 말았습니다. 얼마나 통쾌한 장면입니까!

그러나 주님은 그의 힘으로 그런 통쾌한 장면을 연출하지 않으셨습니다. 도리어 순순히 손을 내밀어 끌려가셨습니다. 이 불의한 자들에게 침 뱉음과 수욕, 폭력과 채찍질에 대항하지 않고 묵묵히 당하셨습니다. 온갖 고소와 거짓증거에 침묵하셨습니다. "그가 곤욕을 당하여 괴로울 때에도 그의 입을 열지 아니하였음이여 마치 도수장으로 끌려가는 어린 양과 털 깎는 자 앞에서 잠잠한 양 같이 그의 입을 열지 아니하였도다"(사 53:7)

마지막에 결국 십자가에 못 박히셨습니다. 그를 믿고 따르는 사람들 중에는 마지막 반전을 기대하는 사람도 있었을 것입니다. 그러나 반전은 일어나지 않았습니다. 그는 여느 무기력한 죄수들처럼 숨을 거두시고 무덤에 갇히셨습니다.

왜 그러셨습니까? 인류를 구원할 하나님의 뜻을 이루시기 위해서였습니다. 이것이 그에게 정해진 길이었습니다. 이것을 위해서 세상에 오신 것입니다. "인자가 온 것은 섬김을 받으려 함이 아니라 도리어 섬기려 하고 자기 목숨을 많은 사람의 대속물로 주려 함이니라."(마 20:28) 그러나 그것이 결국은 승리의 길이었습니다. 죽으심의 과정을 지나 부활에 이르셨고, 이로 이해 인간을 지배하던 죄와 사망의 권세는 무장해제 당하게 되었습니다.

주님은 그의 제자들에게도 동일한 길을 좇으라 하셨습니다. "내가 주와 또는 선생이 되어 너희 발을 씻었으니 너희도 서로 발을 씻어 주는 것이 옳으니라 내가 너희에게 행한 것 같이 너희도 행하게 하려 하여 본을 보였노라"(요13:14-15) 가진 힘으로 지배하는 길이 아니라, 도리어 섬기는 길입니다.

초대교회 성도들은 이 가르침 그대로 살아갔습니다. 그들은 사회적인 약자였습니다. 사도행전에 보여주는 교회는 복음을 위해 핍박받고 순교하는 교회였습니다.

이후에도 교회는 오랜 세월 박해의 시기를 통과해야 했습니다. 지금도 로마에 가면 과거 성도들이 숨어서 예배를 드리며 살았던 카타콤을 방문하게 됩니다. 예수 믿는 것 때문에 직장을 잃고 집에서 쫓겨났습니다. 감옥에 갇히기도 하고 고문과 매질을 당하기도 했습니다. 그러나 성도들은 악을 악으로 대적하지 않았고, 무력을 무력으로 대항하지 않았습니다.

그러나 그러한 무저항이 도리어 사람들 속에 감명을 주었습니다. 사람들은 그들 속에 있는 소망의 힘을 보았던 것입니다. 이 소망의 원인이 무엇이냐고 묻는 이들에게 또한 온유와 겸손으로 답해주었습니다. 이 것이 신앙의 능력이었습니다. 세상을 감동시키는 신앙의 능력은 많은 권력과 재물 속에 있는 것이 아니었습니다. 가난과 압제 속에서도 믿음을 저버리지 않고 견뎌나가는 소망의 힘, 바로 거기에 있었습니다.

그러나 313년 밀라노 칙령이후 사람들이 교회로 몰려들면서 상황은 달라졌습니다. 국민의 20%, 30%, 50% 그리고 점차로 국민 대부분이 기독교인이 되면서 교회에는 점차 세상의 힘이 주어졌습니다.

4세기 말 로마의 데오도시우스황제가 7천명의 데살로니가 시민을 학살하는 사건이 있었습니다. 당시 밀라노의 감독 암브로즈는, 설교 중 황제의 비인간적인 만행을 책망했고, 나아가 황제를 8개월간이나 파문했습니다. 황제는 결국 암브로즈의 영적권위에 무릎을 꿇고 390년 성탄절 자기의 죄를 공개적으로 통회 자복하였습니다. 기독교회는 더 이상 박해와 핍박을 당하던 그런 교회가 아니었습니다.

중세로 들어가면서 교회는 성직자임명권을 놓고 세속권력과 힘겨루기를 하는 가운데, 교황 그레고리 7세가 신성로마제국의 황제 하인리히 4세를 파문하였습니다. 황제는 교황이 머물고 있었던 알프스 카놋사로 찾아왔습니다. 그리고는 내복만 입은 채 눈 위를 맨발로 걸어와 교황에게 사죄를 했습니다. 이 카놋사의 굴욕은 교회의 힘이 국가 위에 있음을 보여주는 것이었습니다.

그러면서 교회는 겟세마네에서 주신 주님의 가르침을 잊어갔습니다. 도리어 힘의 원리를 앞세우는 타락의 길을 가게 되었던 것입니다. 과거 유대인의 핍박을 받던 기독교는 이제 오히려 개종하지 않는 유대인들을 핍박했습니다. 이런 핍박은 결국 나치의 6백만명 유대인 학살로 끝장나고 말았습니다. 이 잔혹한 홀로코스트의 배후에 힘을 앞세운 기독교가 있음을 간과할 수 없습니다.

11세기 이슬람교도들로부터 성지 예루살렘을 탈환하자는 명분하에 교황 우르반 2세는 십자군원정을 제창하였습니다. 이렇게 시작하여 200년간 지속된 기독교도들의 십자군전쟁은 힘과 무력으로 다른 종교를 제압하려는 그릇된 길이었습니다.

이후 근대로 오면서 유럽의 기독교 국가들은 영토 확장을 꿈꾸며 앞다투어 제국주의의 길을 걸었습니다. 아메리카와 아프리카, 아시아 주민들을 무지막지하게 폭력으로 지배했습니다. 이런 정복전쟁의 과정에 선교사가 연루되기도 하였고, 선교를 위해 이런 식민지화를 정당화하기도 하였습니다. 이것은 예수님의 가르침과 역행하는 것입니다.

그리고 오늘날 이런 힘의 원리를 미국이 고스란히 이어받았습니다. 그리고 미국의 복음적이고 보수적인 많은 교인들은 힘으로 세계를 지배하는 자국에 대해 대단한 긍지를 가지고 있습니다. 기독교를 위협하는 이슬람세계를 무력으로라도 분쇄해야 한다는 생각으로 미국이 일으키는 전쟁을 의로운 전쟁이라며 동조합니다. 과연 옳은 것입니까?

우리는 예수님의 가르침을 가슴에 깊이 담아야 합니다. "이에 예수께서 이르시되 네 칼을 도로 칼집에 꽂으라 칼을 가지는 자는 다 칼로 망하느니라"(52)

세상의 힘을 앞세우고 그 권력을 방패삼아 복음을 전하려고 하는 것은 복음에 대한 수치입니다. 복음은 전능하신 주께서 우리를 구원하시기 위해 연약한 자로 십자가에서 죽으신 섬김의 사건입니다. 우리가 복음의 사자라고 하는 것은 그 십자가를 우리도 지고, 복음 받을 자를 겸손히 섬겨 그를 생명의 길로 인도하는 자라는 의미입니다.

그런 의미에서 우리는 결코 힘의 원리를 따라 사는 자가 아니라, 섬김의 원리를 좇아 사는 자가 되어야 합니다. 이것이 바른 신앙입니다.

한국의 기독교도 마찬가지입니다. 우리는 지금 묘한 힘의 원리에 사로잡혀 있습니다. 개신교인이 전체 국민의 20%를 넘어가면서 사회적인 힘과 영향력을 갖게 되었습니다. 개신교는 가난하고 소외된 자의 종교가 아닙니다. 서울 강남은 50% 이상이 개신교인이라고 합니다. 역대 대통령 중 세 명이 장로입니다. 다른 종교들이 개신교를 벤치마킹하고 있습니다. 교회는 자기도 모르게 힘과 영향력을 가지게 되었습니다.

이러한 상황 속에서 교회는 전도와 선교, 심지어 교회의 성장과 이익도 힘의 원리를 좇아서 추구하려고 할 수 있습니다. 큰 교회가 작은 교회를 누르려 하고, 도움을 준다는 명분으로 도움 받는 교회에 대해 오만과 무례함을 가질 수 있습니다. 큰 교회의 교인들 속에 있는 교회에 대한 자긍심에는 종종 힘에 대한 프라이드가 뒤섞여있습니다.

우리의 일상의 삶으로 돌아와 봅시다. 우리 역시 힘을 가진 사람일 수 있습니다. 그 힘을 갖고 상대방을 누를 수 있습니다. 억울한 감정을 갖게 할 수도 있습니다. 힘 있는 부모로서 자식에게, 힘 있는 자식으로 부모에게, 힘 있는 형제가 가난한 형제들에게 불편부당한 일을 할 수 있습니다. 누구에게 자비와 구제를 베풀었다고 해서 그를 좌지우지하려는 생각을 가질 수 있습니다. 상관이기에 직원이나 부하 위에 서려고 할 수 있고, 소위 끗발이 큰 자리에 서서 큰소리치며 하급기관 위에 군림하려

할 수 있습니다. 심지어 우리나라는 아직도 사회 구석구석에 폭력이 난무하고 성추행이 벌어지고 있습니다. 힘 있는 자가 자신에게 주어진 힘으로 힘없는 자를 지배하는 것입니다.

그러나 우리는 그리스도인입니다. 열두 군단 더 되는 천사를 움직일 힘이 있음에도 구원받을 자들을 위해 말없이 십자가를 지신 그리스도를 따르는 자들입니다. 그리스도는 겸손과 온유의 주님입니다.

그러므로 우리는 그런 분의 복음을 힘으로 강요해서는 안 됩니다. 여러분의 며느리에게 믿음을 강요하지 마십시오! 직원들에게 학생들에게 믿음을 강요하지 마십시오! 어떤 가정이나 직장에서는 믿는 자들이 불신자들로부터 핍박을 받지만, 어떤 곳은 거꾸로 믿지 않는 자들이 핍박을 받습니다. 교인들이 힘을 가진 자들이기 때문입니다.

비신자들이 무언의 압박에 의해서 교회를 나오게 된다면 오래 가지 못합니다. 그들은 여러분과 상관이 없어질 때에 자의로 교회를 떠나게 될 것입니다. 전도는 온유와 겸손과 인내로 하는 것입니다.

세상은 힘을 지향합니다. 힘을 가진 사람이 영향력 있는 사람이라고 생각합니다. 그러나 힘으로 펼치는 영향력은 오래 가지 못합니다. 그 영향력이란 사실 사람들 속에 또 다른 힘을 동경하는 왜곡된 가치관을 심어줄 뿐입니다.

우리가 꿈꾸는 그리스도인은 힘이 있건 없건 섬기는 사람들입니다. 섬김을 통해서 세상에 선한 영향을 미치고 세상을 변화시키는 사람들이 되어야 합니다.

우리 모두가 이런 선한 그리스도인들로 세워지기를 바랍니다.

(2012년 7월 15일)

낮은 자의 주님

"예수께서 요한이 잡혔음을 들으시고 갈릴리로 물러가셨다가 나사렛을 떠나 스불론과 납달리 지경 해변에 있는 가버나움에 가서 사시니 이는 선지자 이사야를 통하여 하신 말씀을 이루려 하심이라 일렀으되 스불론 땅과 납달리 땅과 요단 강 저편 해변 길과 이방의 갈릴리여 흑암에 앉은 백성이 큰 빛을 보았고 사망의 땅과 그늘에 앉은 자들에게 빛이 비치었도다 하였느니라"(마 4:12-16)

우리나라에서 좋은 직업을 흔히 '사'자가 붙은 직업이라고 말합니다. 변호사, 의사, 간호사, 약사, 교사 등등의 직업입니다. 어떤 것은 선비士 자, 어떤 것은 스승 師자를 붙입니다. 사람들이 이런 직업을 선호하다보니, 그런 사람들을 배출하는 학과는 높은 입시 경쟁률을 갖게 되고, 그러다보니 자연히 수재들이 몰리게 됩니다. 여러분도 그런 수재들에 들어가는 사람이라고 생각합니다.

그 중에서 특별히 사람의 몸을 치료하는 직업은 예로부터 어디서나 귀하게 여겨졌습니다. 아픈 사람을 도와주고, 병을 치유하고 죽을 사람을 살리는 직업이 아닙니까! 아마도 "의사, 간호사, 약사"에 스승 師자를 붙인 것은 그런 이유 때문일 것입니다. 세상에 없어서는 안 되는 직업입니다.

그러므로 이런 고결한 직업은 그만큼 직업윤리가 요구됩니다. "변호사는 사건 사고가 많이 일어나야 좋아하고 의사는 유행성독감이 돌면

신이 난다"는 말이 있습니다. 자칫 돈을 버는데 목적을 둔다면, 이 고결한 직업은 추하고 사악한 것이 될 수 있습니다.

이렇게 추한 직업인으로 전락하지 않기 위해, 의사와 간호사에게 꼭 필요한 것이 있습니다. 우선 공부를 열심히 해서 실력 있는 의료인이 되어 정말 병을 고치고 사람을 살릴 줄 알아야 합니다. 그러나 그 못지않게 중요한 것은 바로 '긍휼의 마음'입니다. 병자를 불쌍히 여기고, 가난한 자를 불쌍히 여기고, 힘없는 자를 불쌍히 여기는 마음입니다.

긍휼은 누구를 단순히 불쌍히 여기고 동정하는 정도가 아닙니다. 그가 처한 고통의 자리를 이해하는 것입니다. 그의 아픔을 같이 느끼는 것입니다. 그러기 위해서는 그의 자리로 내려가야 합니다. 그러기 위해서는 우리가 지금 지향하고 있는 가치, 익숙해진 삶의 가치를 바꾸는 작업이 필요합니다.

이를 위해서 인류의 스승이신 예수님께 눈을 돌려봅시다. 그는 스불론과 납달리지역에서 사역하셨습니다. 스불론과 납달리 – 이곳은 어떤 곳입니까? 이스라엘 땅 중에서 가장 소외된 곳이었습니다. 지리적으로 이스라엘 북쪽에 위치하고 있었던 이 두 지역은 북방에서 오는 적들에게 언제나 먼저 유린을 당하였습니다. 신약시대에는 사마리아를 사이에 두고 수도 예루살렘과 떨어져 있음으로 인해서 가난하고 발전되지 못한 동네였습니다. 그러므로 성경은 이곳에 사는 자들을 "흑암에 앉은 백성이다"라고 소개하고 있습니다.

그런데 주님은 바로 이곳을 찾으셨습니다. 잠깐 있을 인생행로의 여장을 이곳에서 풀고 33년이라는 짧은 세월을 묵으셨습니다. 이스라엘의 모든 부와 권력이 집중된 예루살렘의 화려한 성전에서 사신 것이 아니라, 스불론과 납달리 어둠의 땅에서 그의 일생을 보내셨습니다.

이로 인해서 스불론과 납달리는 더 이상 사망의 땅이 아닌 생명의 땅이 되고, 그늘의 땅이 아닌 빛의 땅이 되었습니다. 그곳에 사는 자들에게 커다란 생명의 빛이 비추어졌습니다. 실제로 갈릴리 주변 마을에서 가장 많은 병자들이 치료받았습니다. 대부분의 사도와 제자들이 이곳에서 배출되었습니다. 베드로, 안드레, 요한, 야고보, 마태, 빌립, 모두이 지역 출신이었습니다. 이스라엘 가운데 가장 볼품없었던 곳, 어두웠던 곳이 하나님의 은혜를 가장 많이 입은 곳이 되었던 것입니다.

우리는 이렇게 질문해 볼 수 있습니다. "왜 하필이면 예수님은 이 지역에서 사셨을까? 우연히? 아무 의미 없이?" 우리는 성경을 읽으면서 이와 유사한 질문들을 또 할 수 있을 것입니다. 왜 하필이면 로마의 식민 지배를 받는 작은 나라 유대 땅에서 태어나셨을까? 왜 가난한 처녀 마리아를 택하셔서 그녀에게서 잉태되셨을까? 왜 베들레헴의 마구간에 나셨을까? 왜 무지한 어부들을 수제자로 세우셨을까?

이것이 우연입니까? 아니라면 그 속에 어떤 의도를 담고 있습니까? 너무도 중요한 주님의 메시지를 담고 있습니다. 그 속에 세상과는 전혀 다른 삶의 길과 방향이 선명하게 드러나 있습니다. 그 속에 우리가 배우고 좇아가야 할 생명의 길이 담겨져 있습니다.

그것이 무엇입니까? 주님은 언제나 낮은 자를 소중히 여기셨다는 사실입니다. 그러기에 세상에서 가장 낮은 곳에 가장 낮은 자들 가운데 찾아오셨던 것입니다.

이것은 세상 사람들의 삶의 원리와 근본적으로 맞지 않습니다. 사람들은 낮은 곳을 좋아하지 않습니다. 낮고 무능한 자를 싫어합니다. 더 나아가서 나와 너 속에 있는 연약한 모습을 싫어합니다.

우리가 사는 시대에 가장 많은 영향을 미친 진화론 가운데 적자생

존이라는 말이 있습니다. 생물들 중에서 자연의 변화와 도전에 잘 적응하는 종은 살아남고 그렇지 못한 종은 자연적으로 도태된다는 말입니다. 이러한 자연의 원리는 인간사회에도 도입되어 자연스럽게 사회이론으로 자리를 잡았습니다. 사회의 변화에 유능하게 대처하는 자는 살아남고 무능한 자는 도태되는 것이 자연의 이치라는 것입니다. 우수한 민족은 살아남고 열등한 민족은 도태됩니다. 도태된다는 현상에서 한걸음 더 나아가 '도태되어야한다'라는 사고로 발전하였습니다.

히틀러의 나치주의가 그 대표적입니다. 진화론적인 사회이론에 사로잡혀 있던 그는 경쟁에서 뒤지고 사회적응이 어려운 사람들은 정책적으로 도태시키려고 했습니다. 소위 안락사(Euthanasie)작전입니다. 장애인, 유전병자, 불치병자 등 사회에 부담을 주는 자들이나 불필요한 자들을 안락사 시키는 정책으로 1939년부터 1945년까지 무려 275,000명을 살해했습니다. 당시 교회의 지도자들 중에도 그러한 정책을 찬성한 사람들이 많았습니다. 히틀러를 욕하지만, 그러한 악한 본성은 우리들 속에도 얼마든지 있습니다.

경쟁이 중심이 된 세상 속에는 이런 가치관이 내재되어 있습니다. 부모들의 자녀 교육 속에도 이런 가치관이 압도적입니다. 다른 애들보다 우수해야 하고 좋은 대학을 들어가는 것이 성공과 행복의 지름길이라고 가르칩니다. 더 큰 것, 더 많은 것, 더 높은 것, 여기서 더 나아가 더 편하고 즐거운 것이 좋은 것이고 우리가 쟁취하고 누려야 할 목표로 각인시켜 줍니다. 어느 한 두 부모나 교사의 문제가 아닙니다. 우리 사회 전체가 이런 획일적인 가치관에 경도되어서 그런 사회구조를 만들고, 그 속에서 끊임없는 경쟁에 내 몰리면서 살아가고 있습니다.

이런 굴레 속에서 우리는 행복을 누리기 힘든 사람들이 되고 말았습니다. 과도한 꿈과 이것을 이룰 수 없는 현실과의 괴리 속에서, 어린 학생부터 어른에 이르기까지 모두가 끊임없이 스트레스와 불만을 가지고 있습니다. 무엇보다도 히딩크처럼 승리를 거머쥔 영웅들은 소수에 불과하고, 그렇지 못한 수많은 낙오자들은 좌절과 열등감 속에 눌려 살아갑니다.

경쟁사회 속에서 인간은 약함을 보이고 싶어 하지 않습니다. 약함을 숨기기 위해서 부지런히 가면을 씁니다. 그러면서 그 가면 속에 숨겨진 자신의 연약함과 무능함을 싫어합니다. 결국 자신을 가장 싫어하는 사람이 자기 자신이 되고 맙니다. 이런 내적 괴리감, 자기 분열현상은 오늘날 도시민들의 전형적인 모습입니다. 그런 세상 속에 있는 교회 역시 어찌 보면 가면무도회와도 같습니다.

이런 사회 속에서 소위 낮은 자들은 삶의 자리를 빼앗기게 됩니다. 이지매니 왕따니 하는 것들은 경쟁중심 사회의 필연적인 현상입니다. 공동체성을 잃어버린 이러한 사회 속에서 가난하고 병든 자, 장애인들은 자기 스스로를 무가치한 존재로 여기고 또 그렇게 취급을 받습니다.

그러나 주님을 보십시오. 주님은 우리에게 전혀 다른 삶의 방식을 가르쳐주셨습니다. 그리고 "나를 따르라"라고 말씀하셨습니다. 그 분은 하나님의 본체이시나 그와 동등됨을 취할 것으로 여기지 않고 자기를 비어 종의 형체를 갖고 사람의 모양으로 나타나셨습니다. 스스로 낮은 곳에 임하신 것입니다.

게다가 그는 힘없는 나라의 별 볼 일 없는 가정에서 태어나셨습니다. 빈곤한 마을에서 사역하셨습니다. 가난한 동네에서 가난한 자들과 함께 사셨습니다. 버림받은 창녀와 소외되었던 세리와 친구가 되셨고, 그들의 집에 찾아가서 식사를 즐기셨습니다. 그의 주변에는 병든 자들이 몰려들었습니다. 먹을 양식이 없는 자들이 찾아왔습니다. 소망을 잃어버린 자들이 나아왔습니다.

주님은 바로 이런 소자들, 작은 자들을 영접하시는 것뿐이 아니었습니다. 더 나아가 그들을 천국에서 가장 큰 자, 하나님이 가장 사랑하는 자들이라고 그들을 높이셨습니다.

이것은 가치관의 혁명이었습니다. 이것을 통해 소위 세상의 지혜자들을 어리석은 자들로 부끄럽게 만드셨습니다. 세상에서 선하고 의롭다고 자처하는 자들을 하나님으로부터 가장 멀리 떨어진 교만과 위선의 대명사로 정죄하셨습니다. 부를 자랑하는 자에게 부자가 저 세상에서 당하게 될 고통을 선언하셨습니다.

낮은 자들은 이 예수 안에서 비로소 숨을 쉬었습니다. 경쟁에서 뒤진 열등한 사람들이 자신의 소중함을 발견하게 되었습니다. 소외된 자들은 위로를 받고, 버림받은 자들이 다시 회복되고, 약한 자들이 도리어 하나님의 손에 귀하게 쓰임을 받게 된 것입니다.

이제 우리 사회는 그런 사회를 지향해야 합니다. 독일은 어떤 점에서 우리보다도 건강한 사회의 모습을 갖고 있습니다. 강대국이고 GNP가 높고 문화가 발달해서가 아닙니다. 작은 자에 대한 배려가 모든 삶의 영역에 뿌리 내려져 있습니다. 심지어는 어린이들을 가르치는 학교교육에서조차 그렇습니다.

우리 딸아이가 중학교 때 반에서 네덜란드로 수학여행을 간 적이 있습니다. 선생님의 인솔 하에 작은 도시에 숙소를 정하고 자전거로 이동하면서 그 주위를 여행 다녔습니다. 독일에서는 초등학교 때 자전거 타는 법을 배우고 시험을 보기도 하기에 대부분이 자전거를 잘 탑니다. 그런데 그 반에 한 남학생이 어떤 이유에서인지는 모르나 자전거를 탈 줄을 몰랐습니다. 그래서 하는 수 없이 선생님이 자전거에 수레를 달고 이 아이를 태우고 다녔습니다. 이를 본 남자 애 둘이 이 애를 계속해서 놀려대었습니다. 선생님은 놀리는 아이들을 제지하면서 "자전거를 못 탈 수도 있지. 애를 놀리면 안돼"하고 책망했습니다. 그런데 아이들이 계속 이 애를 놀려대었습니다. 몇 번 경고하였어도 듣지 않자, 선생님은 만약 계속 이 애를 놀리고 괴롭히면 집으로 돌려보내겠다는 최후의 경고를 했습니다. 그래도 놀림이 계속되자, 선생님은 두 남자 아이의 부모에게 연락을 취하고 아이들을 데려가도록 요청했습니다. 한 부모는 올 수 없으니 기차를 태워 보내달라고 요청했고, 한 부모는 자동차를 몰고 왔습니다. 그 부모는 자기 애가 무슨 잘못을 했기에 수학여행에서 쫓아내느냐고 따졌고 선생님은 자초지종을 설명했습니다. 그러자 그 이야기를 들은 부모는 선생님의 결정이 옳았음을 인정하였고, 자신의 아이는 거기 함께 있을 자격이 없다고 하면서 아이를 데리고 갔습니다. 참 놀랍지 않습니까? 약한 자를 이지매나 왕따 시키는 것이 아니라, 오히려 보호해주려고 하는 생각이 보편화된 사회인 것입니다.

오늘 우리 사회의 이 각박하고 메마른 공동체를 치유하는 힘은 어디서 나옵니까? 그리스도의 십자가의 은혜를 받고 그의 제자가 되려고 하는 사람들을 통해서입니다. 단순한 지적인 변화가 아니라, 우리 주님의 뒤바뀐 가치관을 좇는 그의 제자들을 통해서입니다.

여러분은 열심히 공부하고 노력해서 병을 잘 고치는 실력 있는 의사와 간호사가 되십시오! 그것으로 병자들을 섬기십시오! 그러나 더욱 필요한 것을 잊지 마십시오! 긍휼! 긍휼을 품은 자들이 되십시오. 자신의 직업에 대한 소명을 갖고 사랑을 실천하는 그런 훌륭한 선교사들이 되기를 바랍니다.

(2011년 4월 26일)

깊은 나락의 길목에서

"나오미가 룻이 자기와 함께 가기로 굳게 결심함을 보고 그에게 말하기를 그치니라 이에 그 두 사람이 베들레헴까지 갔더라 베들레헴에 이를 때에 온 성읍이 그들로 말미암아 떠들며 이르기를 이이가 나오미냐 하는지라 나오미가 그들에게 이르되 나를 나오미라 부르지 말고 나를 마라라 부르라 이는 전능자가 나를 심히 괴롭게 하셨음이니라 내가 풍족하게 나갔더니 여호와께서 내게 비어 돌아오게 하셨느니라 여호와께서 나를 징벌하셨고 전능자가 나를 괴롭게 하셨거늘 너희가 어찌 나를 나오미라 부르느냐 하니라 나오미가 모압 지방에서 그의 며느리 모압 여인 룻과 함께 돌아왔는데 그들이 보리 추수 시작할 때에 베들레헴에 이르렀더라 나오미의 남편 엘리멜렉의 친족으로 유력한 자가 있으니 그의 이름은 보아스더라 모압 여인 룻이 나오미에게 이르되 원하건대 내가 밭으로 가서 내가 누구에게 은혜를 입으면 그를 따라서 이삭을 줍겠나이다 하니 나오미가 그에게 이르되 내 딸아 갈지어다 하매 룻이 가서 베는 자를 따라 밭에서 이삭을 줍는데 우연히 엘리멜렉의 친족 보아스에게 속한 밭에 이르렀더라"(룻 1:18-2:3)

우리는 공동체라는 말을 좋아합니다. 공동체란 서로 별개의 존재가 아니라, 함께 어우러져서 공존하는 유기체라는 뜻입니다. 우리의 신앙은 온 우주가 하나의 공동체라는 데서 시작됩니다. 왜냐하면 만물을 지으신 이가 하나님이기 때문입니다. 그는 모든 창조물을 잘 다스리고 보존하는 일을 우리에게 위임하셨습니다. 그러므로 우리는 자연만물을 돌보며 함께 살아야할 책임이 있습니다. 여기서 생명공동체라는 말이 나옵니다.

아울러 지구촌의 모든 사람들이 하나님의 형상으로 지음 받은 존귀한 자라는 믿음에서 만민공동체의식을 가져야 합니다. 그러나 보다 실천적인 것은 국가라는 시민공동체입니다. 국가가 단순히 이기적인 집단들의 이해관계를 앞세운다면, 오히려 국민들에게 고통과 억압을 주는 권력집단이 될 수 있습니다. 하나님이 허락하신 국가는 모든 국민들이 더불어 행복하게 살아가도록 세운 공동체입니다.

그러나 가장 소중한 공동체는 그리스도께서 피를 주고 사신 교회입니다. 교회는 머리되시는 그리스도의 몸으로, 성령이 그 가운데서 지체들을 하나로 묶어주시는 신비한 공동체입니다. 성도들은 교회 안에서 한사람 한사람이 깊이 결합되어 있습니다.

이 교회는 하나님과 세상 사이에서 빛과 소금으로 세워졌습니다. 그러므로 교회는 가장 이상적인 공동체의 모습을 세상에 보여주어야 합니다. 세상이 교회의 참 공동체성을 보고 자신들도 그렇게 변혁되어 갈 수 있어야 합니다.

그런데 이 공동체성에 가장 중요한 요소가 있습니다. 그것은 연약한 지체를 어떻게 대하느냐입니다. 이들이 소외되지 않고, 다른 지체들과 잘 융화하여 행복한 구성원이 되는데 공동체의 성패가 달려있습니다. 교회 안에는 이런 연약한 지체들이 늘 있습니다.

어떤 큰 교회를 다니시는 집사님을 알고 있습니다. 이분은 과거 사업이 잘 될 때, 교회와 소그룹에 적극적으로 참여하면서 많은 봉사와 헌신을 했었습니다. 그러나 사업이 점차로 기울어지면서 경제적으로 심각하게 쪼들리게 되었습니다. 기도하면서 이 현실을 믿음으로 해석하려고 애쓰지만, 시간이 길어지자 당연히 많은 내적인 혼란과 고통을 겪고 있었습니다. 그러면서 점차로 교회생활이 위축되어 갔습니다. 과거와 달리 교회의 화려함이 낯설게 느껴집니다. 교회라는 것이 뭔가 잘되고 안정적인 사람들을 위해 돌아가는 것 같은 느낌을 받습니다. 그 큰 교회에 자기 같은 사람은 설자리가 없다는 소외감을 느끼는 것입니다.

누구나 이런 연약한 자리에 설 때가 있을 것입니다. 경제적으로 쪼들리거나 가정에 큰 풍파가 일거나, 어려운 질병에 걸리면 모든 것이 위축될 것입니다. 더 이상 교회의 생동감 있는 흐름에 같이 하지 못하고, 뒤처지거나 구석으로 물러나는 시간입니다.

이런 지체들을 얼마나 잘 끌어안고 도와주느냐, 그리고 잘 회복시켜 다시 세우느냐가 교회공동체의 건강성을 말해주는 것입니다.

이런 관점에서 룻기를 주목할 필요가 있습니다. 한 몰락한 가정이 공동체를 통해서 어떻게 회복되어 가는가를 보여주는 은혜로운 성경입니다.

여기 나오미라는 여인이 등장합니다. 기쁨이라는 뜻처럼 그녀의 삶은 행복했습니다. 남편 엘리멜렉과의 사이에 두 아들이 있었습니다. 농경사회에서 안정되게 사는 조건은 자기 토지와 일손이 되는 많은 남자였는데, 그녀의 가정은 땅과 건장한 세 남자가 있어 풍족하고 유복했습니다. 아마도 베들레헴 커뮤니티의 중심에 서있었을 것입니다.

그런 어느 해 그 땅에 가뭄이 찾아왔습니다. 그러자 나오미 가족은 짐을 싸고 고향을 떠나 모압으로 이민을 갔습니다. 다른 고향사람들이 가뭄을 인내하면서 끝날 때까지 산 것을 보면, 이들의 결정은 좀 성급한 것이었고 믿음의 결정이 아니었습니다. 이방에서 사는 것이 얼마나 많은 대가를 치러야 하는지를 깊이 생각지 않았습니다.

그때부터 이 가정은 몰락의 길을 가게 되었습니다. 얼마 지나지 않아 남편이 세상을 떠났습니다. 두 아들은 이방인과의 혼인을 금한 율법을 어기고 모압 여인과 결혼했습니다. 하긴 모압땅에서 이스라엘 여인을 어떻게 찾을 수 있었겠습니까?

그러면서 모압에 들어간 지 10년쯤 되었을 때에, 이 두 아들도 죽고 말았습니다. 남편과 두 아들을 잃어버린 나오미의 슬픔과 고통을 무엇으로 표현하겠습니까?

더 이상 그곳에 있을 수 없었을 것입니다. 죽어도 자기와 함께 죽겠다는 며느리 룻을 데리고 다시 베들레헴으로 돌아왔습니다. 마을 사람들은 10년 만에 귀향한 그녀의 이름을 부르며 환영했습니다. 그러자 나오미가 이렇게 말합니다. "나를 나오미라 부르지 말고 나를 마라라 부르라 이는 전능자가 나를 심히 괴롭게 하셨음이니라 내가 풍족하게 나갔더니 여호와께서 내게 비어 돌아오게 하셨느니라 여호와께서 나를 징벌하셨고 전능자가 나를 괴롭게 하셨거늘 너희가 어찌 나를 나오미라 부르느냐"(20-21)

풍족했던 나오미는 이제 빈털터리로 전락했습니다. 하나님의 축복을 받았다고 모두가 부러워했던 그 가정은, 하나님의 징계로 가장 불행한 가정이 되어 돌아온 것입니다. 하나님의 말씀보다도 세상적인 가치를 우선하는 어리석음과 불순종의 결과였습니다. 과거 베들레헴 커뮤니티의 중심에 서있던 이 가정은 이제 변두리로 밀려나버렸습니다.

이 몰락한 두 과부가 살 수 있는 길은 남의 밭에서 떨어진 곡식을 주워 연명하는 것 밖에는 없었습니다. 그야말로 이스라엘의 극빈층으로 몰락한 것입니다.

그러나 이 희망 없는 나오미를 하나님은 긍휼히 여기셨고, 이스라엘 공동체를 통해 살리셨습니다. 이스라엘은 이러한 낙오자를 구제하고 회복시킬 힘을 가진 공동체였습니다. 이를 위해 준비시킨 사람이 죽은 남편 엘리멜렉의 가까운 친족 보아스였습니다. 공동체는 나오미를 어떻게 회복시켰습니까? 거기에 보아스의 역할은 무엇이었습니까?

출애굽 한 이스라엘은 가나안에 입성하면서 모든 지파, 모든 가족에게 골고루 기업, 즉 땅을 분배하면서 세계 역사에서 유래 없이 공평한 사회로 출발했습니다.

그러나 시간이 흘러가면서 빈부격차가 생기기 마련입니다. 가뭄이 들거나, 아들이 없거나 남편이 죽을 경우 농사를 못 지으면서 궁핍해집니다. 그러면 할 수 없이 땅을 팔고, 소작인으로 전락하다가 마지막에는 종이 되는 것입니다. 이것이 바로 가난으로 가는 코스였습니다. 가뭄을 만나고 남자들이 죽은 나오미 역시 땅을 팔 수밖에 없었습니다.

그러므로 하나님은 이스라엘에게 이런 가난한 자를 구제하도록 다양한 제도를 명하셨습니다. 그 중 하나가 기업 무르기입니다. "너희 기업의 온 땅에서 그 토지 무르기를 허락할지니 만일 네 형제가 가난하여 그의 기업 중에서 얼마를 팔았으면 그에게 가까운 기업 무를 자가 와서 그의 형제가 판 것을 무를 것이요"(레 25:24-25)

기업을 무른다는 말의 의미는 이것입니다. 甲이 가난하여 땅을 팔았다고 합시다. 그런데 甲의 동생이 좀 여유가 생기게 되었습니다. 그러면 동생이 돈을 주고 그 땅을 되사서 형에게 돌려주는 것입니다. 만일 형제 중에는 그런 여유 있는 자가 없을 때에 가까운 친족이 땅을 무르는 것입니다. 그래서 가난해진 형제가 다시 살 수 있게 해줍니다. 만일 그것도 여의치 않으면, 희년에 강제로 땅을 원주인에게 돌려주는 것입니다.

그런데 생각해보십시오. 이렇게 율법으로 정해져있지만, 자기 재산을 축내어 땅을 사서 원주인인 형제에게 돌려주는 것이 쉽지 않습니다.

그런데 룻이 만난 보아스는 이 율법을 철저히 실천하고 순종하는 자였습니다. 엘리멜렉의 땅을 기꺼이 무르려고 했습니다. 그 내용이 4장에 소개됩니다. 그는 마을의 장로들을 불러 모으고, 엘리멜렉에게 자기보다 더 가까운 친척 아무개를 불렀습니다.

그 아무개에게 묻습니다. '나오미가 가난하여 땅을 팔려고 내놓았는데, 네가 그 기업을 무르지 않겠느냐?' 그러자 OK라고 했다. 이렇게 선뜻 대답한 것은 원소유주인 엘리멜렉이 죽었으므로, 그 땅을 사면 자기 소유가 될 것으로 생각했기 때문입니다.

그러나 보아스는 더 정확히 법을 알고 말했습니다. '그 땅은 당신 땅이 아니라, 죽은 엘리멜렉가족의 기업이 되어야 한다. 그러기 위해 그 기업을 이어갈 자를 세워야할 의무가 있고 이를 위해 당신은 룻을 아내로 맞이해야 한다.' 이 말을 들은 당사자가 계산해보니 자기 기업이 안 된다면 죽 쑤어서 개주는 격이 아닙니까? 그는 자기 재산에 손실 가는 일은 안하겠다며 포기 선언을 합니다.

그러자 다음 순서인 보아스가 기업 무르기를 자청하고, 기꺼이 룻을 아내로 맞이했습니다. 이 부부사이에서 아들이 태어났고, 그를 나오미가 품에 안고 키우게 되었습니다.

이를 보고 마을의 여인들이 이렇게 찬송했습니다. "찬송할지로다 여호와께서 오늘 네게 기업 무를 자가 없게 하지 아니하셨도다 이 아이의 이름이 이스라엘 중에 유명하게 되기를 원하노라 이는 네 생명의 회복자이며 네 노년의 봉양자라 곧 너를 사랑하며 일곱 아들보다 귀한 네 며느리가 낳은 자로다 하니라"(룻 4:14-15) 이 태어난 자가 다윗왕의 조부인 오벳이었습니다.

우리의 주인공은 마라에서 다시 나오미로 회복되었습니다. 먼저 그

구원의 주체가 자비와 긍휼의 하나님이심을 우리는 보게 됩니다. 그렇습니다. 하나님은 어떤 연유에서 굴러 떨어졌건, 넘어진 그의 자녀를 다시 끌어올리시는 분이십니다. 이 성경은 그것을 우리에게 확신시킵니다. 그는 우리를 회복시킬 기가막힌 방법을 갖고 계십니다. 이것을 믿습니까? 언제나 그의 이 자비와 긍휼의 손길을 믿음의 눈으로 바라보고 기대하십시오!

아울러 마라에서 나오미로 회복시킨 것이 바로 이스라엘 공동체의 저력이었고, 그것을 명하신 하나님께 순종한 보아스였음을 보게 됩니다. 이처럼 율법과 이스라엘은 가난한 자, 떨어진 자를 다시금 그 공동체 속에서 회복시키는 힘이 있었습니다.

그 공동체성은 초대교회의 핵심가치였습니다. 그래서 재산을 나눔과 구제를 통해서 핍절한 성도들이 없도록 했습니다. 이러한 공동체성이야말로 오늘날 우리 사회에 필요한 것이고, 우리 교회에 말할 나위 없이 필수적인 것입니다.

교회 안에는 언제나 나오미들이 있기 마련입니다. 한때 나오미(기쁨)였지만, 지금은 마라(쓴인생)가 된 사람들입니다. 약해진 사람들입니다. 어떤 이유에서건 소외감을 느끼게 되는 사람들입니다. 이들이 어떻게 교회를 통해 위로와 힘을 얻을 수 있을까요? 어떻게 다시금 용기와 헌신을 회복할 수 있을까요?

우리의 눈을 돌려 돌아봅시다. 떨어진 자, 외로운 자가 없는 지, 소외감을 느끼는 자가 없는 지! 더욱 돌아봅시다.

그리고 교회는 구제 시스템을 더욱 공고히 해야 합니다. 교회구제의 첫 번째 대상은 교인들입니다. 그 다음이 교회 밖의 사람들입니다. 이것이 성경의 원리입니다.

교회 구제뿐 아니라, 각 지체들의 나눔이 중요합니다. 목장이나 기관, 개인적인 관계에서 물질을 통한 교제가 활발히 나누어지는 것입니다.

주님이 그의 피로 산 교회는 하나의 공동체입니다. 성령은 우리를 하나로 묶어주십니다. 우리는 하나님의 권속 즉 가족입니다. 함께 웃고 함께 우는 은혜로운 교회공동체로 세워가기를 바랍니다.

(2013년 4월 28일)

불공평한 세상-공평하신 하나님

"우리 주 예수 그리스도의 은혜를 너희가 알거니와 부요하신 이로서 너희를 위하여 가난하게 되심은 그의 가난함으로 말미암아 너희를 부요하게 하심이라 이 일에 관하여 나의 뜻을 알리노니 이 일은 너희에게 유익함이라 너희가 일 년 전에 행하기를 먼저 시작할 뿐 아니라 원하기도 하였은즉 이제는 하던 일을 성취할지니 마음에 원하던 것과 같이 완성하되 있는 대로 하라 할 마음만 있으면 있는 대로 받으실 터이요 없는 것은 받지 아니하시리라 이는 다른 사람들은 평안하게 하고 너희는 곤고하게 하려는 것이 아니요 균등하게 하려 함이니 이제 너희의 넉넉한 것으로 그들의 부족한 것을 보충함은 후에 그들의 넉넉한 것으로 너희의 부족한 것을 보충하여 균등하게 하려 함이라 기록된 것 같이 많이 거둔 자도 남지 아니하였고 적게 거둔 자도 모자라지 아니하였느니라"(고후 8:9-15)

세상은 공평합니까? 강의를 듣거나 책을 읽기 전에, 여러분이 지금까지 삶아온 삶의 경험에 비추어 볼 때에 이 세상은 공평한 세상입니까? 여러분은 어떻게 생각하십니까? 실제로 우리가 사는 세상에서 일어난 일을 갖고 생각해봅시다.

2006년 호주 시드니에서 아주 성대한 결혼식이 있었습니다. 아시아에서 세 번째 갑부인 홍콩의 리자오지의 둘째 아들이 결혼했는데 그 비용이 220억 원이 들었습니다. 신부에게 150캐럿짜리 다이아몬드 목걸이, 20캐럿짜리 귀걸이 등 총 37억 원의 보석을 선물로 주었습니다. 결혼식장과 연회장을 빌리는데 120억 원, 150여명의 하객을 위한 항공료와 호텔비로 13억 원, 1개월 동안의 신혼여행 경비가 12억 원이었습니다.

몇 달 뒤 이 며느리가 출산을 위해 병원 VIP룸에서 일주일 묵는데 1억 원을 지불했고, 아이가 태어나 80일째 되는 날 6억 원짜리 페라리 자동차를 선물로 주었습니다. 세상에 이렇게 사는 사람들이 있습니다. 1억 원이 이 사람에게는 우리의 만 원 정도 가치 밖에는 안 되는 것 같습니다.

그런가 하면 다른 세상도 있습니다. 2년 전 40대 여인이 서울의 한 마트에서 우유 한 팩을 포함해서 3만원어치 물건을 몰래 가져나오려다 주인한테 붙잡혀 경찰에 넘겨졌습니다. 그녀의 병든 남편은 시어머니의 간호를 받으며 식당일을 하면서 가족을 부양해왔는데, 몸이 너무 약해서 그만 두어야 했습니다. 15만원 임대아파트 월세는 석 달째 밀린 가운데, 딸이 마음 놓고 냉장고에서 우유를 꺼내 먹게 하고 싶어서 자신도 모르게 훔치게 되었다고 진술했습니다.

애 낳기 위해 일주일 머문 방값으로 1억 원을 지불한 여인과 아파트 월세 15만원을 제대로 내지 못하며 사는 여인, 태어나면서 6억짜리 차를 선물 받는 아이와 우유도 마음껏 먹지 못하는 아이 - 자, 세상은 공평합니까?

19세기 말 이탈리아의 경제학자 파레토가 파레토법칙을 발표했습니다. 한 사회에서 20%에 해당되는 소수의 계층이 전체 소득의 80%를 차지하고 있고, 80%에 해당되는 대다수의 사람들이 20%의 소득을 나누어 갖는다는 것입니다.

그러나 지금은 20대 80이 아니라, 10대 90입니다. 한 유엔기구의 보고에 따르면, 2000년 기준으로 세계는 상위 10%가 전체 부의 85%를 보유하고 있는 것으로 조사됐습니다. 반면에 하위 50%가 전체 1%에 불과한 부를 보유하고 있는 것으로 나타났습니다. 파레토 때에 비해 빈부격차가 더욱 벌어진 것입니다. 그리고 이 격차는 미래에 더 더욱 벌어질 것이라고 학자들은 지적합니다.

이런 불공평한 현실은 당대만 해당되는 것이 아닙니다. 가난은 대물림합니다. 한 국가 내에서는 말할 나위도 없고 세계 속에서도 마찬가지입니다. 가난한 나라는 계속 가난하고 부유한 나라는 계속 부유하게 되는 시스템입니다. 우리 한국과 같이 극한 가난을 탈출하여 G20의 자리에 선 나라는 정말 특별한 케이스입니다.

그러나 만일 한반도에서 다시 전쟁이 난다면, 우리는 다시 형편없이 곤두박질 칠 것입니다. 수십 년 뒤로 후퇴하여 지금의 위상을 다시는 회복하지 못할 것입니다.

우리는 지금 전쟁을 부추기는 분위기에 부화뇌동하지 말고 깨어 기도해야 합니다. 독일은 평화통일을 이룬 후 지난 20년간 통일의 부작용을 잘 극복해내고 유럽의 맹주가 되었습니다. 지금 유럽에서 재정적인 위기에 처한 나라들은 독일눈치만 보고 있습니다.

과거 독일의 분단 상황은 우리와 많이 달랐지만, 배워야 할 것은 많습니다. 폐쇄된 공산 동독을 다룸에 있어서 서독 역시 속을 끓으며 힘든 것이 많이 있었습니다. 그러나 두 차례 세계전쟁의 패배를 통해서 독일인들이 뼛속 깊이 배운 것은, 전쟁보다 비참한 것은 없고 평화보다 귀한 것은 없다는 것입니다. 평화를 꼭 지켜야 한다는 굳은 신념과 이를 위한 인내가 결국은 통일을 가능하게 했습니다.

어쨌든 세상은 공평하지 않습니다. 무엇이 세상을 이처럼 불공평하게 만들었습니까? 어떤 사람은 마치 하나님이 그 주범인 것처럼 하나님을 원망합니다.

아닙니다. 하나님은 세상을 공평하게 만드셨습니다. 그러나 이 공평한 세상에 불의한 죄가 들어왔습니다. 그리고 그 죄의 종이 된 사람이 육체의 욕심과 마음의 소욕을 따라 살아가면서 불공평의 주범이 되고 말았습니다.

우리는 이 불공평해진 세상 속에서 공평하신 하나님을 믿고 살아가는 사람들입니다. 공평과 정의는 우리 하나님 아버지의 영원하신 속성입니다. 그러므로 하나님은 누구보다도 그의 창조세계가 공평한 세상으로 회복되기를 원하십니다.

어떻게 그 일을 해나가실까요?

첫째, 예수 그리스도를 통해서입니다.

"우리 주 예수 그리스도의 은혜를 너희가 알거니와 부요하신 이로서 너희를 위하여 가난하게 되심은 그의 가난함으로 말미암아 너희를 부요하게 하려 하심이라"(9)

하나님은 그와 우리 사이를 공평하게 만들려고 하셨습니다. 그래서 부요하신 주님이 하늘의 부귀영화를 버리고 자신을 비워 종의 형체로 이 땅에 오셨습니다. 그것도 아주 작고 가난한 유대나라의 북쪽 달동네 나사렛에서 목수의 아들로 태어나고 자라셨습니다. 그리고 십자가에서 죽기까지 주님은 비천하고 가난한 자리에 서셨습니다.

그가 가난해지심으로 우리는 그리스도와 함께 한 상속자가 되었습니다. 아주 황홀한 유산을 받을 상속자입니다. 이 땅에서는 아직 누리지 못하지만, 그 시간은 다가오고 있습니다.

그리고 이 부요한 자리에 부름 받은 자들을 보십시오! 능력 있고 문벌 좋은 사람이 많지 않습니다. 오히려 세상에서 지혜 없고 빈약한 자들을 많이 부르셨습니다.(고전 1:26-27)

이것이 하나님의 공평하신 뜻입니다. 예수님의 '부자와 나사로' 이야기에서 이것을 밝혀주셨습니다. 부자는 죽은 뒤 지옥에 갔지만, 거지 나사로는 아브라함의 품에 안겼습니다. 왜 그렇습니까? "아브라함이 이르되 얘 너는 살았을 때에 좋은 것을 받았고 나사로는 고난을 받았으니 이것을 기억하라 이제 그는 여기서 위로를 받고 너는 괴로움을 받느니라"(눅 16:25)

예수님 안에서는 종이나 자유자나 모두 하나로 선포되었습니다. 백인이나 흑인, 귀족이나 평민, 남성이나 여성, 어떤 나라 어떤 민족이냐에 차별이 있을 수 없습니다. "거기에는 헬라인이나 유대인이나 할례파나 무할례파나 야만인이나 스구디아인이나 종이나 자유인이 차별이 있을 수 없나니 오직 그리스도는 만유시요 만유 안에 계시니라"(골 3:11)

예수 그리스도의 복음은 차별이 심한 세상 속에서 도전이며 혁명이었습니다. 그러므로 기독교가 왕성한 국가들로부터 공평한 사회로의 변혁이 먼저 시작되었던 것입니다.

둘째, 공평하신 하나님은 우리를 통해서 공평한 세상을 만들기 원하십니다.

이 서신을 쓰던 당시 유럽의 새로운 교회들과 교회의 모체가 되는 예루살렘 교회 사이에 커다란 불균형이 있었습니다. 유럽의 교회들은 여유가 있었습니다. 특별히 고린도는 경제적으로 부를 누리고 있었습니다. 이에 비해 예루살렘과 팔레스틴은 아주 궁핍한 지역이었습니다. 오랜 기근과 로마의 착취로 인해 많은 사람들이 굶어 죽어가고 있었으며, 그 지역의 교회 역시 극심한 가난으로 위축되어 있었습니다.

이러한 상황에서 바울은 고린도교회 교인들을 향한 하나님의 뜻이 무엇인가를 말했습니다. "이제 너희의 넉넉한 것으로 그들의 부족한 것을 보충함은 후에 그들의 넉넉한 것으로 너희의 부족한 것을 보충하여 균등하게 하려 함이라"(고후 8:14)

이 지역 사람들이 넉넉할 때 그것으로 저쪽에 부족한 것을 보충해주고, 시간이 지나 거꾸로 저쪽 사람들이 넉넉해지면 그것으로 이쪽의 부족한 것을 채워주려 하십니다. 그래서 끊임없이 균등하게 만들어 가는 것이 하나님의 분명한 뜻입니다.

이것은 모두가 똑같은 소득, 똑같은 재산을 가져야 된다고 말하는 것이 아닙니다. 양적인 균등은 오히려 불공평입니다. 다섯 식구에게 쌀 한가마니가 배당되고 독신자에게 쌀 한가마니가 배당된다면, 그것은 공평이 아니라 불공평입니다.

무엇이 공평입니까? "기록된 것 같이 많이 거둔 자도 남지 아니하였고 적게 거둔 자도 모자라지 아니하였느니라"(고후 8:15) 많이 가진 자도 있고 적게 가진 자도 있지만, 서로의 필요만큼만 갖게 하십니다. 다섯 식구의 집에는 쌀 다섯 가마니가 배당되고 독신자의 집에는 쌀 한가마니가 배당될 때에 서로 남거나 모자라지 않는 것입니다. 이것이 하나님이 이루어 가시는 공평입니다.

어떻게 이것이 이루어질까요? 부요한 자의 것을 강제로 빼앗아서 나누어 주십니까? 국가가 무력으로 사유재산을 빼앗아 분배해야 한다는 공산주의가 한 시대를 풍미했습니다. 그러나 우리는 이 극단적인 사상이 인류역사에 수많은 상처를 남기고 실패했음을 분명히 목격했습니다. 물론 이 공산주의 사상에 자극을 받아 서구사회가 누진세와 복지제도를 통해서 사회정의를 이루어 간 것은 사실입니다.

구약의 안식년제도나 희년제도와 같이, 국가가 나서서 그 사회의 빈곤한 자들을 돕기 위한 제도를 세우고 실행하는 것도 꼭 필요합니다. 그리스도인들은 국가가 이러한 일을 하도록 끊임없이 요구해야 합니다. 그러나 강요된 분배는 한계가 있습니다.

이보다 더 본질적인 공평은, 세상을 공평케 하시려는 하나님의 뜻을 믿고 순종하는 사람들의 자발적인 나눔을 통해서 실현됩니다. 그러므로 바울은 고린도교회 교인들에게 예루살렘에 보낼 구제금모금에 동참하기를 호소했습니다.

우리 교회 안에도 나눔이 필요합니다. 신약성서에 나오는 교회의 구제는 세상사람 이전에 우선 교회내의 가난한 성도들을 향했습니다. 저는 우리 교회가 우선 교회 내 성도들의 필요를 민감하게 채울 수 있는 교회가 되기를 바랍니다. 교회내의 가난한 사람들, 차상위계층에 속해서 복지혜택을 입지 못하는 사람들을 살피고 도와야 합니다. 또 갑자기 사업에서 망하거나 갑자기 중병에 걸리거나 사고가 났을 때에, 교회가 그것을 다 보전해 줄 수는 없지만, 큰 담이 되고 뭔가 보탬이 되어야 합니다.

그러기 위해서는 많은 구제금이 필요합니다. 구제예산을 부지런히 더 많이 늘려야 합니다. 그러나 교회의 예산으로는 한계가 있습니다. 우리가 서로 가난한 성도들을 직접 그러나 은밀하게 재물로 섬겨야 합니다. 그리고 구제헌금에 적극적으로 동참해야 합니다. 교회 안의 부요한 성도들이 더 많이 내려놓아야 합니다.

나아가 우리의 구제는 교회 밖으로 나아가야 합니다. 우리 가까운 이웃들 중에는 정말 어려운 사람들이 많이 있습니다. 그들의 필요에 민감해야 합니다.

나아가 먼 이웃들도 항상 주시해야 합니다. 한국 사람들의 평균소득은 세계 전체를 놓고 볼 때에 상위층입니다. 이미 많은 이들이 복지혜택을 받고 있습니다. 그러나 세계에는 굶어 죽는 사람들이 많습니다. 유엔 식량농업기구(FAO)에 따르면, 세계에 굶주리는 사람이 8억 5천만 명에 달하고 매년 500만 명이 넘는 어린이가 굶주림과 영양실조로 숨지고 있다고 합니다. 이것도 사실 2004년도 통계입니다.

지난 해 세계식량정상회의를 열면서 FAO에서 하나에서 여섯까지 세는 퍼포먼스를 했습니다. 6초마다 한명의 어린이가 기아로 죽어가는 현실을 알리기 위해서입니다. 우리가 1시간 예배드리는 동안 600명의 어린이가 배고픔으로 죽어간다는 끔찍한 사실입니다. 이들은 돈 천원이면 하루를 마음껏 먹을 수 있는 데 말입니다.

이제 연말에 왔습니다. 추운 달, 성탄절 - 12월은 어느 때보다도 이웃을 생각하는 달입니다. 가난한 이웃을 생각하는 달입니다. "공평하신 하나님, 평균케 하시는 하나님" - 이 연말에 공평치 못한 세상을 향한 하나님의 간절한 뜻을 실천하는 우리 모두가 되기 바랍니다.

(2010년 11월 28일)

더불어 사는 길

"예수께서 마태의 집에서 앉아 음식을 잡수실 때에 많은 세리와 죄인들이 와서 예수와 그의 제자들과 함께 앉았더니 바리새인들이 보고 그의 제자들에게 이르되 어찌하여 너희 선생은 세리와 죄인들과 함께 잡수시느냐 예수께서 들으시고 이르시되 건강한 자에게는 의사가 쓸 데 없고 병든 자에게라야 쓸 데 있느니라 너희는 가서 내가 긍휼을 원하고 제사를 원하지 아니하노라 하신 뜻이 무엇인지 배우라 나는 의인을 부르러 온 것이 아니요 죄인을 부르러 왔노라 하시니라"(마 9:10-13)

그리스도인의 사명은 시대의 예언자가 되는 것입니다. 전도 역시 개인의 삶과 죽음에 관한 메시지라는 점에서 예언을 선포하는 것입니다. 동시에 우리는 사람들이 모여 사는 사회에 대한 메시지도 가지고 있습니다.

예언자는 점쟁이가 아닙니다. 우리에게는 하나님이 주신 의의 잣대가 있습니다. 이것으로 우리 사회를 재는 것입니다. 그것이 무엇입니까? 바로 하나님의 말씀입니다.

구약의 예언자들은 모세 5경(토라)을 모든 사회규범의 중심척도로 여겼습니다. 토라의 핵심은 무엇입니까? 하나님을 경외하는 가운데 건강한 공동체를 만들어가는 것입니다. 죄는 하나님과 인간 사이를 분리시켰습니다. 그리고 인간과 인간 사이를 분열시켰습니다. 지금도 이 세상은 여전히 죄가 관영하고 있지만, 그 가운데서 하나님과의 관계와 사람들과의 관계를 회복하여 공동체성을 지켜가라는 것이 토라의 핵심입니다.

공동체성이란 하나님의 백성으로서 함께 더불어 살아가야 한다는 것입니다. 이것을 위해서는 무엇보다도 의로운 사회가 되어야 합니다. 정의, 공의야말로 성경의 중요한 주제입니다. 그것은 오늘날도 전혀 변하지 않았습니다. 살기 좋은 세상을 만드는 그 핵심은 다른 무엇이 아니라, 정의를 실현하는 것입니다.

그런데 그 의로운 사회의 가장 기본이 무엇입니까? 성경은 이것을 '공평한 저울'로 표현합니다. "공평한 저울과 공평한 추와 공평한 에바와 공평한 힌을 사용하라 나는 너희를 인도하여 애굽 땅에서 나오게 한 너희의 하나님 여호와이니라"(레 19:36) 눈금이나 추에 거짓이 있어서는 안 됩니다. 이것은 경제정의의 기초이면서 또한 모든 사회정의의 기초이기 때문입니다.

우리나라 서울 대법원 앞에 '정의의 여신상'이 세워져 있는데, 그 손에는 저울과 법전이 들려져 있습니다. 법이 공정하게 시행되고 공정한 판결이 내려지는 것이 정의의 핵심입니다. 법은 가진 자와 가난한 자 사이에서 추호도 편벽됨이 없어야 합니다.

그러나 현실세계에서 법은 권력자의 편에 서기 쉽습니다. 아니 권력자가 법을 자기 손에 넣어 유리하게 조작하기 쉽습니다. 과거 군사독재 정권하에 이루어진 수많은 불의한 판결이 그것을 증거하고 있습니다.

그러나 다른 한편으로 볼 때에 법의 공정한 판결만으로는 정의로운 사회가 될 수 없습니다. 사회정의는 경제적인 평등이 전제가 되어야 합니다. 자유 못지않게 분배야말로 정의의 핵심입니다.

빅톨 유고가 쓴 〈레미제라블〉에서 장발장은 굶는 조카들을 위해 빵

한 조각을 훔치다가 붙잡힙니다. 결국 그는 19년을 복역하게 됩니다. 여기서 자벨경관은 철저한 법의 수호자로 등장하지만, 장발장의 입장에서 과연 법은 공정했는가를 묻게 됩니다.

마이클 샌들은 〈정의란 무엇인가?〉에서 이렇게 말합니다. "사회가 정의로운지 묻는 것은 우리가 소중히 여기는 것들, 이를테면 소득과 부, 의무와 권리, 권력과 기회, 공직과 영광 등을 어떻게 분배하는지를 묻는 것입니다."

성경이 얼마나 공평한 분배에 관심을 갖는가를 생각해보아야 합니다. 하나님께서는 가나안에 들어가 국가를 세우기 시작하는 이스라엘에게, 먼저 모든 지파에게 공평하게 땅을 분배할 것을 명하셨습니다. 이것은 당시의 지도자 여호수아에게 주어진 사역의 핵심이었습니다. 왜냐하면 땅은 모든 사람이 살아가기 위한 필수요건이며 삶의 근거가 되기 때문입니다. 이러한 점에서 이스라엘은 인류 역사상 가장 평등한 사회로 출발했습니다.

그러나 더불어 사는 사회란 평등한 시작만으로 되는 것이 아닙니다. 시간이 흐름에 따라 빈부격차는 생기기 마련입니다. 가난의 요소는 많이 있습니다. 룻기에 소개되는 나오미의 경우를 보면, 기근이라는 자연재해와 노동력을 제공하는 남자들의 죽음이, 그녀와 며느리 룻을 가난한 하층민으로 전락하게 만들었습니다.

이스라엘에서 일단 가난의 코스에 들어서면 악순환은 반복됩니다. 처음에는 땅을 팔고 소작인이 됩니다. 그 다음에는 몸을 팔아 종으로 전락합니다. 그러면 다시 회복될 수 없습니다.

가난은 개인의 잘못일 수도 있지만 사회의 공동책임입니다. 그러기에 하나님은 토라에서 이를 치유하는 제도를 규정하셨습니다. 그것이 바로 기업을 무르는 제도입니다. 몰락한 사람의 가장 가까운 친척 중, 능력이 있는 사람이 대신 땅값을 지불하는 것입니다. 아울러 7년마다 돌아오는 안식년이 되면 면제년이라고 해서 빚을 탕감해주고 히브리종을 자유케 하였습니다. 50년마다 돌아오는 희년에는 종을 해방시키고, 땅도 값없이 원 주인에게 돌려줌으로써 모든 것을 원위치 시켰습니다. 몰락한 사람들로 하여금 다시 시작할 수 있게 해주는 것입니다. 이 희년 제도야말로 토라의 정신이 집약된 제도요, 정의에 대한 하나님의 뜻이 가장 잘 드러난 제도입니다.

처음에 이스라엘은 사사중심의 씨족 사회였습니다. 그러나 씨족 중심, 예비군 중심의 지방분권사회였던 이스라엘은 왕정국가로 바뀌면서 서서히 중앙집권적인 계급사회로 전환되었습니다. 이제 왕과 권력자들, 직업군인들, 그리고 거대한 왕궁의 시녀들이 생겨났습니다. 또한 이들을 유지하기 위한 세금제도가 만들어졌고, 권력자들은 대농장을 통해서 권력을 장악하게 되었습니다. 그러면서 토지를 잃은 소작인들과 종들이 생겨나기 시작했고, 시간이 지나면서 빈부격차가 점점 벌어지게 되었습니다.

이 과정에서 유감스럽게도 모세오경의 하나님의 정의는 실천되지 않았습니다. 안식년, 희년제도는 인간의 욕심에 가로막혔습니다.

대표적인 예로 북이스라엘의 여로보암 2세 때가 그러했습니다. 북방 앗수르가 서서히 힘을 키워가면서 이스라엘의 적국인 아람을 급격히 약화시켰습니다. 이 틈에 이스라엘은 전에 없는 전성기를 맞이하여 영토를 넓히면서 번창하게 되었습니다. 지금으로 말하면, 천민자본주의 사회였습니다. 즉 나라에 돈이 흘러넘쳤지만, 빈부격차는 더 커졌습니다. 잘 사는 이들은 겨울 별장과 여름별장을 소유하고 여인들은 사치와 방종에 찌든 반면, 가난한 사람들은 신발 한 켤레에 종으로 팔리는 비참한 삶을 살아야 했습니다.

당시 활약한 아모스 선지자는 모세 5경의 잣대를 가지고 이 사회를 재단하면서 그 불의함의 민낯을 드러내었습니다. 그는, 이스라엘이 다시 하나님의 말씀으로 돌아가 정의를 물같이 공법을 하수같이 흐르게 하는 사회가 되어야 하며, 만약 돌이키지 않는다면 하나님의 심판이 임하게 될 것을 선포했습니다. 이것이 예언자의 사명입니다.

이스라엘에게 선포된 이러한 하나님의 메시지는 이스라엘이라는 신정국가에만 해당되는 것이 아닙니다. 모든 국가사회에 대한 하나님의 뜻입니다. 죄로 인하여 왜곡된 이 세계를 다시 공의로운 피조물로 회복시키고 그리스도 안에서 만유가 통일되게 하는 것이 하나님의 경륜입니다.

물론 오늘날의 세속국가에서 성경의 말씀을 문자적으로 적용하는 근본주의는 옳지 못합니다. 지금의 이슬람 근본주의처럼, 기독교 역사에서도 왜곡된 메시아니즘과 신정정치를 추구하는 그룹들이 있었습니다.

2천년의 역사성을 간과한 채 성경을 문자적으로만 적용할 수는 없지만, 성경 안에 담긴 하나님의 뜻과 정신은 변함이 없습니다. 희년제도를 그대로 국가에 요구하는 것은 옳지 않지만, 그 제도 안에 담긴 하나님의 뜻은 지켜져야 합니다.

그 뜻은 바로 더불어 살아가는 공동체를 이루라고 하는 것입니다. 이런 하나님의 뜻을, 주님은 교훈과 삶을 통해서 다시금 사람들 속에 일깨워주셨습니다. 그가 세상에 오셨을 때에 그 사회에는 소외된 사람들이 많이 있었습니다. 그들은 병자, 세리, 죄인, 창녀와 같은 소자들입니다. 바리새인들은 이들을 외면할 뿐 아니라 공동체에서 쫓아내기까지 하였습니다. 이들과의 교제도 금했습니다. 당시의 유대사회는 더불어 사는 사회가 아니었습니다.

그러나 예수님은 이들의 친구가 되셨습니다. 식탁을 같이했습니다. 이것은 사실 당시의 사회적 관례로 비추어보면 매우 래디칼한 처사였습니다.

여기서 더 나아가 주님은 "하나님나라는 이러한 자의 것이다"라고 하시면서 이들을 하나님나라의 주인공으로 추켜세우셨습니다. 그리고 그들이 겪는 비참한 현실을 하나님의 저주가 아닌, 하나님의 사랑과 긍휼의 눈으로 보게 하셨습니다.

이를 기분 나쁘게 여긴 바리새인들을 오히려 책망하셨습니다. "건강한 자에게는 의사가 쓸 데 없고 병든 자에게라야 쓸 데 있느니라. 너희는 가서 내가 긍휼을 원하고 제사를 원하지 아니하노라 하신 뜻이 무엇인지 배우라 나는 의인을 부르러 온 것이 아니요 죄인을 부르러 왔노라 하시니라"(12-13)

예수님의 가르침은, 어느 누구도 하나님의 사랑과 구원의 대상에서 제외 되지 않는다는 것과 동시에 약자에 대한 하나님의 편애를 보여주셨습니다. 그리고 이를 통해서 누구도 소외됨이 없이 함께 더불어 사는 공동체 삶을 지향해야 함을 가르쳐주시는 것이었습니다.

이것이 오늘날 그리스도인들이 가슴 깊이 품고 이 시대를 바라보아야 할 예언자적인 눈입니다. 우리가 이 눈으로 보면, 이 시대가 얼마나 하나님의 뜻에서 왜곡되어 있는가가 보여 집니다.

특별히 우리 사회 속에서 교회의 역할이 참 중요하다고 생각합니다. 우리는 급속한 경제 성장을 일구어 오는 가운데, 얻고 누린 것도 많지만 잃은 것도 많습니다. 빨리 빨리 달려서 100등에서 10등까지 올라가는 기적을 이룬 사회이지만, 정작 그 밑바닥에 깔려있는 핵심 가치는 경쟁입니다.

경쟁은 개인과 단체의 역량을 끌어 올리는 도구로 애용됩니다. 이기면 포상이고, 지면 벌입니다. 우리는 어려서부터 이러한 경쟁이 몸에 배었습니다. 좋은 중학교와 일류 고등학교를 가기 위해서, 또 일류대학을 가기 위해서 몇 대 몇의 경쟁을 뚫어야 했고, 늘 성적에 예민하고 결과에 초조해 했습니다.

지금은 더할 것입니다. 강남에서는 유명 영어유치원에 가기 위해서부터 치열한 경쟁을 해야 합니다. 과외까지 받습니다.

경쟁의 사이클에 들어가면 반드시 이겨야 합니다. 이기기 위한 무한 경쟁입니다. 너 죽고 나 살기의 이 살벌한 사회에서는, 서로를 동역자나 동반자가 아닌 경쟁의 대상, 싸움의 대상으로 여깁니다. 어려서부터 우리도 모르게 이런 사고에 길들여졌습니다.

오늘날 이러한 경쟁 중심 사회에 불을 지른 것이 바로 신자유주의입니다. 자유시장경제에 의존하던 자본주의는 1930년대 대공황을 겪으면서 케인즈식 자본주의로 전환하게 되었습니다. 국가가 앞장서서 적절한 규제를 함으로써 시장을 통제하며 분배와 사회적인 공평성을 펼쳐 나갔습니다.

그러나 70년대로 오면서 점차로 경기가 침체되고, 미국의 패권이 약화되고, 과도한 복지정책에 따른 국가부채가 늘어나면서 신자유주의가 날개를 펴기 시작했습니다. 신자유주의는 정부의 규제와 간섭을 배제하고, 자본과 상품 그리고 노동의 흐름을 시장의 자율적 기능에 맡기자는 것입니다. 아무런 제약 없이 자유경쟁하게 하도록 국가는 뒤로 물러서라는 것입니다.

예를 든다면, 전에는 1000m 달리기를 하는데 많은 규칙이 있었습니다. 여자는 200m 앞에서, 장애인은 300m 앞에서 출발하는 프리미엄을 부과했습니다. 그런데 신자유주의는 이런 것이 공평하지 않고 진짜 실력자를 가려낼 수 없다면서, 모든 선수를 꼭 같이 일렬로 세우고 출발시켜야 한다는 것입니다.

어떻게 되었습니까? 무엇보다도 경쟁력을 갖춘 초국가적 금융자본과 글로벌 기업이 세계경제를 좌우하게 되었습니다. 이미 강한 근력과 오랜 경험으로 힘을 축적한 선진국을, 후진국과 개발도상국들이 좇아갈 수 없는 것입니다.

그러므로 더 뛰어야 합니다. 뒤지지 않으려면 더욱 견고한 경쟁체제를 갖추어야 합니다. 서구와는 달리, 획일적인 가치관에 사로잡혔던 우리 사회는 신자유주의로 말미암아 야기되는 부작용들을 많이 경험하고 있습니다.

경쟁에는 반드시 이기는 자와 지는 자가 나오기 마련입니다. 여기서는 낮은 자존감, 분노, 상실감에 사로잡힌 루저들이 양산되며 이들에 대한 왕따 문화가 형성됩니다. 유능한 사람만이 살아남고 루저들이 발을 붙일 수 없는 사회, 루저들을 불편한 사람들로 취급하는 사회가 됩니다. 이들은 결국 범죄자로 전락하거나 스스로 세상을 등지게 됩니다. 우리나라가 OECD국가 중 자살률 1위라는 것이 결코 우연이 아닙니다.

약자에 대한 편애를 가지고 계신 하나님은 우리 사회를 어떻게 평가하실까요? 어떤 사회로 회복되기를 원하실까요? 그것을 위한 우리 그리스도인의 역할은 무엇일까요? 이 시대의 그리스도인들이 고민해야 합니다.

여러분! 우리는 이 세상의 주권자 되신 하나님의 말씀을 먼저 받은 자들입니다. 시대의 예언자들입니다. 옳고 그름의 참된 잣대를 들고 있습니다.

그러므로 우리 자신이, 그리고 교회가 먼저 그 잣대에 합당한 모습으로 살아가야 합니다. 동시에 우리 사회가 더불어 사는 공동체로 회복되도록 우리 모두가 예언자적인 사명을 잘 감당할 수 있기를 바랍니다.

(2013년 3월 7일)

믿음의 가정

행복의 뜰

"아내들아 남편에게 복종하라 이는 주 안에서 마땅하니라 남편들아 아내를 사랑하며 괴롭게 하지 말라 자녀들아 모든 일에 부모에게 순종하라 이는 주 안에서 기쁘게 하는 것이니라 아비들아 너희 자녀를 노엽게 하지 말지니 낙심할까 함이라"(골 3:18-21)

우리는 독일에서 15층 아파트의 8층에 살았습니다. 우리나라사람들과 달리 독일 사람들은 아파트를 별로 좋아하지 않습니다. 가장 큰 이유는 정원이 없기 때문입니다. 그들은 자기들만의 뜰을 갖고 싶어 합니다. 여기에 잔디를 심고, 화초를 키우고 또 나무를 심습니다. 그리고 저녁마다 가족들과 이 정원에서 즐거운 시간을 가집니다. 소위 행복의 뜰입니다.

그러나 아파트에 살고 있는 우리에게도 행복의 뜰이 있었습니다. 그것은 몇 평 안 되는 베란다였습니다. 처음에 삶의 여유가 없었던 우리는 그 베란다와 베란다 난간에 설치된 작은 꽃밭을 방치했습니다. 그곳은 매년 잡초로 우거져 보기만 해도 을씨년스러웠습니다.

그러다가 우리 가족은 이곳을 가꾸기로 결심했습니다. 슈퍼에서 좋은 흙을 사다가 꽃밭에 붓고 씨앗을 뿌렸습니다. 얼마 안가서 아주 아름다운 꽃들이 울긋불긋 화단을 가득히 메웠습니다. 그리고 녹색의 싸구려 카펫을 사서 바닥에 깔았습니다. 그리고 거실구석에 처박혀있던 작은 책상과 마트에서 사온 야외용 의자를 꺼내놓았습니다. 그리고 부억에 있는 큰 야자나무 화분을 그 옆에 놓으니 야자나무 아래 작은 카페가 만들어졌습니다. 베란다는 삽시간에 아름다운 정원으로 바뀌었습니다. 거기서 우리 가족은 함께 둘러앉아 아침 먹고 커피를 마시며, 담소를 나누기도 하고 책도 읽었습니다. 봄부터 늦은 가을까지 이곳은 우리 가족들에게 그야말로 "행복의 뜰"이 되었습니다.

행복의 뜰 - 사람들은 누구나 행복의 뜰을 갖고 싶어 합니다. 이 야수 우리와 같은 세상 속에서 시달리고 지친 우리의 몸과 마음이 쉴 수 있는 따뜻한 공간을 필요로 합니다. 정말 우리에게는 그곳이 있어야 합니다.

그런데 우리에게 있어서 진정한 행복의 뜰이란 정원이나 베란다가 아닙니다. 바로 가정입니다. 아니 가정이어야 합니다. 왜냐하면 가정이 "행복의 뜰"이 되지 못하면 아무리 아름다운 정원도 "행복의 뜰"이 될 수 없기 때문입니다.

가정에서 행복을 얻지 못하는 사람은 어느 곳에서도 행복을 찾기 어렵습니다. 괴테는 이렇게 말했습니다. "왕이든 백성이든 자기 가정에서 평화를 찾는 자가 가장 행복한 인간이다." 그런데 이런 말을 한 괴테도 문학가로서는 대단히 성공한 사람이지만, 가정이라는 곳에서의 행복을 별로 맛보지 못한 사람이었습니다. 그래서 허버드는 괴테의 말에 대해서 이런 평을 했습니다. "괴테는 그렇게 말할 수밖에 없었습니다. 그는 가정의 기쁨을 몰랐다."

세상은 이 행복의 뜰을 잃어버리는 사람들이 점점 더 많아집니다. 우리나라의 통계를 한번 봅시다. 1980년대 까지 이혼율은 한자리 수였습니다. 그러나 1990년에 11.4%로 처음으로 두 자릿수를 기록하면서 계속 가파른 상승곡선을 그리더니 2002년에는 무려 47.4%가 되었습니다. 2005년 통계청발표에 따르면 한국은 하루 평균 867쌍이 결혼하고 352쌍이 이혼하고 있습니다.

게다가 과거에는 결혼한 지 5년 이내의 부부들의 이혼율이 높았지만, 최근 통계에 따르면 26년 이상 산 부부의 이혼신청이 전체의 18%로 가장 높은 비율을 차지하고 있습니다. 이것은 우리 한국 가정의 현 주소를 잘 말해주고 있습니다. 한 설문조사에서는 응답자의 44%가 이혼을 고려한 적이 있다고 밝히고 있습니다. 이를 근거로 한다면 두 가정 중 한 가정은 이혼을 고려할 만큼 문제를 안고 있다는 것입니다.

이러한 가정의 피폐는 우리 사회의 미래를 어둡게 만들고 있습니다. 많은 사회범죄자들이 불행한 가정에서 자라난 사람들입니다. 가정의 불행은 사회나 세상에 대한 적개심을 만들어냅니다. 건강하고 건전한 문화와 문명의 자리에 파괴적이고 불건전하며 어두운 것이 들어서면서 그 사회를 붕괴시켜 가는 것입니다.

짐머만 박사는, 각문화가 붕괴되기 직전 그 마지막 단계에 나타나는 전형적인 행동패턴 11개를 제시했습니다. 예를 들면 이유 없이 쉽게 해버리는 이혼의 급증, 자녀들 수의 감소, 부모멸시증대, 결혼식의 의미퇴조, 간음금지 규정의 폐지, 자녀양육의 어려움증대, 청소년비행의 급속한 파급, 각종 성도착의 보편화 등이 나타난다는 것입니다. 모든 문명의 붕괴는 바로 가정의 붕괴에서 시작되었다는 것을 역사가 보여주고 있습니다.

오늘 이 시대에 주시는 하나님의 메시지는 우리 믿는 자들이 먼저 가정을 행복의 뜰로 가꾸어야 한다는 것입니다. 그래서 먼저 가정을 통해서 하나님이 주시는 축복을 누려야 한다는 것입니다. 그 뜰이 잡초가 무성하고 황폐해지도록 내버려두지 말고, 아름다운 꽃과 향기가 어우러지는 쉼터로 바꾸라고 하는 것입니다.

정말 먼저 믿는 자들이 이것을 위해서 노력해야 합니다. 오늘 이 말씀은, 이것을 위해서 어떻게 해야 하는가를 가르쳐줍니다. 그 중에 오늘은 특별히 부부관계를 생각해봅시다.

가정의 열쇠는 말할 나위도 없이 부부에게 있습니다. 가정이 행복해지는 것 또는 불행해지거나 파괴되는 것이 자녀에게 달려있지 않습니다. 부부에게 달려있습니다. 성경적인 부부의 원리는 무엇입니까? "아내들아 남편에게 복종하라 이는 주 안에서 마땅하니라. 남편들아 아내를 사랑하며 괴롭게 하지 말라"(18-19)

첫째, 아내에게는 남편에게 복종하기를 명합니다.

아내의 순종을 말할 때, 어떤 이는 이러한 말씀이 현대인들에게는 어울리지 않는다고 생각합니다. 여자가 왜 남자에게 복종해야합니까? 그것은 고대 가부장적인 사회의 윤리가 아닙니까? 그래서 아예 거부감을 갖습니다.

그러나 그렇지 않습니다. 이 모든 가르침의 전제 내지는 출발점은 남자와 여자는 하나님 앞에서 동등하다는 것입니다. "그러나 주 안에는 남자 없이 여자만 있지 않고 여자 없이 남자만 있지 아니하니라. 여자가 남자에게서 난 것같이 남자도 여자로 말미암아 났으나 모든 것이 하나님에게서 났느니라."(고전 11:11-12) 바울은 오히려 당시 남성우월주의의 세상윤리와 달리 남녀평등을 강조했습니다.

남편과 아내는 동등한 인격체입니다. 그러나 배를 생각해 보십시오. 배에는 선장이 있기 마련입니다. 모든 모임과 공동체에서는 장이나 최소한 총무, 간사 등을 세우기 마련입니다. 그리고 그에게 크고 작은 권위를 부여하고, 회원들은 거기에 순종합니다. 공동체에는 이렇듯 질서가 있습니다.

가정에도 역시 질서가 있습니다. 에베소서에서는 이것을 보다 구체적으로 말합니다. "아내들이여 자기 남편에게 복종하기를 주께 하듯 하라 이는 남편이 아내의 머리됨이 그리스도께서 교회의 머리됨과 같음이니 그가 친히 몸의 구주시니라"(엡 5:22-23) 남편이 아내의 머리입니다. 이것은 그리스도가 교회의 머리됨과 같습니다. 만일 남편이 아내의 머리됨을 부인한다면, 그것은 그리스도가 교회의 머리됨을 부인하는 것과 같은 것입니다.

남편이 머리이므로 복종하는 것입니다. 복종이라는 말에 해당하는 독일어 단어의 의미는 자신을 더 낮은 자리에 세운다는 것입니다. 남편에게 복종한다는 것의 의미는 스스로 남편보다 한 단계 아래에 내려서는 것을 말합니다. 이것을 통해서 남편의 권위를 인정해주는 것입니다. 이것이야말로 하나님의 본체임에도 불구하고 동등됨 취할 것으로 여기지 아니하시고 자신을 낮추신 그리스도의 본을 따르는 것이 아닙니까? 이것은 믿음의 가정에서 아내가 보여주어야 할 아름다운 신앙의 도리입니다. 그러므로 이러한 지혜로운 아내의 태도는 가정을 행복의 뜰로 만드는 중요한 열쇠입니다.

프랑스 루아르강 양쪽에 자리 잡은 앙부아즈라는 곳에 가보면, 중세 풍의 집마다 이런 글이 새겨져있는 것을 볼 수 있습니다. "둥지는 새에 달려있고, 가정은 아내에 달려있다." 아내야 말로 가정 행복의 열쇠인 것입니다.

둘째, 남편에게는 아내를 사랑하고 괴롭게 하지 말라고 명합니다.

주님이 남편 된 자들에게 반복해서 요구하시는 것은 사랑입니다. 사랑하되, 주께서 교회를 사랑하시고 자신을 내어주심 같이 아내를 사랑하라고 하시는 것입니다.

이것은 보통수준의 사랑이 아닙니다. 예수님이 교회를 사랑하시기에 치르신 대가를 생각해보십시오! 십자가에서 보여주셨습니다. 작은 것이 아닙니다. 대가를 치르는 사랑 – 이것이야 말로 진정한 사랑입니다. 다시 말하면, 남편이 아내를 사랑하기 위해서는 무척 많은 노력을 해야 한다는 것입니다.

사랑에는 아주 많은 인내가 필요합니다. 고전 13장 "사랑 장"에 제일 먼저 나온 것처럼, 사랑은 먼저 오래 참는 것입니다. 주께서 그에게 거스르고 거역하는 자들을 대하여 오래 참으신 것처럼 말입니다. 참을성이 없고 다혈질인 남편과 함께 사는 아내는 무척 힘들 것입니다.

그 사랑을 좀 더 소극적으로 표현한 것은 바로 이 말입니다. "괴롭게 하지 말라" – 괴롭게 하지 말라는 말은 모질거나 거칠게 대하지 말라는 뜻입니다. 즉, 온유함과 부드러움으로 대하라는 것입니다. 온유함과 부드러움은 상대방에 대한 지극한 존경의 태도라고 할 수 있습니다.

왜 그렇습니까? 아내는 더 연약한 그릇이기 때문입니다. "남편 된 자들아 이와 같이 지식을 따라 너희 아내와 동거하고 저는 더 연약한 그릇이요 또 생명의 은혜를 유업으로 함께 받을 자로 알아 귀히 여기라 이는 너희 기도가 막히지 아니하게 하려 함이라"(벧전 3:7) '현대인의 성경'은 이렇게 번역했습니다. "남편 된 여러분은 아내를 잘 이해하며 함께 살아가십시오. 아내는 더 연약한 그릇이며 은혜로 주시는 영원한 생명을 함께 누릴 반려자로 알고 소중하게 여기십시오. 이것은 여러분의 기도 생활이 방해를 받지 않기 위해서입니다."

남편의 퉁명스럽고 모진 말에 여자들은 가슴앓이를 합니다. 그것이 쌓이고 쌓여서 한으로 남습니다. 남편이 아내를 무시하거나 윽박지르고 권위적으로 누르게 되면, 아내의 얼굴은 그늘지게 마련입니다. 자신감을 잃습니다. 그러한 여인들이 교회에 와서 교육과 훈련을 받고 봉사하고 헌신하는 과정 속에서 자신의 자존감을 회복하고 위로를 받게 됩니다. 그러나 남편으로부터 직접 받는 칭찬과 격려보다 아내를 더 자신감 있고 활기차게 만들어주는 것은 없습니다. 형제들이여 지금보다 두 배의 노력으로 아내를 사랑하려고 한다면 우리의 가정은 분명 달라질 것입니다.

어제도 성도의 결혼예식이 있었습니다. 결혼식에 참석하면 우리는 종종 만감이 교차합니다. 화려하게 차려진 식장과 신랑신부가 입은 옷들을 보면서 자신이 결혼할 때는 참 초라했었다고 생각하기도 하고, 이제 앳된 신랑신부를 바라보면서 젊었던 자신의 과거를 회상하기도 합니다.

그러나 무엇보다도 우리는 설교를 듣고 성혼서약을 지켜보면서 지금 자신의 결혼생활을 반성하기 마련입니다. 남편을, 아내를, 사랑하겠다고 굳게 결심했고 누구보다도 행복한 가정을 꿈꾸었지만, 10년, 20년, 30년이 지나면서 그것은 그저 과거의 꿈이 되고 말았습니다. 가꾸어 졌어야 할 행복의 뜰에는 잡초만 무성하고, 상처와 아픔과 깊은 관계의 골로 가득 차있지 않습니까?

그러나 우리는 얼마든지 다시 시작할 수 있습니다. 우리가 진정 다시 말씀으로 돌아가려고 한다면 성령이 도우시기 때문입니다. 내가 먼저 손 내밉시다.

여러분, 우리의 가정은 행복의 뜰이 되어야 합니다. 그러나 이것은 결코 자연적으로 되지 않는 법입니다. 잡초는 심지 않아도 어디선가 날아와 잘 자랍니다. 그래서 뜰을 엉망으로 만듭니다. 그러나 좋은 꽃은 매일 돌보아야 합니다. 우리의 가정을 잡초가 무성한 황무지로 만들려면 수고할 필요 없습니다. 그냥 놔두면 저절로 그렇게 됩니다. 본능대로, 나 좋은 대로 말하고 행동하면 됩니다.

그러나 그것이 행복의 뜰이 되려면 노력해야 합니다. 가꾸어야 합니다. 한국최초의 여성변호사 이태영 여사는 "가정의 행복은 누가 창조하나"라는 글에서 이렇게 말했습니다. "가정은 화초와 같다. 탐스럽고 예쁜 꽃일수록 많은 정성과 수고가 있어야 하듯이 행복한 가정을 꾸미려면 하루도 쉬지 않고 가꾸는 노력이 있어야 한다."

가정의 달을 맞이해서 다시 우리 가정의 밭을 일굽시다. 잡초를 뽑고, 더러운 쓰레기들을 청소합시다. 말씀의 거름을 주고 사랑의 물을 줍시다. 그래서 우리의 다시 행복의 뜰을 만들기를 바랍니다.

(2007년 5월 6일)

갈등을 풀어가는 길

"아브람의 아내 사래는 출산하지 못하였고 그에게 한 여종이 있으니 애굽 사람이요 이름은 하갈이라 사래가 아브람에게 이르되 여호와께서 내 출산을 허락하지 아니하셨으니 원하건대 내 여종에게 들어가라 내가 혹 그로 말미암아 자녀를 얻을까 하노라 하매 아브람이 사래의 말을 들으니라 아브람의 아내 사래가 그 여종 애굽 사람 하갈을 데려다가 그 남편 아브람에게 첩으로 준 때는 아브람이 가나안 땅에 거주한 지 십 년 후였더라 아브람이 하갈과 동침하였더니 하갈이 임신하매 그가 자기의 임신함을 알고 그의 여주인을 멸시한지라 사래가 아브람에게 이르되 내가 받는 모욕은 당신이 받아야 옳도다 내가 나의 여종을 당신의 품에 두었거늘 그가 자기의 임신함을 알고 나를 멸시하니 당신과 나 사이에 여호와께서 판단하시기를 원하노라 아브람이 사래에게 이르되 당신의 여종은 당신의 수중에 있으니 당신의 눈에 좋을 대로 그에게 행하라 하매 사래가 하갈을 학대하였더니 하갈이 사래 앞에서 도망하였더라 여호와의 사자가 광야의 샘물 곁 곧 술 길 샘 곁에서 그를 만나 이르되 사래의 여종 하갈아 네가 어디서 왔으며 어디로 가느냐 그가 이르되 나는 내 여주인 사래를 피하여 도망하나이다 여호와의 사자가 그에게 이르되 네 여주인에게로 돌아가서 그 수하에 복종하라 여호와의 사자가 또 그에게 이르되 내가 네 씨를 크게 번성하여 그 수가 많아 셀 수 없게 하리라 여호와의 사자가 또 그에게 이르되 네가 임신하였은즉 아들을 낳으리니 그 이름을 이스마엘이라 하라 이는 여호와께서 네 고통을 들으셨음이니라 그가 사람 중에 들나귀 같이 되리니 그의 손이 모든 사람을 치겠고 모든 사람의 손이 그를 칠지며 그가 모든 형제와 대항해서 살리라 하니라 하갈이 자기에게 이르신 여호와의 이름을 나를 살피시는 하나님이라 하였으니 이는 내가 어떻게 여기서 나를 살피시는 하나님을 뵈었는고 함이라 이러므로 그 샘을 브엘라해로이라 불렀으며 그것은 가데스와 베렛 사이에 있더라 하갈이 아브람의 아들을 낳으매 아브람이 하갈이 낳은 그 아들을 이름하여 이스마엘이라 하였더라 하갈이 아브람에게 이스마엘을 낳았을 때에 아브람이 팔십육 세였더라" (창 16:1~16)

'가족'하면 제일 먼저 연상되는 단어는 무엇입니까? 물론 사랑, 위로, 안식 등과 같은 좋은 말들이 있습니다. 그러나 그 못지않게 자주 떠오르는 단어가 있는데 그것은 바로 갈등이라는 것입니다. 서로의 목표나 욕구, 가치판단이 충돌함으로써 빚어지는 이 갈등을 제대로 극복하지 못해서 일어나는 것이 다툼이라는 것입니다.

"저는 지난달 3월에 중1이 된 한 소녀입니다. 언제부턴가 엄마와의 싸움이 잦아졌습니다. 그래서 정말 하루에 1번이라도 안 싸우는 날이면 정말 기적 같은 날 이라고 할 수 있죠. 그런데 요즘은 하루에 3번이상은 싸우는 것 같아서 너무 갈등이 심합니다."

가정에서의 이러한 갈등과 다툼이 제대로 극복되지 못하면 가정불화가 생기고 이것이 심화되면 자살이나 이혼 등의 극단적인 상황으로이어지는 것입니다. 2008년 통계 발표에 따르면 '가정불화(2위)'로 인한 자살충동이 '경제적 어려움(1위)' 다음으로 높았습니다. 가정으로부터 받는 고통이 개인에게 미치는 영향이 얼마나 큰지 보여주는 대목입니다.

어느 가정이나 갈등이나 다툼의 요소는 항상 있기 마련입니다. 이것을 잘 극복할 때 가정은 우리의 참된 안식처가 될 수 있습니다. 가족의 갈등은 어떻게 일어나고 어떻게 극복해 가야 할까요? 오늘 성경에 나오는 한 가정의 이야기 속에서 이것을 찾아봅시다.

첫째, 그릇된 선택이 갈등을 야기합니다.

과거 TV회사 광고에 나왔던 "순간의 선택이 십년을 좌우한다"라는 문구를 기억할 것입니다. 선택이 가정에 미치는 중요성은 아무리 강조해도 지나치지 않습니다.

아브람과 사래는 우리에게 이런 교훈을 줍니다. 이들은 참 금슬이 좋은 부부로 소개됩니다. 나중에 사라라는 이름을 얻게 된 사래는 충실하고 순종적인 아내였습니다. "사라가 아브라함을 주라 칭하여 순종한 것 같이"(벧전 3:6), 아브람 역시 아내를 사랑하고 존중하는 남편이었습니다.

그들은 부유한 족장으로 재물도 많고 종들도 많고 힘이 있었습니다. 행복한 가정을 위해서 모든 것이 다 갖추어진 것처럼 보입니다. 그러나 치명적인 문제가 있었습니다. 자식이 없는 것입니다. 오늘날도 자식 없는 것이 갈등의 원인이 되는 가정이 있지만, 고대사회와는 비교할 수 없습니다. 대를 이을 아들이 없다는 것은 가문의 큰 수치요 나아가 저주로 인식되었습니다. 아브람이 당시 주위의 평범한 족장들과 같은 사람이었다면 벌써 사래를 소박 주었던지, 아니면 자신이 직접 첩을 얻어 자식을 보았을 것입니다. 그러나 그는 점잖은 사람이었습니다.

아브람은 75세에 하나님의 말씀을 좇아 고향 갈대아 우르를 떠나 이곳 가나안으로 들어왔고, 하나님은 그의 몸에서 바다의 모래와 같이, 하늘의 별과 같이 무수히 많은 후손을 주시겠다고 분명히 약속하셨습니다. 그러나 10년이 지난 지금까지도 아무런 소식이 없었습니다.

시간이 흘러갈수록 초조해집니다. 85세 된 아브람이 이제 얼마나 더 남자 기능을 할 수 있겠습니까? "이러다가 영영 자식을 못 보는 것은 아닌가?" 여기까지 생각이 미친 사래는 더 이상 참지 못하고 차선의 길을 찾았습니다. 자신은 생산이 불가하니 건강한 여종 하나를 씨받이로 해서 자식을 보겠다는 것입니다. 별다른 뾰족한 수가 없었던 아브람은 아내의 제안을 받아들였습니다.

문제는 여기서부터 시작되었습니다. 마치 하와의 말을 듣고 선악과를 먹은 아담과 같이 아브람의 선택은 옳은 것이 아니었습니다. 이들에게는 이것이 문제 해결의 길로 보였지만, 잘못된 선택이었음이 곧 드러납니다. 수 천 년이 지난 오늘도 이 성경을 읽는 사람들은 그들의 선택이 잘못된 것임을 의심치 않습니다. 가서는 안 될 길이었고 첫 단추를 잘못 끼우는 것이었습니다.

우리의 가정은 종종 이런 어리석음을 범합니다. 너무 조급한 나머지 기다리지 못하고 충동적으로 결정하면서 그것이 올무가 됩니다. "그 사업을 하지 말았어야 했다. 그 길을 가지 말았어야 했다. 그 말을 하지 않았어야 했다." 나중에 후회될 그릇된 선택을 한 것입니다.

특별히 하나님의 약속과 주어진 현실 사이에서 현실을 앞세우는 사람의 목소리가 설득력이 있어 보입니다. 그래서 그릇된 길을 선택하게 됩니다. 그 길이 잘 될 것 같고 성공하는 길이고 행복의 길 같지만, 도리어 그것은 가정에 커다란 위기를 몰고 옵니다.

그러므로 하나님의 말씀과 현실사이에서 항상 믿음의 선택을 하십시오! 처음에는 어리석어 보이지만, 이것이 사는 길이고, 이것이 가정을 지키는 길입니다. 언제나 믿음의 선택을 하기 바랍니다.

둘째, 갈등을 풀어가는 길은 머리가 아닌 마음으로 말하는 것입니다.

아브람과 사래의 선택이 어떤 결과를 초래했는가를 보십시오. 아브람이 여종 하갈과 동침하면서 아이가 들어섰습니다. 드디어 아브람의 후손을 보게 되었다는 것에 대해 두 부부가 얼마나 기뻤겠습니까? 마치 오래 묵은 체기가 내려가 듯, 오랫동안 숙제가 되었던 큰 문제가 해결된 것 같았습니다. 정말 꿈같은 일입니다. 아내 사라의 제안은 탁월한 것이라고 생각되었습니다.

그러나 유감스럽게도 그 기쁨은 잠시였습니다. 하갈은 단순한 씨받이 역할로 끝나려고 하지 않았습니다. 임신하면서부터 태도가 180도 달라졌습니다. 애 낳지 못하는 사래를 업신여기기 시작한 것입니다. 자신이 아브람의 마음을 빼앗았고 아이를 낳으면 아예 안방 자리를 차지할 수 있을 것이라고 생각했을지 모릅니다. 이것이 불가능한 일일까요?

갑자기 삼각관계가 형성된 것입니다. 하갈의 돌변한 태도에서 사래는 당혹감과 모멸감 그리고 아울러 분노의 감정을 느꼈습니다. 여종에게 멸시와 모욕을 받으면서도 어떻게 손을 쓸 수가 없다는 것은 그녀에게 견딜 수 없는 일이었습니다.

이때에 그녀에게 떠오른 것은 "누구 때문인가?"라는 생각이었습니다. "누구 때문에 하갈이 저처럼 기고만장한가?" 남편이었습니다. 남편이 이 여종에게 힘을 실어주고 있었습니다. 그가 이 모든 상황의 원인이었습니다. 마침내 그녀는 남편에게 이렇게 폭발하고 말았습니다. "사래가 아브람에게 이르되 내가 받는 모욕은 당신이 받아야 옳도다 내가 나의 여종을 당신의 품에 두었거늘 그가 자기의 임신함을 알고 나를 멸시하니 당신과 나 사이에 여호와께서 판단하시기를 원하노라"(5) 이 말은 한마디로 "당신 잘못이에요! 하나님도 아세요!"라는 뜻입니다. 사래는 그야말로 하나님 이름까지 들먹이며 남편을 몰아붙였습니다.

갈등이 본격적인 다툼으로 넘어가려고 할 때에 가장 많이 나오는 말은 이것입니다. "당신 잘못이야!" "당신 때문이라구!" "아버지 때문이에요." "너 때문이다." "어머니 때문이에요." "네가 우리 집안을 이렇게 망쳐 놨다."

여기서 이 '때'가 중요합니다. "당신 잘못이야!"라고 상대방이 외치는 그때가 갈등이 싸움과 불화로 가느냐, 아니면 갈등을 극복하느냐의 기로에 서는 때입니다.

"당신 잘못이야"라고 하는 사래의 말을 어떻게 생각합니까? 만일 당신이 아브람의 자리에 섰다면, 그런 말을 들었을 때에 어떤 감정이 생길 것 같습니까? 저 같으면 아내의 말을 이렇게 논리정연하게 반박하고 방어하였을 것 같습니다. "내 잘못이라고? 내 잘못이 뭔데? 내가 하갈더러 그렇게 하라고 시킨 게 아니잖아? 그리고 한번 따져봅시다. 이게 내가 시작한 일이요? 당신이 그렇게 하라고 했잖아! 책임으로 치면 당신이 더 크지"

이렇게 했다면 그 다음은 어떻게 전개되었을까요? 아내가 이 말에 설득되어서 뒤로 물러섰을까요? 우리는 종종 이런 착각을 합니다. 말로 따지고 설득하면 된다고 생각합니다. 그러나 갈등의 상황에서는, 옳고 그름을 객관적이고 논리적으로 밝히려고 하는 것이 별 효과가 없음을 경험상 잘 알고 있습니다.

가정에서 일어나는 싸움을 생각해보십시오. 논리적인 싸움입니까, 아니면 감정적인 싸움입니까? 시어머니와 며느리가 싸울 때에 남편이 옆에서 보면 사실 아무 것도 아닙니다. 충분히 이해할 수 있는 것인데,

이해 못합니다. "여보, 어머니가 말한 의도는 그게 아니잖아 왜 자꾸 곡해해" 그러면 무슨 말이 나옵니까? "또 어머니 편드네, 또. 당신은 맨날 어머니가 잘했다지. 그래 그러면 당신 어머니하고 살아!"

이번에는 어머니께 말합니다. "어머니, 집사람 말한 거 나쁘게만 듣지 마세요. 다 어머니 위한 거예요" 그러면 무슨 반응이 나옵니까? "제 부인 치마폭에서 놀아나는 이 팔푼이! 자식 키워봐야 다 소용없어! 그래 내가 다 잘못했다. 이 에미가 못됐으니까 너희들끼리 나가서 잘 먹고 잘 살아봐라" 이 상황에서 시시비비를 따지고 해봐야 소용없습니다.

상담전문가는 대립과 갈등의 자리에서는 '이성적' 대화가 아닌 '감성적' 대화가 필요하다고 말합니다. 서로 '머리'로 말하지 말고, '마음'으로 말하라는 것입니다. 갈등관계에 놓였을 때, 아무리 맞는 말이라도 머리에서 나온 차가운 말로는 상대방을 설득시키지 못한다는 것입니다. 마음으로 말할 수 있어야 합니다. 이것이 갈등을 풀어가는 중요한 길입니다.

아브람은 아내의 말에 반박하고 다투지 않았습니다. "아브람이 사래에게 이르되 당신의 여종은 당신의 수중에 있으니 당신의 눈에 좋을 대로 그에게 행하라"(6) 이 말은 "여보 당신 종 아니요, 종이 상전을 멸시했다면 그건 혼이 나야지 당신이 주인이니 당신 뜻대로 하시오"라는 의미입니다.

아브람의 이런 반응은 대단한 것입니다. 칼빈은 이에 대한 주석에서 이렇게 말했습니다. "아브람의 위대한 겸손과 겸허함이 그의 대답에서 나타나고 있다. 그는 자기 아내와 말다툼을 하지 않는다. 가정의 화목을 다시 회복하기 위해서 그는 남편으로서 자기의 감정을 억제하고 있는 것이다."

그는 아내의 말이 아니라 마음을 읽으려고 했습니다. 왜 그녀가 이런 식의 공박을 할 수밖에 없는가를 생각하면서 아내의 입장을 이해하려고 했습니다. 아내의 말이 다 옳은 것은 아니지만, 그녀의 입장을 확고히 지지해 주었습니다. 그는 머리가 아닌 마음으로 대화할 줄 알았고, 그것이 갈등을 극복하게 했던 것입니다. 여기가 바로 우리가 승리해야 할 중요한 전쟁터입니다. 서로를 이해하고 마음으로 대화하려고 할 때에, 우리를 파국으로 끌고 갈 수 있는 갈등이 극복되는 것입니다. 여기서 우리는 십자가를 붙들고 자신을 부인해야 합니다. 당신이 가족에게 져야 합니다. 아내에게 남편에게 자식에게 부모에게 져야 합니다. 그것이 가정을 얻고 신앙에서 승리하는 길입니다.

셋째, 하나님이 가정에 개입하시도록 하십시오.

그런데 우리의 이야기는 여기서 끝나는 것이 아닙니다. 남편의 힘을 얻은 사래는 하갈에 대해서 자신감을 갖고 하갈을 종으로 엄하게 대했습니다. 하갈은 사래의 학대를 견디지 못하고 도망가 버렸습니다. 갈등을 일으킨 종이 완패하고 떠나버린 것입니다.

많은 가정의 경우 이런 식으로 끝납니다. 어찌 보면 이것이 인간이 할 수 있는 한계입니다. 모두를 만족시키는 일을 할 수 없기에, 누군가의 편을 들다보면 누군가를 불행하게 만들고 맙니다. 아브람 가정의 갈등도 이렇게 씁쓸하게 종결될 위기에 처해있었습니다.

만약 얼마 뒤 하갈이 광야에서 방황하다가 죽었다는 소식을 들었다면 어땠겠습니까? 사래가 기뻤을까요? 아브람은 또 어떠했겠습니까? 평생 씻을 수 없는 자책감은 아마도 부부 사이에 보이지 않는 담이 되었을 것입니다. 이런 미완성의 일들이 우리의 관계 속에서 찌꺼기와 쓴 뿌리로 쌓여가는 것입니다.

그러나 여기 마지막 중요한 사건이 일어납니다. 하나님의 사자가 방황하는 하갈을 찾아오셨습니다. 하나님이 개입하시는 것입니다. 인간의 어리석음과 불신앙으로 말미암아 어지럽혀진 그 가정에 오셔서 다시 질서를 회복시켜 주셨습니다.

하나님은 하갈에게 먼저 주인에게 돌아가서 그 수하에 복종할 것을 명하셨습니다. 이것이 옳습니다. 그러나 동시에 그녀에게 위로와 축복을 해주셨습니다. "내가 네 씨를 크게 번성하여 그 수가 많아 셀 수 없게 하리라"(10) 그리고 그녀가 낳을 아들의 이름까지 "이스마엘"이라고 지어주셨는데 그 뜻은 하나님이 들으신다는 것입니다.

얼마나 위로가 되었겠습니까? 그녀는 자신을 듣고 감찰하시는 하나님을 만나고 마음이 변화되었습니다. 사래에게 돌아와서 진정으로 무릎을 꿇었습니다. 사래에게 얼마나 큰 기쁨이 되었겠습니까? 그리고 마침내 건강하게 아이를 낳았습니다. 결국은 윈윈이 된 것입니다.

이것이 하나님의 역사입니다. 모두를 복되게 하시며 하나로 묶으시는 하나님의 이 놀라운 섭리와 능력에 우리는 박수를 치지 않을 수 없습니다.

우리의 힘과 지혜로는 이런 작품이 나올 수 없습니다. 모두가 행복해지면서 문제를 해결하는 최선의 방법은 때로는 종종 우리 인간의 능력 밖에 있습니다. 그러나 하나님은 가능하십니다.

그러므로 마지막으로 명심하십시오! 가정의 행복의 궁극적인 열쇠는 내가 아닙니다. 우리가 아닙니다. 하나님이십니다. 그분이 우리 가정의 문제에 개입하셔야 합니다. 그러므로 가정의 문제를 놓고 그분께 나아가서 기도하십시오. 최선의 것을 기대하면서 그분에게 구하고 찾고 두드리십시오. 하나님의 은혜 안에서 우리의 가정이 치유되고 다시 안식의 처소로 회복되기를 바랍니다.

(2009년 5월 10일)

우리의 낙원 지키기

"아담이 모든 가축과 공중의 새와 들의 모든 짐승에게 이름을 주니라 아담이 돕는 배필이 없으므로 여호와 하나님이 아담을 깊이 잠들게 하시니 잠들매 그가 그 갈빗대 하나를 취하고 살로 대신 채우시고 여호와 하나님이 아담에게서 취하신 그 갈빗대로 여자를 만드시고 그를 아담에게로 이끌어 오시니 아담이 이르되 이는 내 뼈 중의 뼈요 살 중의 살이라 이것을 남자에게서 취하였은즉 여자라 부르리라 하니라 이러므로 남자가 부모를 떠나 그의 아내와 합하여 둘이 한 몸을 이룰지로다"(창 2:20-24)

KBS가 3년전 기혼자 약 5천명을 대상으로 '결혼에 대한 인식조사'를 했습니다. 질문은 '다시 결혼을 한다면 지금 배우자와 결혼할 것인가'였습니다. 좀 고약한 질문이지요. 결과 10명 중 6명이 '아니요!'였습니다. 그런데 남성은 10명 중 5명이 '아니요!'라고 답한 반면, 여성은 7명이 '아니요!'라고 답했습니다. 또 오래된 부부일수록 '아니요!'가 많았습니다.

우리가 어디 좋은 곳에 여행가서 즐겁고 행복한 시간을 보내고 왔다면 반드시 다시 가고 싶을 것입니다. 아내나 남편이나 가정을 낙원(Paradise)처럼 느끼고 살았다면, 다시 기회가 주어질 때에 같은 파트너를 다시 만나고 싶을 것입니다.

그러나 그 반대인 사람이 많은 것은 지금의 결혼생활이 행복하지 않은 가정이 많다는 것입니다. 그 반증으로 최근 20년간 중장년층 부부들의 황혼이혼은 5배 늘어났습니다.

교인들은 어떨까요? 결혼에 불만족인 사람들이 비신자보다 더 적을까요, 많을까요, 아니면 비슷할까요? 우리 교회 교인들은 어떻게 답을 할까요?

우리 가정의 실상을 정직하게 살펴보는 것이 중요합니다. 이 시간 전문 컨설턴트인 성령이 하나님의 말씀을 갖고 진단하도록 우리 가정을 열어봅시다.

오늘 이 말씀은 가정의 기원과 아울러 부부원리의 기초를 말합니다. 그래서 예수님도 이혼에 관한 질문을 받으시고 이 말씀을 인용하시면서 이렇게 시작하셨습니다. "창조 때로부터 사람을 남자와 여자로 지으셨으니"(막 10:6)

가정은 창조질서입니다. 인간이 범죄하고 난 이후 생겨난 문화적인 현상이 아닙니다. 하나님은 먼저 남자와 여자를 만드셔서 인류가 가정을 통해 시작하게 하셨습니다.

상상해봅시다. 에덴에서 벌거벗은 두 남녀가 동물들과 어울리면서 뛰어다니는 모습을 상상해 봅시다. 상상만 해도 신나고 행복 가득한 파라다이스입니다. 본래 가정은 그런 것입니다.

그러나 아담이 에덴을 지키지 못한 것처럼, 인간은 가정을 지키지 못했습니다. 눌리고 고통 받는 가정, 상처입고 금이 간 가정, 지옥 같은 가정, 마침내 부서지고 깨어진 가정 - 그 불행의 중심에는 부부가 있습니다. 하나님이 세우신 부부의 원리에서 벗어난 것입니다. 그러므로 우리는 이 말씀에서 주시는 중요한 부부의 원리 몇 가지에 귀를 기울일 필요가 있습니다.

첫째, 부부는 서로 돕는 자라는 사실입니다.

부부의 시작은 여기서부터입니다. "여호와 하나님이 이르시되 사람이 혼자 사는 것이 좋지 아니하니 내가 그를 위하여 돕는 배필을 지으리라 하시니라"(창 2:18)

인간이 남자와 여자, 남편과 아내로부터 시작된 이유입니다. 배필이 무엇입니까 여기 사용된 '에제르'는 조력자, 도움이라는 말입니다. 사무엘은 하나님의 힘으로 블레셋을 물리친 후 돌을 세우고 그 이름을 에벤에셀 곧 도움의 돌이라고 불렀습니다. 여기 에셀이 에제르와 같은 말입니다.

이처럼 부부는 서로를 도와주는 자로 만났습니다. 무엇을 돕습니까? 자매들 대답해봅시다. 만일 어떤 남자가 여러분에게 결혼 프러포즈를 하면서 이렇게 말한다고 합시다. "저에게는 아내가 필요합니다. 빨래도 해주고, 밥도 해주고, 애도 낳아주고, 살림을 할 사람이 필요합니다. 저의 아내가 되어주십시오" 여기 자매들, 이런 프러포즈를 받겠습니까?

또 어떤 여자가 이렇게 말합니다. "저는 홀로 사니까 경제적으로 너무 어려워요 그래서 저를 먹이고 입혀줄 남편이 필요해요" 이것은 실패하는 결혼이 되기 쉽습니다.

여기 돕는 배필은 "홀로 되지 않도록" 돕는 자를 말합니다. 다시 말하면 함께 인격적으로 교감하고 교제하는 대상이 되는 것입니다. 서로에게 가장 필요한 도움은 사랑해주고 사랑받아주는 대상이 되어주는 것입니다.

오늘날 부부관계가 금이 가고 깨어지는 출발점은 무엇입니까? 한 지붕 아래 살고 한 이불 아래서 잠자지만 사랑이 없습니다. 가장 큰 원인은 대화의 부재이고 만남의 부재입니다. 대화가 없습니다.

여러분은 배우자와 하루 평균 얼마나 대화를 합니까? 한 시간 정도 합니까? 중요한 자기 점검입니다. 한 연구기관 발표에 의하면, 우리나라 부부가 하루에 서로의 눈을 보며 감정을 나누는 대화시간이 고작 2분 37초라는 것입니다.

남편은 밖에 나가 열심히 일을 해서 생활비와 교육비를 벌어다주는 것이 자신의 책임이라고 생각합니다. 아내는 알뜰히 살림하고 자녀 양육하는 것이 자신의 역할이라고 생각합니다. 천만의 말씀입니다.

하나님이 우리를 만나게 하신 것은 다른 어떤 역할 분담이나 필요를 채우게 하기 위해서가 아닙니다. 홀로 사는 외로움을 치유할 사랑의 대상으로서 만나게 하신 것입니다. 이제 다시 돕는 배필로서의 올바른 자리로 돌아갑시다. 다시 손을 잡고 눈을 바라보고 마음의 대화를 나누는 것입니다.

둘째, 부부는 서로 다르다는 사실입니다.

하나님은 아담과 하와를 꼭 같은 방식으로 만들지 않으셨다는 사실이 참 흥미롭습니다. 아담은 흙으로, 하와는 아담의 갈빗대로 만드셨습니다. 남자의 재질은 거칠고 엉성한 흙이고, 여자의 재질은 촘촘하고 단단한 갈빗대입니다. 그러니 여자가 보통 강한 것이 아닙니다. 좀 우스갯소리이지만, 여자의 평균수명이 남자보다 약 7년 긴 것이 우연이 아닌 것 같습니다.

만든 재료가 이렇게 다르기 때문인지, 남자와 여자는 다른 것이 많습니다. 연애할 때까지도 이 다름을 잘 모릅니다. 그러나 결혼하고 모든 삶을 공유하면서 비로소 서로의 다름이 심각하다는 것을 실감하게 됩니다. 달라도 너무 다릅니다.

그 다른 것은 처음에는 불편한 현실로 다가옵니다. 그래서 분쟁과 갈등의 원인이 됩니다. 그러나 시간이 흘러가면서 그 다른 것은 서로의 삶을 풍요롭게 만듭니다.

저는 새벽 형이고 아내는 올빼미 형이었습니다. 저는 신혼 초 아내가 늦잠 자는 것이 이해되지 않았습니다. 일찍 일어나 경건의 시간을 가져야 하지 않습니까? 함께 경건의 시간을 갖기로 약속하고 몇 번 해 보았습니다. 그런데 아내는 1분 있다가 꾸벅꾸벅 졸기 시작했습니다. 그러나 밤이 되면 모든 것이 역전됩니다. 저는 9시 되기 전부터 정신이 몽롱해지고 졸기 시작하는데, 아내에게는 이것이 이해가 잘 되지 않았습니다. 그런데 이 모든 것은 어려서부터 몸에 밴 서로 다른 습관 때문이었습니다.

처가댁의 경우, 아버님이 군인출신이시라 그런지 보고가 확실한 집안이었습니다. 지금 자녀가 어디에 가서 무엇을 하는지 안방에 설치된 상황보고실에 다 기록이 되어야 했습니다. 출발하면서 전화하고, 도착해서 전화하고... 전화비가 좀 많이 나오는 집이었습니다.

그러나 저의 집은 정반대였습니다. 특별한 일이 없는 한 연락을 하지 않고, 연락이 없으면 잘 지내고 있을 것이라 생각하는 스타일의 집안이었습니다. 그래서 신혼 초 제때에 연락을 하지 않는다고 아내에게 추궁 많이 들었습니다. 참 억울하지만, 제가 죄인이었습니다.

저는 대충 굵게 보면서 쉽게 잊어버리는 스타일인데 반해, 아내는 섬세하게 관찰하고 오래 기억하는 스타일이었습니다. 저는 논리적이고 분석적인데 반해, 아내는 상상을 잘하고 머릿속에 추리소설을 잘 쓰는 스타일입니다.

그러나 돌아보면 그 불편했던 다름이 우리의 삶을 참 풍요롭게 했습니다. 저는 초저녁잠이 없어졌고, 아내는 점점 일찍 일어났습니다. 저는 연락을 잘해주는 매너를 익히게 되었습니다. 우리 서로는 사물이나 사건을 이해하는 눈이 더 넓어졌습니다.

여러분, 부부는 서로 다릅니다. 하나님이 그렇게 만드셨으니 어떻게 거스르겠습니까? 그것을 인정하고 받아들입시다! 그리고 그 다름이 우리를 온전한 사람으로 빚어가는 도구임을 인정하고 감사합시다.

셋째, 부부는 한 몸이라는 사실입니다.

아담은 하와가 자기 뼈로 만들어진 것을 알고 이렇게 말했습니다. "이는 내 뼈 중의 뼈요 살 중의 살이라 이것을 남자에게서 취하였은즉 여자라 부르리라"(23) "내 뼈 중의 뼈, 살 중의 살"은 무슨 뜻입니까? 창 29:14에서 라반이 야곱을 보고 이렇게 말했습니다. "라반이 이르되 너는 참으로 내 혈육이로다 하였더라" 여기 혈육보다는 골육이 원어에 더 가까운 번역입니다. "Surely you are my bone and my flesh."[NAU]

부부는 골육입니다. 남편은 아내의 뼈요, 아내는 남편의 살입니다. 부부가 되는 것은 한 몸이 되는 것입니다. "이러므로 남자가 부모를 떠나 그의 아내와 합하여 둘이 한 몸을 이룰지로다"(24)

이 말씀은 한 몸을 이루기 위해 먼저 해야 할 것을 말하고 있습니다. 먼저 떠나야 하는 것입니다. 부모를 떠난다는 것은 결혼 전에 자신이 속해있고 의지하던 것을 벗어나는 것입니다. 먼저 홀로 서기 하는 것입니다. 그리고 남편과 아내가 서로에게 의존하는 것입니다.

그러므로 이제는 부모가 우선이 아닙니다. 부부가 우선입니다. 여전히 어머니 눈치보는 마마보이나 마마걸, 이것은 성경적인 부부가 아닙니다. 부모를 앞세워 남편이나 아내를 무시하는 것 역시 성경의 부부원리가 아닙니다.

성경의 부부원리는 유교의 가르침과 꼭 같지는 않습니다. 부모를 공경하는 것이 약속 있는 첫 계명이지만, 결혼한 자녀들은 부모보다도 남편과 아내의 뜻을 우선 존중해야 합니다. 부부가 한 몸이 되어야 오히려 부모에게는 참 효도를 할 수 있는 것입니다.

부모 역시 때로 섭섭하지만 자식을 마음에서 떠나보내 독립시켜야 합니다. 그리고 부부가 한 몸 되는 것을 오히려 도와주어야 합니다. 지나친 요구나 간섭으로 자녀의 부부가 갈등을 갖지 않도록 노력해야 합니다. 이것이 결국은 부모 자신을 위한 것입니다.

우리를 하나로 만드신 분은 하나님입니다. 그러므로 이것을 우리가 임의로 나눌 수 없습니다. 이혼하는 것은 우리의 권한이 아닙니다. "그러므로 하나님이 짝지어 주신 것을 사람이 나누지 못할지니라 하시더라"(막 10:9) 도저히 살 수 없는 경우가 있을 것입니다. 그럴 때에 반드시 하나님의 인도하심을 받으십시오! 오늘날 유행처럼 번져가는 이혼은 하나님의 결혼원리가 아닙니다.

여러분, 5월 21일이 무슨 날인 줄 아십니까? 부부의 날입니다. 둘이 하나가 된다는 의미에서 21일입니다. 가정의 터전이 흔들리고 허물어져가는 이 시대에, 먼저 우리의 가정의 터를 다시 닦아봅시다. 창조시부터 남자와 여자를 만드신 하나님의 부부원리로 돌아갑시다. 그리하여 모두가 은혜로운 가정을 세워가는 우리 모두가 되기를 바랍니다. 가정의 터를 다시 닦아봅시다. 창조시부터 남자와 여자를 만드신 하나님의 부부원리로 돌아가는 것입니다.

(2013년 5월 19일)

고르반의 함정

"바리새인들과 또 서기관 중 몇이 예루살렘에서 와서 예수께 모여들었다가 그의 제자 중 몇 사람이 부정한 손 곧 씻지 아니한 손으로 떡 먹는 것을 보았더라(바리새인들과 모든 유대인들은 장로들의 전통을 지키어 손을 잘 씻지 않고서는 음식을 먹지 아니하며 또 시장에서 돌아와서도 물을 뿌리지 않고서는 먹지 아니하며 그 외에도 여러 가지를 지키어 오는 것이 있으니 잔과 주발과 놋그릇을 씻음이러라) 이에 바리새인들과 서기관들이 예수께 묻되 어찌하여 당신의 제자들은 장로들의 전통을 준행하지 아니하고 부정한 손으로 떡을 먹나이까 이르시되 이사야가 너희 외식하는 자에 대하여 잘 예언하였도다 기록하였으되 이 백성이 입술로는 나를 공경하되 마음은 내게서 멀도다 사람의 계명으로 교훈을 삼아 가르치니 나를 헛되이 경배하는도다 하였느니라 너희가 하나님의 계명은 버리고 사람의 전통을 지키느니라 또 이르시되 너희가 너희 전통을 지키려고 하나님의 계명을 잘 저버리는도다 모세는 네 부모를 공경하라 하고 또 아버지나 어머니를 모욕하는 자는 죽임을 당하리라 하였거늘 너희는 이르되 사람이 아버지에게나 어머니에게나 말하기를 내가 드려 유익하게 할 것이 고르반 곧 하나님께 드림이 되었다고 하기만 하면 그만이라 하고 자기 아버지나 어머니에게 다시 아무 것도 하여 드리기를 허락하지 아니하여 너희가 전한 전통으로 하나님의 말씀을 폐하며 또 이같은 일을 많이 행하느니라 하시고 무리를 다시 불러 이르시되 너희는 다 내 말을 듣고 *깨달으라*"(막 7:1-14)

옛날 우리 조상들은 부모에 대한 효를 모든 윤리의 근본으로 여겼습니다. 살아계실 때 극진히 모시는 것은 말할 나위도 없지만, 돌아가신 뒤에도 할 수 있는 데까지 자식의 도리를 다하려고 했습니다. 요즘은 돌아가신지 3일 만에 하관하여 탈상한다고 하지만, 과거에는 3년이 지나야 상복을 벗고 탈상했습니다.

최근 충북 제천에서 박 모라는 분이 돌아가신 어머니의 시묘살이를 하여 화제가 되었습니다. 어머니가 돌아가신 뒤 어머니 묘 가까운 곳에 합판과 거적으로 움막을 짓고, 거기서 상복을 입은 채로 3년을 살았습니다. 오늘날에는 희귀한 일이지만, 과거 우리 조상들에게는 당연한 일이었습니다.

시대가 변하면서 이제는 효의 개념이 점점 흐려지고 있습니다. 무엇보다도 부모와 자녀 사이의 갈등이 일상화되고 있습니다. 세대 간의 격차가 극심해지다보니 대화에 장벽이 생깁니다. 과거에 당연시 되었던 권위도 무너져 자녀들이 부모에게 순종하기 보다는 자기주장을 뚜렷이 내세우려고 합니다.

고부간의 갈등은 어쩔 수 없는 것이라고 하지만, 요즘은 오히려 노인 부모와 아들과의 갈등이 문제가 되고 있습니다. 한국형사정책연구원의 올해 보고서에 따르면, 노인들은 며느리보다 오히려 아들과 많은 갈등은 느끼고 있다고 합니다. 그 이유는 노인들이 며느리보다는 혈육인 아들에게 의지하려는 성향이 강하고, 가족 내 의사결정 과정에서도 아들과 주로 논의하기 때문에 서로 충돌하는 경우가 더 많아진 것으로 분석하고 있습니다.

갈등의 관계를 넘어서서 이제는 부모 학대가 사회문제가 되고 있습니다. 늙고 힘없는 부모를 귀찮아하며 무시하고, 심지어는 학대하기까지 하는 패륜아들이 늘어납니다.

이러한 부모와 자식의 문제는 가정을 넘어서서 사회제도와도 밀접한 관계를 갖고 있습니다. 노인인구가 많아지고 있고, 그 중 대다수가 경제적 자립이 어려운 사람들인데도 우리 사회는 아직 이들에 대한 복지와 안전망을 제대로 갖추지 못했습니다. 그래서 결국 늙고 병든 부모의 생계를 자녀들이 떠맡다보니 이것이 커다란 갈등의 요인이 되고 있습니다.

지난해 9월 중풍에 걸린 어머니를 폭행하고 자살을 강요한 30대 남자가 경찰에 붙잡힌 일이 있었습니다. 이혼남이었던 이 남자는 혼자서 중풍에 걸린 어머니를 10년 이상 모시고 살면서 대소변까지 받아내고 있었던 것입니다. 이것이 점점 힘들어지자 결국 술을 마시고 이런 범행을 저지른 것입니다.

급격히 쇠퇴하는 효 의식, 경제력 없는 노인 수의 증가, 이들을 뒷받침할 복지제도의 미비 등의 사회 환경 속에서, 부모와 자식의 문제는 단순히 한 가정의 문제를 넘어서서 심각한 사회적인 문제가 되지 않을 수 없습니다.

바로 이런 소용돌이 속에서 우리 그리스도인의 바른 신앙적인 자세는 얼마나 중요하겠습니까? 우리는 이 시대에 주님의 목소리에 귀를 기울여야 합니다. 다른 전통이나 시대의 가르침이 아니라 우리 주님의 가르침, 그리고 그 분의 단호한 목소리에 귀를 기울여야 합니다.

오늘 바리새인과 예수님 사이의 논쟁의 핵심은 사실 장로유전의 문제였습니다. 예수님의 제자들이 손을 씻지 않고 음식을 먹는 것이 장로의 유전에 어긋난다고 바리새인과 서기관들이 시비를 건 것이 논쟁의 발단이었습니다. 당시 유대인들이 가장 권위를 두고 따르는 법이 있었는데, 그것은 모세오경이 아닌 장로들의 유전이었습니다.

장로들의 유전이란 오랜 세월 성경을 해석하고 적용하는 과정에서 형성된 구전전통을 가리킵니다. 이것이 후대에 가서 문서화되면서 탈무드로 발전하게 되었습니다. 물론 유대인들이 모세의 율법에 권위를 두었지만, 그 속에 일상에서 겪을 수 있는 수천, 수만 가지의 구체적인 예가 다 기록된 것은 아니었습니다. 그래서 오랜 세월 랍비들이 율법의 계명에 대해서 해석하고 구체적인 예를 들면서 적용한 것들이 구전으로 전해지는 과정에서 점차로 전통을 형성하게 되었습니다.

이 유전이 율법을 해석하는 열쇠처럼 여겨졌기 때문에 결국 율법 자체보다 더 권위를 가지게 되었던 것입니다. "너희가 하나님의 계명은 버리고 사람의 유전을 지키느니라 또 가라사대 너희가 너희 유전을 지키려고 하나님의 계명을 잘 저버리는도다"(8-9)

그리고 그로 인해 생겨난 신앙적 사회적 문제를 주님은 지적하셨습니다. 그것은 장로들의 잘못된 가르침으로 인해서 하나님이 주신 십계명 중 제 5계명 즉 효의 계명이 무시되는 현실이었습니다. "모세는 네 부모를 공경하라 하고 또 아비나 어미를 훼방하는 자는 반드시 죽으리라 하였거늘 너희는 가로되 사람이 아비에게나 어미에게나 말하기를 내가 드려 유익하게 할 것이 고르반 곧 하나님께 드림이 되었다고 하기만 하면 그만이라 하고 제 아비나 어미에게 다시 아무 것이라도 하여 드리기를 허하지 아니하여 너희의 전한 유전으로 하나님의 말씀을 폐하며 또 이 같은 일을 많이 행하느니라 하시고"(10-13)

여기 고르반이라는 말이 소개되고 있습니다. 이 말은 본래 하나님께 드려지는 예물이라는 뜻입니다. "이스라엘 자손에게 고하여 이르라 너희 중에 누구든지 여호와께 예물을 드리려거든 생축 중에서 소나 양으로 예물을 드릴지니라"(레 1:2) 여기서 말하는 "예물"이 바로 '고르반'인데, 이것은 짐승이나 곡식 중에 하나님께 바치기 위해 구별한 것을 가리키는 말입니다.

예수님 당시는 고르반이 어떤 것을 성물로 구별시키는 선서로 유행처럼 사용되었습니다. 가령 부모에게 드려져야할 소 한 마리가 있다고 합시다. 그런데 아들이 그것을 고르반이라고 선언합니다. 그러면 그것은 하나님께 드려지기로 한 거룩한 물건으로 구별되는 것입니다.

그런데 문제는 그 다음입니다. 이렇게 고르반으로 선언이 된 물건은 더 이상 부모에게 드릴 수도 없고 드릴 필요도 없는 것이 되고 마는 것입니다. 주님은 이것은 결국 부모를 공경하라는 계명을 폐하는 행위라고 지적하셨습니다.

그런데 더욱 놀라운 사실은 고르반이라고 선언하고 난 뒤, 그것을 실제로 성전에서 하나님께 바치지 않는 사람들도 적지 않았다는 것입니다. 그래서 요아킴 그닐카에 의하면, 이 전통이 결국은 별로 좋아하지 않는 부모를 골탕 먹이는 것으로 악용되었다는 것입니다. 다시 말하면, 고르반은 많은 재물을 갖고 있으면서도 부모에게 나누어주지 않으려는 불효자들의 기만적인 행위를 정당화시켜주는 구실을 했다는 것입니다.

렝스도르프라고 하는 신학자의 연구에 의하면, 이 고르반은 당시 유행하던 일종의 맹세 의식이었다는 것입니다. 부모에게뿐 아니라 어떤 사람에게 주어야 할 것을 고르반이라고 맹세하여 성물로 만듦으로써, 사람에 대한 의무나 책임을 종교적인 것을 통해서 회피하는 풍습이었다는 것입니다. 결국 이 잘못된 가르침이 가정과 사회에 미친 영향을 생각해보십시오.

우리는 왜 예수님이 바리새인들에게 외식하는 자라고 책망했는지를 이해할 수 있습니다. 이것은 종교를 가장한 외식이었습니다. 우리는 오늘 외식하는 바리새인들을 꾸짖는 주님의 날카로운 지적 앞에서 우리 자신을 정직하게 들여다 볼 필요가 있습니다. 어찌 보면 충실하고 열정적인 신앙인일수록 빠지기 쉬운 외식입니다. 외식은 가면이라는 말입니다. 즉, 종교적인 가면에 우리의 참 모습을 쉽게 숨기게 됩니다.

우리 역시 하나님을 섬기는 것을 가장 우선하면서 살아가는 신앙인입니다. 그러나 이것이 사람에 대한 책임과 의무를 소홀히 하는 결과를 초래하지는 않는지를 돌아볼 필요가 있습니다. 아니, 이것이 사람에 대한 책임을 소홀히 하는 것을 합리화하지는 않는지를 냉정하게 살펴볼 필요가 있습니다.

하나님의 계명은 크게 두 가지로 구분할 수 있습니다. 하나님에 대한 첫 번째 계명 즉 십계명의 제 1계명인 "나 이외에 다른 신을 네게 두지 말라"라는 말씀과 우리의 이웃에 대한 첫 번째 계명 즉 십계명의 제 5계명인 "네 부모를 공경하라"는 말씀입니다.

이 두 개의 계명이 서로 상치되는 경우가 혹 있을까요? 있을 수 있습니다. 가령 부모가 이렇게 말할 수 있습니다. "네가 교회 나가는 것을 허락할 수 없다. 집 안에 두 종교가 생기면 망하니까, 예수 믿으면 안 된다." 만일 이런 명령을 받았을 때, 부모를 공경하기 위해서 여기에 순종해야합니까? 가정의 화평을 위해서? 가정이 우선이니까?

그런 사람들이 있습니다. 그러나 이것은 부모나 가정을 하나님 보다 앞세우면서 우상시하는 것이나 다름이 없습니다. 이것은 "나 이외에 다른 신을 네게 두지 말라"는 제 1계명과 "우상을 섬기지 말라"는 제 2계명을 거스리는 것입니다.

주님은 그런 우리에게 이 계명을 주셨습니다. "아비나 어미를 나보다 더 사랑하는 자는 내게 합당치 아니하고 아들이나 딸을 나보다 더 사랑하는 자도 내게 합당치 아니하고"(마 10:37)

이렇게 서로 상치 되는 경우 우리의 우선순위는 분명해야 합니다. 먼저 하나님을 공경하고 부모를 공경하는 것입니다. 먼저 하나님을 순종하고 부모를 순종하는 것입니다.

그러나 이렇게 서로 상치하는 경우가 아니라면, 우리는 이렇게 말할 수 있습니다. "부모를 공경하는 것이 하나님을 공경하는 것입니다." 다시 말하면 부모를 잘 섬겨야 하나님을 기쁘시게 하는 것입니다. "자녀들아 모든 일에 부모에게 순종하라 이는 주 안에서 기쁘게 하는 것이니라."(골 3:20) 이 말씀은 부모에 대한 의무를 다할 때 하나님에 대한 의무가 충족되어진다는 것입니다.

그런데 우리 신앙인들은 부모에 대한 의무를 소홀히 하면서도 별로 가책을 받지 않습니다. 하나님께 잘하고 있다고 생각하기 때문입니다. 부모님을 찾아뵙지도 않고 문안인사를 드리지도 않습니다. 그러면서 그 이유가 교회 일을 하느라, 하나님 일을 하느라 시간을 낼 수 없었기 때문이라는 것입니다. 부모님께 돌려 드려야 할 시간을 하나님께로 드렸기에 괜찮다고 생각하는 것입니다.

부모님께 드려야할 재물이 있습니다. 자녀로서 마땅히 섬겨 드려야 할 의무가 있습니다. 경제력이 없는 부모이면 더더욱 그렇습니다. 그런데 이것을 소홀히 합니다. 그러면서 "나는 교회에 헌금을 해야 하니까, 하나님께 재물의 의무를 다하고 있으니까" 라고 자위합니다. 부모님께 돌려 드려야 할 재물을 하나님께로 드렸기에 괜찮다고 생각합니다. 이 것이 바로 고르반의 함정에 빠지는 것입니다.

분명 우리의 내면 깊은 곳에는 아직 치유되지 못한 죄의 속성이 있습니다. 그리고 그 죄의 속성은 자기 편한 것을 따라서 시류의 흐름에 아주 민감하게 반응합니다. 부모에게 순종하는 것을 싫어하고, 부모를 모시는 것을 귀찮아하고, 부모에 대한 의무를 이행하는 것을 부담스러워합니다. 그리고 이런 자신의 불효를 합리화할 근거를 신앙에서 찾는데, 그것이 바로 신앙적인 옷 즉 고르반인 것입니다.

아마도 예수님 당시 고르반이 유행한 데는 나름대로 이유도 있을 것입니다. 바리새인들은 십분의 일을 철저히 하나님께 드렸습니다. 그리고 로마에 세금도 내야 했습니다. 이런 상황에서 부모에게 재정적인 뒷받침을 하는 것이 부담스러웠을 것이고, 이런 생각을 갖는 이들에게 고르반은 피난처가 된 것입니다.

사랑하는 성도 여러분, 우리는 하나님을 섬긴다고 하는 신앙인으로서 고르반의 함정에 빠지기 쉽습니다. 우리의 말과 생각 속에 이런 외식이 자리 잡기 쉽습니다.

어떻게 해야 우리가 이런 외식에 빠지지 않을 수 있습니까? 무엇보다 이런 신앙의 방향을 분명히 하십시오! 즉, 믿음이 깊으면 깊을수록 사람에 대한 의무와 책임과 사랑을 성실하게 이행하려고 해야 합니다. 무슨 일이건 주께 하듯 해야 합니다. 가정에서 주께 하듯 남편에게 하십시오. 주께 하듯 아내에게 하십시오. 직장에서 맡은 일을 주님이 맡기신 일을 하듯이 해야 합니다.

바울이 빌레몬에게 오네시모의 빚을 자신이 갚겠다고 한 것처럼, 남에게 진 빚은 최선을 다해서 갚으려고 해야 합니다. 사랑의 빚 이외에는 어느 빚도 지지 않으려고 해야 합니다.

더더구나 이웃에 대한 첫 번째 계명 "네 부모를 공경하라"고 하는 말씀대로 부모 섬기기를 하나님 아버지 섬기듯 해야 합니다. "예수 믿는 사람은 부모도 잘 모시더라." 이 칭찬을 사람들로부터 듣는 자가 세상에서 하나님을 높이고 영광 돌리는 자입니다.

이것은 내게 힘이 되고 도움이 되는 부모님께 뿐이 아닙니다. 힘이 없고 약한 부모, 내 인생에 큰 유익을 준 부모뿐 아니라 내게 큰 상처와 시련을 준 부모 - 그 모든 부모에게 효를 다할 때, 우리 안에 계신 성령이 기뻐하십니다. 축복하십니다.

마지막으로 제 5계명을 통해서 하나님께서 주신 약속을 상기합시다. "자녀들아 너희 부모를 주 안에서 순종하라 이것이 옳으니라 네 아버지와 어머니를 공경하라 이것이 약속 있는 첫 계명이니 이는 네가 잘 되고 땅에서 장수하리라"(엡 6:1-3)

부모를 잘 모심으로 모든 일에 형통하고 장수하는 축복을 받아 누리기를 바랍니다.

(2006년 5월 14일)

세 번째 단계에서의 도전

"그 때에 유다 자손이 길갈에 있는 여호수아에게 나아오고 그니스 사람 여분네의 아들 갈렙이 여호수아에게 말하되 여호와께서 가데스 바네아에서 나와 당신에게 대하여 하나님의 사람 모세에게 이르신 일을 당신이 아시는 바라 내 나이 사십 세에 여호와의 종 모세가 가데스 바네아에서 나를 보내어 이 땅을 정탐하게 하였으므로 내가 성실한 마음으로 그에게 보고하였고 나와 함께 올라갔던 내 형제들은 백성의 간담을 녹게 하였으나 나는 내 하나님 여호와께 충성하였으므로 그 날에 모세가 맹세하여 이르되 네가 내 하나님 여호와께 충성하였은즉 네 발로 밟는 땅은 영원히 너와 네 자손의 기업이 되리라 하였나이다 이제 보소서 여호와께서 이 말씀을 모세에게 이르신 때로부터 이스라엘이 광야에서 방황한 이 사십오 년 동안을 여호와께서 말씀하신 대로 나를 생존하게 하셨나이다 오늘 내가 팔십오 세로되 모세가 나를 보내던 날과 같이 오늘도 내가 여전히 강건하니 내 힘이 그 때나 지금이나 같아서 싸움에나 출입에 감당할 수 있으니 그 날에 여호와께서 말씀하신 이 산지를 지금 내게 주소서 당신도 그 날에 들으셨거니와 그 곳에는 아낙 사람이 있고 그 성읍들은 크고 견고할지라도 여호와께서 나와 함께 하시면 내가 여호와께서 말씀하신 대로 그들을 쫓아내리이다 하니 여호수아가 여분네의 아들 갈렙을 위하여 축복하고 헤브론을 그에게 주어 기업을 삼게 하매 헤브론이 그니스 사람 여분네의 아들 갈렙의 기업이 되어 오늘까지 이르렀으니 이는 그가 이스라엘의 하나님 여호와를 온전히 좇았음이라 헤브론의 옛 이름은 기럇 아르바라 아르바는 아낙 사람 가운데에서 가장 큰 사람이었더라 그리고 그 땅에 전쟁이

그쳤더라"(수 14:6-15)

오늘 어버이날을 맞이해서 노년의 삶을 돌아보려고 합니다. 우리나라는 2000년에 65세 이상이 총인구의 7%를 넘김으로써 고령화 사회에 진입하였고, 2018년에 14%가 넘어 고령사회로 그리고 2026년에는 20%가 넘어 초고령사회에 진입할 것으로 전망하고 있습니다.

우리 교회도 65세 이상 교인이 전체 성인 교인 중 18%이고, 주일학교를 포함한 전교인 중에 약 14% 정도를 차지함으로써 이미 고령사회에 들어왔다고 할 수 있습니다.

우리 사회에 노인 비중이 많아지는 이유는 무엇보다도 사람들의 수명이 늘어났기 때문입니다. 우리나라의 평균수명은 81.7세이지만 빠른 속도로 늘어나고 있습니다. 다키시로는 〈2035의 세계〉라는 책에서, 20년 뒤 인간 평균수명이 140세가 될 것이라 했습니다.

중요한 점은 65세 이후에도 삶은 아주 오랜 시간 지속이 된다는 것입니다. 그러므로 이 긴 여정을 어떻게 보내느냐는 매우 중요한 문제입니다. 지금 청장년에게는 더욱 심각한 이야기가 될 수 있습니다. 여러분은 훨씬 더 긴 시간을 살아야 하기 때문입니다.

먼저 우리말의 은퇴라는 단어를 좀 고쳐야 합니다. 국어사전에 은퇴는 '직임에서 물러나거나 사회 활동에서 손을 떼고 한가히 지낸'고 되어있습니다. 어감 자체가 좀 소극적이고 부정적입니다. 그러나 영어로는 retire입니다. 이를 re-tire 라고 해서 타이어를 갈아 끼운다고 해석하기도 합니다. 정말 의미 있는 해석입니다.

서양에서는 인생을 세단계로 나눕니다. 첫 번째 단계(first age)는 부모님과 살며 학교 교육을 받는 단계이고, 두 번째 단계(second age)

는 성인이 되어 독립하여 경제활동을 하고 가정을 꾸리며 생활을 영위하는 단계입니다. 그리고 세 번째 단계(third age)는 퇴직 후에 새로운 인생을 사는 시기입니다. 그래서 요즘 서드 에이지는 은퇴 후의 삶을 일컫는 새로운 이름으로 자리매김 했습니다.

서드 에이지는 일에서 물러나 한가히 지내는 시간이 아닙니다. 지금까지와는 다른 차원의 새로운 삶을 시작하는 시간입니다. 이런 생각의 전환이 먼저 필요합니다.

여기에 가장 도전을 주는 인물이 바로 갈렙입니다. 당시 평균수명이 70세요 강건하면 80이라 했으니, 지금과 비슷했던 것 같습니다. 그런 시대에 그의 나이는 이미 85세였습니다. 이 나이라면 힘든 일은 고사하고 일 자체를 내려놓고 그야말로 여생을 쉬면서 보내야할 때가 아닙니까? 그러나 그는 오히려 그런 생각을 갖는 우리를 책망하는 것 같습니다. 갈렙이 보여주는 건강한 노년의 삶을 세 가지로 생각해봅시다.

첫째, 새로운 일에 도전합시다.

그는 지금 여호수아를 찾아와서 이런 간청을 합니다. "그 날에 여호와께서 말씀하신 이 산지를 지금 내게 주소서 당신도 그 날에 들으셨거니와 그 곳에는 아낙 사람이 있고 그 성읍들은 크고 견고할지라도 여호와께서 나와 함께 하시면 내가 여호와께서 말씀하신 대로 그들을 쫓아내리이다"(12)

무슨 말입니까? 하나님이 자신에게 허락하신 산지를 공격해서 점령하겠다는 것입니다. 거기에는 거인 족속인 아낙사람들이 살고 있었습니다. 15절을 보면 이 아낙인들 중에서도 가장 큰 아르바라는 장수가 이 산지에 있었습니다. 게다가 그들은 아주 크고 견고한 성들에 살고 있었습니다. 험한 산지에 견고한 성을 지키는 거인 장수들, 이는 난공불락입니다.

그런데 이런 난공불락의 산지를 85세의 노인이 도전하겠다는 것이었습니다. 그리고 마침내 여호수아의 허락을 받고 이 산지를 치고 올라갔습니다. 결과는 어떠했습니까? "갈렙이 거기서 아낙의 소생 그 세 아들 곧 세새와 아히만과 달매를 쫓아내었고 거기서 올라가서 드빌 주민을 쳤는데 드빌의 본 이름은 기럇 세벨이라"(수 15:14-15)

갈렙이 그 산지를 점령하면서 이 격렬한 전쟁이 끝이 났습니다. 유다 지파의 기업이 된 이곳은 헤브론으로 불리게 되었고, 훗날 왕이 된 다윗이 예루살렘으로 올라가기 전 7년간 통치했던 곳입니다. 이 다윗의 왕도를 먼 조상 갈렙이 점령했던 것입니다.

갈렙은 자신의 늙음이나 연로함을 핑계로 쪽방노인이 되려고 하지 않았습니다. 나는 지금까지 할 만큼 했으니 이 어려운 일은 너희들이 해결해라! 우리는 자칫 그렇게 될 수 있습니다. "지금까지 고생하며 살았으니 이제는 은퇴다! 난 쉴란다!"

그러나 일을 놓으면 우리는 약해지게 됩니다. 한 교수의 논문에 의하면, 일하면서 산 남성의 평균 수명이 75.1세인 반면에, 백수로 지낸 남성은 겨우 60.7세로 무려 14년 빨리 죽는다는 것입니다. 통계청 조사에 의하면, 일하는 노인이 자기 관리도 잘하여 일하지 않는 노인보다 30% 정도 더 건강하다는 것입니다.

노년이 된다는 것은 일을 내려놓는 것이 아닙니다. 새로운 일을 하는 것입니다. 물론 돈을 버는 그런 일을 할 분도 있을 것입니다. 그러나 여건이 허락된다면 우리는 보다 더 가치 있고 의미 있는 일을 할 수 있습니다. 바쁜 직장생활에서는 원하면서도 하지 못했던 일일수도 있습니다. 봉사의 일일수도 있고 취미생활일수도 있습니다. 중요한 것은 뭔가 보람 있고 가치 있는 일을 시작함에 있어 노년의 나이는 결코 늦지 않았다는 것입니다.

미국에 모지스라는 이름의 할머니가 있었습니다. 농장에서 농사를 지으며 살던 평범한 그녀는 남편과 사별한 후에 농사일을 그만두고 딸의 집으로 왔습니다. 그곳에서 지내면서 72세부터 그림그리기를 시작했습니다. 그녀는 한 번도 미술을 정식으로 배우지 못했지만, 101세에 죽기까지 무려 1,600점 이상의 작품을 남겼습니다. 지금도 세계 각국에서 그녀의 작품 전시회가 열리고 있습니다. 그뿐 아니라 그녀는 미국의 국민화가로까지 불리고 있습니다.

일본의 시인 중에 고령의 시바타 도요라는 분이 있습니다. 그녀는 92세부터 시를 쓰기 시작해서 99세에 시집을 냈는데 이것이 백만 부를 돌파했습니다. 우리말로 번역된 시집으로 〈약해지지마〉 〈백세〉등이 있습니다.

이들은 은퇴가 아닌, retire한 사람들입니다. 고령의 나이에 새로운 일에 도전을 하면서 마지막 불꽃을 피운 사람들입니다.

특별히 갈렙은 자기 계획이 아니라 하나님이 자신에게 맡기신 일을 기억했습니다. 그것은 가나안의 적과 싸워서 이스라엘의 영토를 확장해 가는 일이었습니다.

우리 그리스도인들에게는 누구나 주 앞에 부르심을 받을 때까지 하나님나라의 사명이 맡겨져 있습니다. 특별히 인생의 마지막 이 세 번째 단계를, 그의 나라를 조금 더 확장하는 일을 위해 불태울 수 있다면 얼마나 좋겠습니까?

여러분, 늙은 몸 더 이상 쓸모없다거나 지금까지 일했으니 이제는 쉬어야 한다고 생각하지 맙시다. 남은 인생을 주님나라를 위해 멋있는 일을 계획합시다. 아주 쉬운 일을 할 수도 있겠지만, 갈렙처럼 하기 힘들다고 생각되는 일에 도전해 봅시다. 하나님이 힘주실 것입니다. 그래서 우리의 노년이 정말 값지게 쓰여지기를 바랍니다.

둘째, 자기 관리를 잘합시다.

갈렙이 단순한 만용에서 나섰다면 여호수아는 산지공격을 허락하지 않았을 것입니다. 그의 나이가 85세 아닙니까? 보낼만한 자를 보내야지, 힘없는 늙은이를 지휘관으로 보냈다가 이스라엘이 몰살당한다면 누구 책임이겠습니까?

그러므로 갈렙은 이렇게 여호수아를 설득했습니다. "오늘 내가 팔십오 세로되 모세가 나를 보내던 날과 같이 오늘도 내가 여전히 강건하니 내 힘이 그 때나 지금이나 같아서 싸움에나 출입에 감당할 수 있으니"(10-11)

그가 40세일 때에 가데스 바네아의 정탐꾼으로 보내졌습니다. 그 뒤로 45년이라는 긴 시간이 지나갔지만, 그는 여전히 강건하고 힘이 왕성하여 전쟁에 자신 있고, 나가고 들어오는데 아무 문제가 없다는 것입니다. 한마디로 아주 단단한 노인이라는 것입니다.

이처럼 고령자임에도 40대의 힘과 건강을 유지할 수 있는 비결은 무엇이었겠습니까? 자기관리에 철저했기 때문입니다. 그만한 노력이 없이 가능했겠습니까?

물론 아무리 건강관리를 잘해도 불치의 병이 찾아올 수 있습니다. 그러나 대체로 건강은 좋은 습관에서 나옵니다. 그리고 습관은 자기 절제를 필요로 합니다. 자는 것, 먹는 것, 운동하는 것, 모두가 절제의 소산입니다.

그러므로 절제는 성령의 8가지 열매 중 하나입니다. 절제란 self-control 즉 자기를 통제하고 관리하는 것입니다. 성령이 우리 안에 오시면, 아무렇게나 사는 것이 아니라, 영으로 육신의 욕망을 절제하고 자기 자신을 다스리도록 능력을 주시는 것입니다.

미국의 한 연구기관에서 하버드대 출신 268명을 장기간 추적하여 '행복하게 늙어가기 위한 7가지 조건'을 발표한 바 있었습니다. 그 7가지는 성숙한 자세, 교육, 안정적 결혼, 금연, 금주, 운동, 적당한 체중이었습니다. 그들은 모두 자기를 잘 관리하는 사람들이었습니다.

9988이라는 것을 알고 있습니다. 99세까지 살되 88하게 살자는 것입니다. 병들어 골골하면서 병상에 누워 장수하는 것은 축복이 아닐 것입니다. 지금부터 자신을 잘 관리하여 건강한 노년의 삶을 갖게 되기를 바랍니다.

셋째, 하나님을 굳게 신뢰하는 삶입니다.

갈렙은 어떻게 이렇게 어려운 과제에 도전하고 이룰 수 있었을까요? 자기 힘이나 자기 종족의 전투력을 의지한 것이 아닙니다. 오늘 성경은 그의 승리의 비결을 이렇게 말합니다. "헤브론이 그니스 사람 여분네의 아들 갈렙의 기업이 되어 오늘까지 이르렀으니 이는 그가 이스라엘의 하나님 여호와를 온전히 좇았음이라"(14)

그는 젊어서부터 하나님을 신뢰하고 순종하는 사람이었습니다. 45년 전 출애굽 직후 40명이 가데스 바네아에 정탐 갔습니다. 여호수아와 갈렙을 제외한 믿음의 눈이 없었던 38명은 그곳에 거주하는 거인들 앞에서 자신들은 메뚜기와 같은 존재에 불과하다고 보고함으로써 백성들의 마음을 낙담시켰습니다. 그러나 갈렙과 여호수아는 이스라엘을 애굽의 손에서 건져내신 하나님을 굳게 신뢰하였기에 오히려 그들은 자신들의 밥이라고 보고했습니다.

지금 85세, 광야 40년을 경험한 지금 그의 믿음은 이전보다 훨씬 더 깊어졌을 것입니다. 그는 믿음의 거인이 되어있었습니다. 그 앞에서 아낙 자손은 아무 것도 아니었습니다. "아무리 거인들이고, 아무리 견고한 진을 갖고 있어도 하나님이 함께 하시면 문제없다."

이것입니다. 노년은 속사람이 믿음으로 더욱 단단해지는 시기입니다. 청년시절 우리는 열심도 있었고 믿음의 열정도 있었습니다. 그러나 아직 삶이 무엇인지, 인생이 무엇인지를 잘 모르는 믿음이었습니다. 그러므로 한 가지에 몰두할 수 있었습니다.

그러다가 바쁜 직장을 다니고, 결혼하고 아이를 낳고 키우면서 왠지 위축되어 버립니다. 삶이 복잡다단해지면서 한곳에 집중하지 못합니다.

그러나 그들도 애를 낳고 힘들게 키워봐야 하나님의 마음을 더 이해하게 됩니다. 학부형이 되고, 시집장가 보내면 인생을 보다 더 깊게 들여다보게 될 것입니다. 할아버지 할머니가 된다는 것은 어떤 것일까요? 되어 봐야 압니다.

과거 책이나 영화나 드라마로 접했던 인생 광야를 하나하나 직접 지나가게 됩니다. 그 모든 과정에서 우리는 살아계신 하나님을 만나게 됩니다. 시험과 고난이 있었고, 부르짖음과 응답의 기적이 있었고, 나를 의지하면서 겪는 실패와 하나님을 온전히 의지할 때의 승리가 있었습니다. 그것은 귀로 듣는 하나님이 아니라 눈으로 보는 하나님입니다. 거기서 나도 모르는 사이에 믿음이 단단해집니다. 균형이 잡히면서 뿌리가 깊어지는 것입니다.

광야 40년을 돌아 이제 영원한 가나안을 앞에 두면서, 우리의 겉 사람은 늙어가지만 속사람은 날로 새로워지는 것입니다. 젊을 때는 의지할 것도 많았고 방황도 많이 했습니다. 그러나 이제 인생을 살면서 깨달은 것은 '내가 의지할 것은 주님 밖에 없다는 사실'입니다. '주님만을 온전히 좇는 것이 참 행복'이라는 사실입니다.

그러므로 믿음의 노년은 소중한 것입니다. 많은 사람들에게 살아있는 교훈 그 자체입니다. 아낙자손은 결코 두려워해야할 존재가 아님을 갈렙처럼 보여주는 것입니다. 가장 앞장서서 영적인 전쟁을 하고, 승리의 깃발을 꽂고, 그 산지를 후배들에게 기업으로 남겨주는 것입니다. 우리 인생의 세 번째 단계는 바로 그러해야 합니다.

사랑하는 성도 여러분, 우리 인생의 세 번째 단계가 이처럼 풍요로운 시간이 되기를 바랍니다.

(2015년 5월 10일)

은혜로운 노년의 여정

"전제와 같이 내가 벌써 부어지고 나의 떠날 시각이 가까웠도다 나는 선한 싸움을 싸우고 나의 달려갈 길을 마치고 믿음을 지켰으니 이제 후로는 나를 위하여 의의 면류관이 예비되었으므로 주 곧 의로우신 재판장이 그 날에 내게 주실 것이며 내게만 아니라 주의 나타나심을 사모하는 모든 자에게도니라 너는 어서 속히 내게로 오라 데마는 이 세상을 사랑하여 나를 버리고 데살로니가로 갔고 그레스게는 갈라디아로, 디도는 달마디아로 갔고 누가만 나와 함께 있느니라 네가 올 때에 마가를 데리고 오라 그가 나의 일에 유익하니라 두기고는 에베소로 보내었노라 네가 올 때에 내가 드로아 가보의 집에 둔 겉옷을 가지고 오고 또 책은 특별히 가죽 종이에 쓴 것을 가져오라 구리 세공업자 알렉산더가 내게 해를 많이 입혔으매 주께서 그 행한 대로 그에게 갚으시리니 너도 그를 주의하라 그가 우리 말을 심히 대적하였느니라 내가 처음 변명할 때에 나와 함께 한 자가 하나도 없고 다 나를 버렸으나 그들에게 허물을 돌리지 않기를 원하노라 주께서 내 곁에 서서 나에게 힘을 주심은 나로 말미암아 선포된 말씀이 온전히 전파되어 모든 이방인이 듣게 하려 하심이니 내가 사자의 입에서 건짐을 받았느니라 주께서 나를 모든 악한 일에서 건져내시고 또 그의 천국에 들어가도록 구원하시리니 그에게 영광이 세세무궁토록 있을지어다 아멘"(딤후 4:6-18)

한 사람이 태어나 살다가 죽음에 이르는 인생여정은 얼마나 소중한 것일까요? 우리는 가족들의 기다림과 축복 가운데 태어나서 유아기, 유년기, 청소년기와 청년기를 지나 어른이 됩니다. 중장년의 삶을 이어가면서 점차로 인생 황혼으로 접어들다가 마지막에 죽음을 맞게 됩니다. 누구나 이 코스를 밟게 되어있습니다.

모든 여정이 다 중요하지만, 특별히 오늘날 '노년의 여정'이 전에 없이 주목을 받습니다. 우리 사회가 급속도로 고령화 되어가고 있기 때문입니다.

노년이 되면 사람들은 일반적으로 "고독, 빈곤, 질병, 무위(無爲)라는 4고(苦)"에 시달립니다. 아울러 죽음에 대한 두려움을 강하게 갖습니다. 이런 것들을 잘 극복하지 못하고 고통스럽게 사는 노년이라면, 오래 사는 것이 오히려 불행일 것입니다.

오늘 노년의 길을 생각해봅시다. 감옥에서 힘들게 노년을 보내면서, 인생의 종말을 준비하는 사도 바울에게서 노년의 여정을 은혜롭게 지내는 몇 가지 비결을 배워봅시다.

첫째, 외로움을 잘 이겨냅시다.

"너는 어서 속히 내게로 오라 데마는 이 세상을 사랑하여 나를 버리고 데살로니가로 갔고 그레스게는 갈라디아로, 디도는 달마디아로 갔고 누가만 나와 함께 있느니라 네가 올 때에 마가를 데리고 오라 그가 나의 일에 유익하니라"(9-11)

어떤 느낌을 받습니까? 바울의 외로움이 느껴지지 않습니까? 누가 외에는 모든 사람들이 그를 떠났습니다. 데마와 같이 배신하면서 떠난 사람도 있습니다. 사역을 위해 떠나야 했던 사람도 있습니다. "두기고는 에베소로 보내었노라"(12) 그레스게나 디도 역시 마찬가지입니다. 이처럼 사람들이 떠날 때마다 배신감, 아쉬움 그리고 외로움이 몰려왔을 것입니다. 젊고 건강한 자유의 몸이라면, 별 문제되지 않았을 것입니다. 그러나 그는 옥에 갇힌 노인이었습니다. 무엇보다 사람이 소중했습니다. 그러기에 누군가의 떠남은 큰 고통이었습니다.

노년에 겪는 가장 큰 어려움은 무엇입니까? 경제적인 어려움과 질병도 있지만, 그보다 외로움입니다. 나이를 먹는다는 것은 사람을 떠나보내는 연습을 많이 하는 것입니다.

애지중지 키운 자녀도 결혼하면 떠나보내야 합니다. 누군가 이사를 가거나 이민가기도 하지만, 저 세상으로 보내기도 합니다. 죽마고우인 친구들, 교우들이 하나둘씩 세상을 떠납니다. 평생 몸을 섞었던 배우자를 떠나보냅니다. 그리고 홀로 남겨지는 것입니다.

젊었을 때는 만나자는 사람이 많았습니다. 만나고 싶은 사람은 멀리까지도 찾아갔습니다. 그러나 늙고 힘이 없어지니 찾아오는 사람이 줄어듭니다. 어디 가는 것도 쉽지 않다보니 말벗할 사람도 없습니다. 외로운 것입니다. 외로움은 노년의 독입니다.

바울은 이런 외로움을 어떻게 이겨내었을까요? 그는 홀로 고독을 씹으려 하지 않았습니다. '주님이 곁에 계시니 난 외롭지 않아' 이렇게 말하지도 않았습니다. "너는 어서 속히 내게로 오라"(9) "네가 올 때에 마가를 데리고 오라 그가 나의 일에 유익하니라"(11)

새롭게 함께 할 사람을 적극적으로 찾았습니다. 자신의 약함이나 외로움을 숨기지 않고, 디모데에게 솔직히 말하며 자신을 도울 자를 요청했습니다.

그렇습니다. 노년의 외로움을 즐기려고 하지 마십시오! 혼자 있으려고 하지 마십시오! 떠나간 사람을 추억하고 기억하는데 머물러있으면 안 됩니다.

새로운 벗을 찾읍시다. 노년의 여정에 함께 갈 동반자를 찾으십시오! 특별히 교회 안에 많이 있습니다. 동년배의 교우들, 실버대학 식구들, 목장식구들이 이 세상에서 가장 가까운 형제자매들입니다. 천국까지 같이 갈 좋은 믿음의 동반자를 찾기를 바랍니다!

둘째, 어두운 과거를 잘 극복합시다.

"구리 세공업자 알렉산더가 내게 해를 많이 입혔으매 주께서 그 행한 대로 그에게 갚으시리니 너도 그를 주의하라 그가 우리말을 심히 대적하였느니라"(14-15)

바울은 지나간 과거를 회상하고 있습니다. 별로 아름다운 추억이 아닙니다. 사람들에게서 받은 쓰라린 기억들입니다.

알렉산더라는 사람이 많은 해를 입혔습니다. 한때 교인이었던 그는 잘못된 교리에 물들면서 바울의 대적자가 되었고, 바울을 아주 심하게 괴롭혔습니다.

그러나 알렉산더뿐 아닙니다. "내가 처음 변명할 때에 나와 함께 한 자가 하나도 없고 다 나를 버렸으나"(16a) 그가 두 번째로 로마 감옥에 투옥되기 전, 재판을 받을 때에 나서서 자신을 변호해주는 자가 아무도 없었습니다. 아마도 본격적으로 네로의 박해가 시작되었기 때문에, 사람들이 몸을 사렸던 것 같습니다.

바울은 '버렸다'라는 말을 자주 썼습니다. "데마는 이 세상을 사랑하여 나를 버리고 데살로니가로 갔고"(10) "아시아에 있는 모든 사람이 나를 버린 이 일을 네가 아나니"(딤후 1:15) 사람들에게서 버림받는다는 것은 얼마나 고통스러운 기억입니까?

노년이 되면 시간이 많아지고 생각이 많아집니다. 그 생각이란 미래에 대한 건설적인 꿈과 비전이기보다는, 지나간 과거에 대한 기억들입니다. 마치 소가 풀을 뜯어 먹은 뒤 서서히 되새김질하듯이 과거를 회상합니다. 과거에 있었던 일들, 만났던 사람들, 심지어는 주고받은 말들을 기억하고 또 기억합니다. 저의 아버님은 이북에서 툇마루에 놓였던 신발까지 기억하며 옛 이야기들을 들려주었습니다.

그런데 기억하다보면 좋은 추억들도 있지만 섭섭한 것들도 많습니다. 섭섭한 기억일수록 가슴속 깊이 새겨집니다. '내가 지들을 어떻게 키웠는데 나에게 이렇게 하나' 섭섭합니다. 며느리가 하는 행동이 괘씸하고, 아들이 한 말이 서운하게 다가옵니다. 그 옛날 직장에서 당한 억울했던 일들, 내 돈을 떼어먹고 사라진 인간들! 지금 내가 겪는 고난의 원흉이라면 더욱 생각날 것입니다. 이런 섭섭한 기억들은 가시가 되어 수시로 찔러대면서 날 아프게 만듭니다.

바울은 이런 감정들을 어떻게 이겨냈습니까? 그는 이 원수 같은 알렉산더를 주의 손에 맡겼습니다. "주께서 그 행한 대로 그에게 갚으시리니"(14) 그가 로마서에 가르친 그대로 하는 것입니다. "내 사랑하는 자들아 너희가 친히 원수를 갚지 말고 하나님의 진노하심에 맡기라 기록되었으되 원수 갚는 것이 내게 있으니 내가 갚으리라고 주께서 말씀하시니라"(롬 12:19) 이것입니다. "주님, 다 아시죠? 알아서 갚아주세요." 이렇게 손을 텁니다. 그러면서 그에 대한 미움을 떨쳐버리는 것입니다.

이것만이 아닙니다. 자신을 버린 사람들을 용서하였습니다. "그들에게 허물을 돌리지 않기를 원하노라"(16b) 우리에게 일어난 많은 일들이 그때 그날은 너무도 섭섭하고 용납되지 않았습니다. 그러나 시간이 지나가면서 소화해갑니다. 그러면서 예수님이 용서하신 것처럼 우리도 용서하는 것입니다. 끊임없이 용서하는 것입니다. 그래서 아무 원한 없이 툴 툴 털어버리는 것입니다. 지나간 모든 것을 다 용서하고 주의 손에 맡기기를 바랍니다!

셋째, 주님을 더욱 깊이 신뢰합시다.

"주께서 내 곁에 서서 나에게 힘을 주심은 나로 말미암아 선포된 말씀이 온전히 전파되어 모든 이방인이 듣게 하려 하심이니 내가 사자의 입에서 건짐을 받았느니라"(17)

전혀 다른 목소리입니다. 사람들은 바울을 버리고 떠나가고 해를 입혔습니다. 신실함이 없습니다. 그러나 인생여정에서 변치 않는 분이 계십니다. 우리 주님! 주님은 항상 바울 곁에 계셔서 그에게 힘을 주셨습니다. 그가 얼마나 많은 위기와 시련을 겪었습니까? 그야말로 사자의 입과 같은 수많은 위기와 시련에서 주님은 결국 건져주셨습니다.

이처럼 신실하셨던 주님께 미래의 여정도 위탁하였습니다. "주께서 나를 모든 악한 일에서 건져내시고 또 그의 천국에 들어가도록 구원하시리니 그에게 영광이 세세무궁토록 있을지어다 아멘"(18) 이 문장에 나오는 동사는 전부 미래형입니다. 이를 쉽게 풀어서 설명하면 이런 말입니다. '앞으로 또 어떤 시련을 만나게 될지 모르나, 문제없습니다. 이전에 나를 구원하신 신실하신 주님은, 그 문제 역시 구원하실 것입니다. 죽음도 이기게 할 것입니다. 마침내는 그의 천국에 들어가게 해주실 것입니다.' 그는 이 확신 위에 서있었습니다.

노년에는 몸과 함께 마음이 약해집니다. 그러면 두려움이 커집니다. 인생의 큰 폭풍을 만나 좌초되지 않을까? 큰 병에 걸리지 않을까? 죽음을 어떻게 맞이할까? 아니 그 죽음 뒤에 과연 어떻게 될까? 모든 것이 두렵습니다.

그러므로 이 노년의 때에 더욱 빛나는 것이 있습니다. 바로 우리의 믿음입니다. 믿음의 눈으로 우리의 지나온 삶을 돌아봅니다. 내 인생 굽이굽이 많은 시련과 위험 가운데, 주님의 기가 막힌 구원의 손길이 항상 있었습니다. 그 주님은 변함없이 내 곁에서 감당할 힘을 주셨습니다. "야곱의 집이여 이스라엘 집에 남은 모든 자여 내게 들을지어다 배에서 태어남으로부터 내게 안겼고 태에서 남으로부터 내게 업힌 너희여 너희가 노년에 이르기까지 내가 그리하겠고 백발이 되기까지 내가 너희를 품을 것이라 내가 지었은즉 내가 업을 것이요 내가 품고 구하여 내리라"(사 46:3-4) 여러분은 이 약속을 믿습니까?

그러므로 우리의 미래도 이 주님의 손에 맡깁니다. 앞으로 우리에게 어떤 고난이 찾아온다고 해도 그는 구원해주실 것입니다. 반드시 구원해주실 것입니다.

우리는 죽음도 두려워하지 않습니다. 마지막 순간에 만세반석이 열리면서 우리는 영원한 천국으로 인도받게 될 것입니다. 늙어갈수록, 힘이 없어질수록 이 신실하신 주님을 더욱 의지하기를 바랍니다!

마지막으로 달려갈 길을 잘 달려갑시다.

"나는 선한 싸움을 싸우고 나의 달려갈 길을 마치고 믿음을 지켰으니 이제 후로는 나를 위하여 의의 면류관이 예비되었으므로 주 곧 의로우신 재판장이 그 날에 내게 주실 것이며 내게만 아니라 주의 나타나심을 사모하는 모든 자에게도니라"(7-8)

어떤 느낌입니까? 승리의 찬가 아닙니까? 인생의 마지막 코스를 돌면서 그는 이 승리의 찬가를 불렀습니다. 후회투성이의 노년이 아닙니다. 허무함으로 가득 찬 종말이 아닙니다.

그는 지금까지 잘 살아왔습니다. 주님이 주신 비전과 사명을 좇아 살았습니다. 게으르지 않고 열심히 살았습니다. 곁길로 가지 않고 타협하지 않고 믿음을 지켰습니다. 재림의 소망을 갖고 살아왔습니다. 이제 언제 골인할지 모르나, 끝나면 의의 면류관을 쓰게 될 것입니다.

노년은 자신의 지나온 삶을 돌아보면서 결산을 하는 시기입니다. 만일 그 시기에 지금까지 살아온 삶을 후회하고, 너무 허무하게 인생을 허비했다고 한탄한다면 어찌되겠습니까? 옛날로 돌아가서 다시 살 수 없지 않습니까? 후회와 허무로 얼룩진 노년은 은혜로운 시간이 되지 못할 것입니다.

그렇습니다. 우리의 노년이 은혜로운 여정이 되려면, 지금이 중요합니다. 지금부터 잘 살아갑시다. 제대로 살아갑시다. 내가 원하는 대로가 아니라, 주님의 기뻐하시고 온전하신 뜻을 좇아 살아갑시다. 우리 앞에 놓인 믿음의 선로를 좇아갑시다. 탈선하지 맙시다.

나의 일이 아니라, 주님의 일을 해야 후회가 없습니다. 주님의 일이 무엇입니까? 모든 영역에서 주님의 영광을 위해 사는 것입니다. 모든 일상이 주님의 일이 되게 해야 합니다.

그러나 모든 일 중에 그가 가장 기뻐하시는 일이 있습니다. 영혼을 구원하는 일입니다. "나로 말미암아 선포된 말씀이 온전히 전파되어 모든 이방인이 듣게 하려 하심이니"(17) 이것이 바울뿐 아니라 우리를 부르시고 살리신 목적입니다. 이방인들에게 복음을 전해서 예수를 믿고 영생 얻게 하는 일 – 이보다 하나님을 기쁘시게 하는 것은 없습니다.

이 일을 잘합시다. 정말 잘합시다. 우리의 남은여생, 보다 더 많은 사람에게 예수 그리스도를 증거하고 그들을 주께 인도하는 사람이 됩시다.

여러분, 많은 분들이 이미 노년의 여정에 들어가 있습니다. 아닌 분들은 언젠가는 그 여정에 발을 딛게 될 것입니다. 이제 노년은 거의 20~30년까지 가는 길고 긴 노정이 되었습니다. 외로움을 이겨내고 섭섭함을 떨쳐냅시다. 주님을 더욱 신뢰합시다. 주어진 믿음의 길을 잘 달려갑시다. 그래서 은혜로운 노년의 여정을 가게 되기를 바랍니다.

(2016년 5월 8일)